U0906348

THE ANALYSIS OF PUBLIC SERVICE:
BASED ON THE LOGIC OF THEORY AND PRACTICE

公共服务需求分析

理论与实践的逻辑

容志 等 著

人民出版社

目 录

第一章
导　论

第一节　研究问题

建设服务型政府是当前和今后一段时期内中国行政体制改革的重要目标和战略部署。自从党的十六届六中全会通过的《中共中央关于构建社会主义和谐社会若干重大问题的决定》中提出“建设服务型政府，强化社会管理和公共服务职能”① 以来，历次中国共产党全国代表大会报告和国务院政府工作报告都对“服务型政府”的意义、价值和路径进行了系统阐述。近年来，全国各级地方政府也围绕服务型政府建设开展了大量的实践探索，并积累了丰富经验。② 在此基础上，党的十八届三中全会通过的《中共中央关于全面深化改革若干重大问题的决定》中进一步明确提出：“科学的宏观调控，有效的政府治理，是发挥社会主义市场经济体制优势的内在要求。必须切实转变政府职能，深化行政体制改革，创新行政管理方式，增强政府公信力和执行力，建设法治政府和服务型政府”。③ 党的十九大报告又提出：“转变政府职能，深化简政放权，创新监管方式，增强政府公信力和执行

① 《十六大以来重要文献选编》下，中央文献出版社 2008 年版，第 662—663 页。

② 薄贵利等：《建设服务型政府的战略与路径》，人民出版社 2014 年版，第 23—34 页。

③ 《十八大以来重要文献选编》上，中央文献出版社 2014 年版，第 519—520 页。

力，建设人民满意的服务型政府。”[①] 可以说，服务型政府建设不仅是统领推进政府职能转变的总纲和总目标，也是实现政府治理能力现代化的必由之路。

需要澄清的是，“服务型政府”并不简单等同于“提供服务的政府”。因为从古至今，任何时代的政府总要提供一些公共服务（产品），不提供任何公共服务（产品）的政府是不存在的。“服务型政府”的核心特征在于，按照上层建筑适应经济基础的基本原理，回应社会主义市场经济体制的根本要求，将政府的功能定位从“以经济发展为中心”转换为“以公共服务为中心”，并以现代服务理念重新塑造政府行政管理系统和运行方式，提高政府对社会和市场的服务能力，推动“发展导向的政府”向“服务导向的政府”的转变。也就是说，现代政府不仅仅要提供公共服务，还必须创建一套运转高效、覆盖全面、可持续性强、与经济社会发展水平相适应的公共服务体系，这套体系也是适应和保障经济社会健康快速发展，实现社会和谐有序的必然要求。

从理论来上讲，公共服务起始于公共服务需求，最终也要反馈到公共服务需求，公共服务需求是整个公共服务架构的逻辑起点和终点。[②] 如果没有抓住“需求”这一关键，公共服务体系建设就缺乏一定的“参照系”和“基准点”，出现公共服务供给不适应，也不能满足经济社会发展需要的问题。

但是，究竟如何及时、准确和有效把握这些现实需求，进行科学的需求分析，为公共服务决策提供支撑，为公共服务评估提供标准，并不是一个非常容易回答的问题。事实上，在快速转型发展的当代中国，公共服务“错位”“缺位”和“越位”的情况并不鲜见，服务（产品）供

① 本书编写组：《党的十九大报告辅导读本》，人民出版社 2017 年版，第 39 页。

② 容志：《公共服务监督体系的逻辑建构：决策、过程与绩效》，《中国行政管理》2014 年第 9 期。

给与“需求”相脱节的情况还不同程度地存在，在现实中表现很多：

一是所供非所需。有可能政府提供的公共服务(产品）并不是市场、社会和老百姓真正需要或最需要的，因此出现大量的所谓“政绩工程”和“面子工程”。

二是所供超所需。也就是政府提供的公共服务（产品）超过了当前经济社会和公众的现实需求。如果政府提供的公共服务（产品）正是社会公众所需要的，那么这种供给是有效的；但另一方面，这种供给水平可能超过现实需求，在这种情况下，公共服务（产品）所带来的社会效应是正的，但是成本大于甚至远大于效益，造成资源浪费，也不可持续，被人们所诟病。

三是所供欠所需。政府提供的公共服务（产品）相比社会公众需求远远不足，尚不能满足现实需求。例如，2012 年，我国人均 GDP 已经超过 6000 美元，进入了中等收入国家行列，然而，我国基本公共服务的投入却没有达到相应水平。2012 年，我国教育、医疗卫生和社会保障三项基本公共服务支出之和占政府总支出的比重为 32.54%，比人均 GDP6000—10000 美元国家的平均水平低 23.16 个百分点。①2013 年，这三项基本公共服务支出总和占政府总支出的比重为 31.85%，比 2012 年还降低了 0.69 个百分点，这种横向比较从一个方面说明我国的公共服务供给与现实需求之间还存在明显的差距。②

如果进一步追问，假设供给完全等于需求，是否就是我们所期盼的理想状态呢？答案可能也不那么简单，因为某些公共服务需求可能并不应该由政府来回应和承担。

可见，一方面，由于需求表达和整合机制不畅，社会与政府之间并

① 财政部国库司：《2012 年财政收支情况》，2013 年 1 月，见 http://gks.mof.gov.cn/zhengfuxinxi/tongjishuju/201301/t20130122_729462.html。

② 财政部国库司：《2013 年财政收支情况》，2014 年 1 月 23 日，见 http://gks.mof.gov.cn/zhengfuxinxi/tongjishuju/201401/t20140123_1038541.html。

未就公共服务形成良性的互动机制，造成部分服务的供给与需求错位，“供给不足”和“供给过度”同时存在，群众的满意度不高。另一方面，社会“需求”似乎是一个看似明确、又很难清晰表述的“模糊”概念。如果说公共服务（产品）“供给”是看得见、摸得着的实物，那么相比起来“需求”就明显看不见也摸不着。同时，需求还具有变化性，并非一成不变。到底如何理解公共服务“需求”？如何才能准确、及时把握这些“需求”？究竟应该将哪些“需求”纳入公共服务体系，是否还需要过滤掉部分“需求”？可以说，这些问题都值得仔细探究。换句话说，如何准确把握服务对象的真实需求，畅通其表达渠道，及时将之整合并吸纳，转化为服务体系不断发展的动力，必然是服务型政府建设中需要回答的重要理论和实践课题。

第二节　文献分析

一、公共服务的供需关系分析

对于城市与农村公共服务，学者无论在理论研究还是实证研究层面都以强烈的问题意识和现实关怀，分析了公共服务需求的扩张与供给的现状，并积极探寻供求失衡的缘由与对策。

公共服务需求的扩张。首先是城市公共服务需求增长。王小林在分析工业化与城市化关系的基础上，提出工业化、城市化的发展会带来公共服务内容本身的结构转型与升级，并引致公共需求的增加，主要体现在：(1) 城市化导致的人口规模扩大，城市居民对社会公共产品需求的增加；(2) 诸如公共交通、投资环境的改善才能满足工业化、城市化发展的需要；(3) 经济发展中，人们对生活质量改善的依赖于公共服务的好坏；(4) 城市化与工业化会引致新的公共物品需求，如环境保护、对弱势群体的关怀与保障等。① 蔡秀云等从人口城市化与公共服务发展关系的角度，对城市公共服务的需求进行量化，并分析供给不足的现状。② 徐双明认为，城市化是推动城市公共服务需求的源动力，而我国未来城市公共服务需求呈现出“需求种类和总量不断加大、需求结构层次化明显以及需求表达方式制度化”的需求趋势。③ 城市化进程的加快，对城市公共服务提出总量增加、结构转型、品质提升的要求。

农村公共服务需求增长与需求位次。夏锋较早关注农村由解决温饱逐步迈向小康社会进程中农民公共需求的变化，通过统计数据分析发现农村公共服务需求在总需求中的比例不断提高，需求的数量也在快速增长。同时，农村公共服务产品的供给远跟不上需求的增长，成为农村日益严重的社会矛盾。④ 农村社会的转型，也是农民民主觉悟、权益意识快速增强的过程，农民不仅需要数量和种类越来越多的公共服务，也积极要求参与到公共服务决策之中，且公共服务需求满足程度存在明显的非均衡性。⑤ 研究发现，受收入水平、地域、家庭结构、传统习惯等因素影响农民公共服务需求偏好是不同的，甚至呈现出差序格局的状态。蒋剑勇等对浙江 255 位农民进行了问卷调查，统计发现农民的需求位次在医疗保障、养老和社会救济等 10 个方面呈现从高到低的特征，并分析了影响农民需求的因素。⑥ 李霞等基于对新疆北疆地区 28 个县市

---

① 王小林：《工业化、城市化进程中的公共服务需求与公共财政政策选择》，《经济研究参考》2006 年第 17 期。

② 蔡秀云等：《公共服务与人口城市化发展关系研究》，《中国人口科学》2012 年第 6 期。

③ 徐双明：《城市化与城市公共服务需求动力及趋势研究》，《石家庄经济学院学报》2014 年第 4 期。

④ 夏锋：《农村人口公共需求变化与公共服务体制建设》，《人口与经济》2008 年第 2 期。

⑤ 吴孔凡：《新时期农民公共需求的特点与农村公共服务供给的取向》，《经济研究参考》2008 年第 69 期。

⑥ 蒋剑勇等：《农村公共产品需求的研究——基于浙江 255 位农民的调查》，《乡镇经济》2009 年第 6 期。

61个行政村149位农户进行了典型性调查和需求强度分析，发现其需求具有“先解决生活中的基本问题，再关注农业生产条件的改善；先以个体的生存发展为主，再关心村庄公共事业的发展”两大特征。① 孟兆敏从人口学视角，分析了人口的自然构成、地域构成、社会构成等对城市居民公共服务偏好的影响，强调针对服务对象的不同提供差异化的服务。② 陶叡从农户的视角，对江西罗霄山区40个乡镇的农户进行实证调研，建构了“农村公共服务满意度和需求度矩阵”模型，将各类公共服务置于不同象限，从而确定政府公共服务供给的优先次序。③ 方堃以政府供给与农民需求状况的二维为视角，建构出公共服务需求层次与农村公共服务供给的方格结构框架，认为既要考虑农民的需求，也要将政府“实际能力”纳入分析框架中，认为作为“供方”的政府与“需方”的农民之间要就公共服务供给与需求的优先次序达成共识，这样才是有效的。④ 对公共服务需求位次和偏好的研究为政府公共服务决策提供了重要参考，也表明研究视角从供给到需求的转变。

公共服务的供求失衡。以保障公民最基本的生存权和发展权必不可少的底线公共服务为标准，学者测算“十二五”规划期间全国基本公共服务保底需求或达20万亿元。⑤ 但大量的全国性与地方性实证研究显示，政府公共服务供给特别是在农村存在着供给总量与供给结构上的双重失衡。一方面是供给增长的数量无法满足不断增长的需求，处于“供不应

---

① 李霞等：《农村公共服务需求特征研究——基于新疆北疆地区的典型性调查》，《山东农业科学》2010年第7期。

② 孟兆敏：《快速城市化背景下城市公共服务需求偏好研究——以上海为例》，《南方人口》2014年第5期。

③ 陶叡：《集中连片特殊困难地区农村公共服务供给优先序分析——基于农户需求的视角》，《辽宁行政学院学报》2015年第2期。

④ 方堃：《农村公共服务需求偏好、结构与表达机制研究——基于我国东、中、西部及东北地区的问卷调查和统计》，《农业经济与管理》2011年第4期。

⑤ 曾红颖：《“十二五”基本公共服务需求或达20万亿》，《中国投资》2012年第11期。

求”的状态；另一方面供给内容往往“供非所需”、供求错位，特别是“形象工程”“面子工程”的存在，供给结构转型远远跟不上民众需求结构转型的节奏。华中师范大学农村问题研究中心对全国 26 个省市 65 个区县 105 个村进行的问卷调查显示，“公共产品需求普遍得不到满足、对已有的公共产品评价不高以及对公共产品需求强烈但表达不足”是普遍状态。[①] 王谦对山东省寿光市、曲阜市、郓城县等三县市公共服务供给合意度进行了实证调研[②]；周青等对福建省农村公共服务从需求角度进行的实证调研显示政府对农村公共服务的有效供给不足[③]；李倩等对广东省 12 个乡镇 29 个村开展问卷调查显示在养老保险、义务教育、职业培训等农村公共服务满意度不理想[④]；师冰洁对河南省典型农业县新乡市原阳县的公共服务需求与供给整体水平做了一个评估[⑤]；边婷婷研究了浙江省嘉兴市 X 镇公共服务的供需状况[⑥]；牛佳等从农牧民需求视角对青海藏区公共服务进行了实证调研显示公共服务现状总体不容乐观[⑦]；张晗对河南省新农村的公共服务现状调研显示水平不断提高，但仍需完善[⑧]。

---

① 刘义强：《建构农民需求导向的公共产品供给制度——基于一项全国农村公共产品需求问卷调查的分析》，《华中师范大学学报（人文社会科学版）》2006 年第 2 期。

② 王谦：《基于农民视角的农村公共服务供给合意度和需求程度分析——以山东省三县市的调研为例》，《山东社会科学》2008 年第 3 期。

③ 周青等：《取消农业税后强化农村公共服务供给的对策思考——基于福建省几个县市农村公共服务需求问卷调查的分析》，《福建论坛（人文社会科学版）》2008 年第 4 期。

④ 李倩、张开云：《农村公共服务满意度现状与对策——基于广东省农村公共服务调查的分析》，《社会科学家》2010 年第 6 期。

⑤ 师冰洁：《河南省农村公共服务体系需求与供给研究——基于取消农业税后的考察》，《安徽农业科学》2012 年第 11 期。

⑥ 边婷婷：《需求导向下农村基层公共物品供给的问题探讨——以嘉兴市 X 镇为例》，上海交通大学硕士学位毕业论文，2012 年。

⑦ 牛佳、李双元：《青海藏区基本公共服务现状调查——基于农牧民需求的视角》，《开发研究》2013 年第 2 期。

⑧ 张晗：《新农村建设中的公共服务需求与发展对策——基于对河南省新农村（社区）的调查》，《农业经济》2014 年第 7 期。

二、公共服务的需求表达机制

公共服务研究从供给视野向需求视野的转变发现民众需求表达存在主、客观两个层面上的缺位，主观上存在需求表达冷漠，客观上存在需求表达机制与渠道的不畅通。从研究主体来看，集中关注农民的公共服务需求表达，这与国内学者研究时以问题为导向，注重现实关怀相关。从研究内容来看，涉及需求表达缺位产生的问题、表达冷漠原因的多层次分析以及需求表达机制的建立。从研究方法上来，主要以理论分析为主，实证分析以需求满意度与需求意愿、需求偏好调查为主。从研究背景来看，既有从供求“错位”的现状主要为农村区域现状出发，也有将农村公共服务需求表达置于“城乡一体化”的视阈中来观察的。

关于公共服务需求表达，曹艳春等先对需要和需求的语义进行了分析，从经济学角度看，“需求”是指具有支付能力的“意愿”，而“需要”则不考虑是否具有支付能力，都愿意得到。“需求必须考虑价格和收入，或者说消费者的支付能力，而需要不考虑支付能力”。① 换句话说，需求是有支付能力的需要。民众社会福利需要与其需求之间的差距就是政府和社会的需求，是政府公共服务存在的空间。

顾严认为，我国公共服务体系存在的很多问题，如“重条块管理、轻整体协同”“重硬件投入、轻软件配备”“重初期建设、轻后续维护”“重市场机制、轻社会参与”等，都根源于缺乏顺畅的需求表达机制。需求表达的缺位造成了公共服务供给的错位，并形成公共财政资源的低效和浪费，并弱化了基本公共服务均等化战略的实施效果。② 吴业苗将农村公共服务需求表达问题置于城乡一体化的背景下来考察，指出在城市化

---

① 曹艳春等：《我国需求导向型老年社会福利内容确定与提供机制分析》，《浙江社会科学》2012 年 8 月。

② 顾严：《“十二五”亟需理顺公共服务需求表达机制》，《中国经贸导刊》2010 年第 12 期。

快速发展的进程中，经济发展落后地区的农村公共服务更加缺乏必要的关注和表达。有能力表达的青年大部分在外务工，不会也不值得为村庄公共事务操心，而留下的老、妇、幼弱势群体根本不会去表达需求。那些经济条件较好的村民，虽然对农村公共服务有一定的需求和愿望，但并未付诸表达行动，而是选择迁徙这种“用脚投票”的方式。有的学者甚至认为，“农民的公共服务弱表达或不表达对农村社会公共服务发展非常不利，如果任由其萧条、颓废下去，村庄离‘末日’就不远了”的悲观忧虑。① 农村公共服务表达的缺位，势必导致农村公共服务的缺乏，势必制约农村经济发展，进而固化城乡二元结构，甚至带来城乡社会断裂。

公共服务需求表达缺位与冷漠的缘由研究。对于需求表达的缺位，研究从主、客观两个方面进行了原因分析。客观层面主要涉及民主体制、绩效评价与监督机制、政府官员的个人政绩观、农民原子化的生存状态等因素。一是农村民主决策机制的缺位。王蔚、彭庆军从关心农村公共服务供需问题出发，提到由于乡村民主体制与程序不够完善，个别行政官员可能假借公共意志，通过公共需求扩大化实现公共供给预算最大化，由此索取剩余，使公共需求不切实际地增长，从而造成农民的公共服务需求表达缺失或者失真。② 政府是公共服务的主要提供者，但实行“自上而下”的非对称性供给决策机制，过程中可能没有听取、吸纳民意的环节，民众即使想表达，也可能因“表达无门”而作罢。或者即使收集民意，也因为层层上报，经过多层级传递而不可避免地出现失真现象。二是农村公共服务绩效评价与监督机制的不完善。蒂布特模型认为，假设居民的流动是不受限制、没有成本的，因而居民会通过迁移的

① 吴业苗：《需求冷漠、供给失误与城乡公共服务一体化困境》，《人文杂志》2013年第2期。

② 王蔚、彭庆军：《论农村公共服务需求表达机制的构建》，《湖南社会科学》2011年第5期。

方式对公共服务好的地区“用手投票”，而对公共服务水平差的地区实行“用脚投票”。用脚投票行为的可能，会导致地方政府财政收入的增减，反过来对地方政府形成很大的压力。但在我国，受户籍制度、就业制度、社会保障制度等的限制，这种地区流动上的“用脚投票”基本不可能实现。由此可能带来的是政府公共服务资金使用上的不透明，农民对政府服务评价与监督的弱约束。下级部门本着为上级部门负责的态度提供公共服务，而上级部门基本通过下级部门上报的信息来进行绩效评价，谎报、瞒报等现象的存在，必然导致上级部门的信息失真，农民的需求无法很好地传达到上级部门。① 三是政府官员从自身政绩考量，在公共服务提供时喜欢选择那些投资大、见效快、面子足，为当地“增光添彩”的工程，而对长期性的、隐性的公共服务则缺乏关注，使得民众的公共服务需求无法得到真正的回应。四是农民利益表达缺乏组织依托，缺乏有效的利益代言人，不能形成有效的表达机制。韩剑萍在实证调研甘肃东部、西部和南部典型代表区域农村公共服务供需状况时发现，农民主要以家庭为单位进行农业经济活动，经营规模小，力量薄弱，在多方面处于弱势群体的地位，不能有效保护自己的切身利益。② 而村委会这一农民自治组织在争取农民权益方面的确还做得不够。

主观层面，农村公共服务需求表达的缺位特别是冷漠涉及农民素质与权利意识、“搭便车”心理、农民的理性自利性等因素。一是农民缺乏一定的权利意识，表达动机不强烈。公共服务需求表达是一种能力，受其文化水平、政治素质、参与精神等影响，这种能力更多的不是体现在农民有没有表达的能力，而是农民对公共服务权益的认知到位与

① 王家合等：《农民需求表达与农村公共服务有效供给》，《石河子大学学报（哲学社会科学版）》2011 年第 6 期。

② 韩剑萍：《甘肃省农村公共服务需求调查研究》，《甘肃省经济管理干部学院学报》2008 年第 1 期。

否。现实情况是，在大多数农民心中，公共服务是一种“恩惠”，本来就不属于自己，有了已经很好，没有权利也没有必要去挑剔数量多少、质量高低。同时，农村社会是一个熟人社会，邻里、同族、亲戚间相互帮扶是大家解决困难的传统习惯，而且往往由于“街坊义务”的传统和文化，困难得到了一定解决。正是这种对政府公共服务的无需求或低层次需求，导致农民不知道要表达什么。夏玉珍等对湖北省12个城乡区域1126户农民进行了调查，发现虽然政府在公共服务供给上偏离了农民的需求，但多数农民还是选择“沉默”而非表达。这种困境的产生源于农民在公共服务需求表达中的角色定位模糊，在表达主体、表达对象以及表达方式上都模糊不清。① 但实际上，农民并不是真的对政府公共服务没有需求，毕竟熟人圈里的服务往往水平较低且只能解决暂时的困境，难以获得更好的、更持久的发展机会和生存空间。二是农民普遍存在的“搭便车”心理。公共服务的利益均沾属性，使其天然存在“搭便车”的可能。特别是我国长期封建农业社会的历史传统，小农意识在农民头脑中的遗留仍然明显，农民在生活中“各人自扫门前雪，休管他人瓦上霜”的意识强烈，对公共事务往往缺乏热情，也就不愿意参与公共服务的需求表达中了。三是农民理性自利性使然。吴业苗认为，相对于在田地、宅基地、房产等利益问题上的强烈表达欲望相比，农民在政府提供的公共服务方面的表达动机要弱很多，农民往往从自身利益出发，如果涉及自己的切身利益，则积极去表达，相反则以一种弱表达的方式去对待。② 王蔚、彭庆军也表达了类似的观点，“一是农民主要关注公共服务的实用性，而且对公共产品的成本分摊极为敏感；二是农民作为公共服务的消费者参与供给决策的要求虽然是逐渐增强的，但仍然是被动性

① 夏玉珍、杨永伟：《淡漠与需求：农村公共服务表达问题研究》，《中南民族大学学报（人文社会科学版）》2014年第6期。

② 吴业苗：《需求冷漠、供给失误与城乡公共服务一体化困境》，《人文杂志》2013年第2期。

消费”，农民是否进行意见的表达，得看利益涉及的深浅。①

公共服务的需求表达机制研究。研究从政府信息公开、尊重农民权利意识、建立需求表达渠道、培育农民代理人、实行政府职能转变、进行农民需求管理等角度进行了探索。刘义强认为，需要建立有效的农民需求表达和显真机制，以克服集体非理性的公共选择困境。一是政府要做好信息公开工作，让农民及时了解政府提供的公共服务，形成选择需求表达的有效性基础。二是需求表达的欲望被激起后，需要建立显真机制，以克服集体非理性。②但没有就如何建立显真机制做进一步的探索。王蔚、彭庆军概括了以往研究中表达机制的三个主要取向，分别是建立以农民个体为主的表达机制、以村委会为主体的组织化表达机制以及兼顾效率与公平的次优表达机制。他们认为农民为主体的表达机制，可以变“自上而下”为“自下而上”，减少供求错位的问题；村委会为主体的表达机制则可以汇总村集体的公共偏好，从而提高个人表达的可能性；兼顾效率与公平的次优表达机制，可以实现公共服务的最优供给。当然，这三种表达机制也各有其局限性：“个人表达方式会受到农民经济理性的影响”“村委会表达容易受到政府经济行为干预”“兼顾效率与公平的次优表达，虽然灵活性比较大，但在实践中不易操作”。③在此基础上，他们提出建构农村公共服务表达机制的现实途径：首先，必须充分尊重农民的个体权利，包括知情权、表达权、决策权等；其次，需要提高农民的组织化程度，让农民通过一定的自发组织对需求进行有组织的表达，这样能够在保证有序的基础上顺畅需求的表达。

---

① 王蔚、彭庆军：《论农村公共服务需求表达机制的构建》，《湖南社会科学》2011年第5期。

② 刘义强：《建构农民需求导向的公共产品供给制度——基于一项全国农村公共产品需求问卷调查的分析》，《华中师范大学学报（人文社会科学版）》2006年第2期。

③ 王蔚、彭庆军：《论农村公共服务需求表达机制的构建》，《湖南社会科学》2011年第5期。

鄞爱红在分析民众公共服务需求变化的基础上，提出公共服务标准化建设的概念，其前提是要加强对公共需求的管理研究。公众对政府绩效满意度实际上是对政府服务效果的感知与他们的期望值相比较后形成的一种失望或愉快的感觉程度的大小。满意度可能不完全取决于公共服务水平，而是取决于实际体验与期望之比。要使此比得到改善，鄞爱红提出必须进行需求管理，可行路径为：了解需求—整合需求—引导需求。① 从需求管理的角度，鄞爱红为政府公共服务的提供的精细化提供了富有启发性的思路。

需求整合的过程涉及对需求的识别。而对于需求识别，何艳玲、郑文强从城市政府能力出发，通过对全国 19 个副省级城市进行实证分析认为“回应市民需求是当前城市政府能力评估的核心”。首先，何艳玲、郑文强将政府公共服务能力和政府公共服务做了一个界定。政府公共服务更多的是一种结果，受经济发展水平等很多因素的影响，难以就服务供给水平进行比较。而城市政府公共服务能力是指通过公共服务减少市民需求与市民满足之间差异的能力，是可以通过量化的方式进行比较的。其次，构建了三个平行的维度来对城市政府能力展开评估，即需求识别能力、服务供给能力和学习成长能力。在需求识别维度的测量上，又设立了识别渠道的多元性、识别的及时性、识别覆盖的完备性三个二级指标，具体测量则进一步采用了十个三级指标。最后，通过测量评估，何艳玲、郑文强发现城市政府能力不仅包括城市公共服务供给的能力，也包括城市政府对市民需求识别的能力和学习成长能力，而且通过数据显示，在现阶段需求识别能力占据更加关键的地位。何艳玲、郑文强还就当前城市需求识别能力所面临的新挑战，如单一均质社会向多元异质社会的转变，市民需求的多元化与差异化更大，难以折中满足。互联网时代的极端民意表达与“沉默的大多数”共同存在，使政府对民意

---

① 鄞爱红：《公共需求管理与公共服务标准化》，《北京行政学院学报》2012 年第 2 期。

的识别更加困难。[①] 何艳玲、郑文强对政府公共服务能力的定义与评估方法的建立，为我们分析政府公共服务提供了新的视角，同时需求识别能力的强调，为需求表达的研究提供了重要理论基础。

总的来说，农民公共服务的需求表达研究，为政府完善公共服务供给提供了思路，但研究往往散落于其他主题之中，缺乏梳理和理论提升，尚需建构一种理论模型与分析框架。同时，绝大部分的需求表达研究局限于农村的视域，缺乏从城乡一体化、新型城市化的社会大背景来考察，也缺乏对城市公共服务需求表达的关注。

三、公共服务研究述评

第一，缺乏公共服务需求的基础理论研究。虽然有大量文献研究具体公共服务的需求及供给问题，但我们必须承认，我们对何谓需求、何谓公共服务需求并没有形成统一的共识。如果没有对公共服务需求的基础性界定，有关研究就会出现自说自话的问题，这显然不利于这个领域研究的深入开展，也不利于不同领域研究之间的对话交流。

第二，缺乏城市基层服务的个案研究。除了纯粹理论性和规范性的研究以外，目前关于公共服务及其需求表达的研究主要针对农村地区，缺乏对城市基层公共服务体系及其运行的实证性、个案性研究。由于体制的统一性，城市基层公共服务体系具有与农村地区的共性特征，但也存在一些独特之处。目前针对城市社区的研究主要集中于居民自治、基层治理等话题，有关公共服务的个案研究也散落于这些研究成果之中。

第三，对特定群体、特定服务的聚焦度不够。在已有的研究中，虽

① 何艳玲、郑文强：《“回应市民需求”：城市政府能力评估的核心》，《同济大学学报（社会科学版）》2014 年第 6 期。

有对老年人、外来务工人员特定群体，对体育、公共文化特定服务内容的研究，但总体上存在研究量不足、深度不够的问题。特别是对诸如空巢老人、独居老人等数量越来越大又处于社会弱势地位群体的专门公共服务供给与需求研究几乎空白。与深入的个案研究缺乏相适应，专项公共服务研究往往聚焦于国家层面，而缺乏地方政府具体实践情况的研究。比如，政府敬老院等养老机构服务是老龄化社会中非常重要的一项服务，但现有的研究中并没有专门聚焦于此的，更没有深入地对某个地方或区域该项服务进行调查与研究。

第四，重视需求的视角，但民众需求与政府决策和公共服务产品提供之间的转换机制研究缺乏。如鄯爱红提出要对需求进行管理，要听取需求、整合需求、引导需求，但是对于到底该采取怎样的方式来进行需求整合与引导并没有学者做出研究。同时民众的需求听取后，在政府的决策程序中是如何体现、如何对政府的决策产生影响，其中的转换路径尚未受到学者的关注，因而如何更好地具体“指导”政府提供更准确的公共服务的研究是缺乏的。未来关于农民公共服务需求表达机制的研究，可以尝试以“制度-行为-绩效-机制”的路径入手，“通过理论建构与实证分析，揭示农民公共服务需求表达的机理，提出完善表达机制的路径，并有针对性地促进农民需求导向的农村公共服务的有效供给”，并加强对有关地方创新的、成功的表达案例的深度剖析。①

第五，对于政府的公共需求回应能力认识还比较抽象。在前文分析的何艳玲的文章中，关于需求识别能力，专门设立了“识别渠道的多元性”“识别的及时性”和“覆盖的完备性”三个二级指标。其中，“识别渠道的多元性”包括六个三级指标（基层调研、专家智库、听证会意见征询、常规领导接待日、传统媒体和新媒体）；“识别的及时性”包括三

① 邓念国：《农民公共服务需求表达研究：背景、主要成果与发展前景》，《中共杭州市委党校学报》2013 年第 1 期。

个三级指标（政府部门网站上的回应及时性、政府对于官方论坛的回应及时性、电话邮件等得到回复及时性）；“覆盖的完备性”包括一个三级指标（政府需求识别方式的市民满意度）。最后何艳玲、郑文强还通过问卷调查、结构访谈和神秘顾客扮演等方式对国内 19 个城市的需求识别能力进行了评分和排序。[①] 应该说，这里对城市公共服务能力的分解界定具有一定的启发意义，其中对于需求识别能力的分析及指标设定也为理解需求把握提供了框架，在这一领域的研究中也显得较为出彩。但是，从操作来说，这十个三级指标的量化非常困难，准确度也值得商榷。例如，“基层调研”这一指标如何量化排序？实际上，在现有体制下，任何地方政府在日常决策中都会开展一定程度的基层调研活动，我们是以数量多少来判定得分高低？抑或调研对决策的影响程度来判定？那么，又如何得知调研对实际决策的影响程度？该研究对这些问题显然有些语焉不详。

第三节　研究内容

本书主要研究城市基层（区与街道层面）公共服务需求的表达、识别、评估、整合、供给、管理和监督等流程与机制问题，具体进行市民服务热线、行政审批制度改革、社区垃圾清运机制、社区公共服务供给机制以及社区民生服务热线等几个领域的案例研究。本书将从不同角度对这几个基层公共服务中需求管理、供给管理模式进行分析，梳理公共服务需求表达的现实渠道和梗阻成因，以及供给方和接收方之间进行诉

① 排名从高到低为：广州、南京、宁波、上海、杭州、深圳、济南、北京、成都、沈阳、厦门、大连、青岛、天津、哈尔滨、武汉、西安、长春和重庆。参见何艳玲、郑文强：《“回应市民需求”：城市政府能力评估的核心》，《同济大学学报（社会科学版）》2014 年第 6 期。

求综合、博弈的具体形式与模式，具体来说，包括以下四个方面。

一、需求及公共服务需求的基本理论研究

需求是一个非常容易引起争议的概念。一方面，这个概念非常重要，但另一方面，人们似乎很难准确界定和把握需求。需求，或者说需要是人类乃至所有有机生物的共同基本特征。对个体来说，这种需求首先来自于维持生命存在这一本能。从一出生开始，人们就要吃饭、穿衣、住宿、日用、行动，这些都是最基本的生命活动。因此，对食物、饮水、房屋、衣物、亲情的需求，可以说是人类最基本的需求和需要。满足这些需求是人类活动乃至人类社会的最基本、最基础，也是最重要的内容之一。

本书首先要关注需求的基本理论问题，包括需求的内涵、基本分类、具体表现形式以及影响因素。在此基础上，再尝试讨论公共服务需求的基本内涵、分类、表现形式以及影响因素。梳理社会群体对基本公共服务的不同需求以及不同群体对同一种类型的公共服务的不同需求。在实证研究的基础上，以指向、性质等维度对公共服务需求进行合理分类。

二、以需求为中心的公共服务分析框架及其价值研究

公共服务需求直接指向公共服务体系及其相关的公共政策。可以说，把握公共服务需求，根本上是为了提高服务政策的精准性和灵敏度，增加现代政府对社会需要的“回应性”，更好构建和完善现代社会的公共服务体系，提高公共服务决策机制的科学化水平。如果将公共服务需求研究的目的和重心放在“需求-供给”关系上，那么就需要从公共服务体系的角度来看待和把握公共服务需求，将后者视为前者的一个

重要变量和内容。本书从需求的维度来审视公共服务体系的基本流程和环节，力图提供一种以需求为中心的公共服务分析框架。这个框架以系统论作为基本底蕴，将需求视为“供给”的前置变量与条件，将系统对需求的各种反应视为决策步骤和流程，探讨完整、闭合的系统过程。需要注意的是，只有给公共服务的各方都带来利益，才能促进“公共服务需求表达与整合机制”不断完善与发展。因此，以需求为中心的公共服务分析框架要建构在供给方、需求方和生产方的共同利益之上。具体来说，这个框架内应该包括：

1. 表达机制：现实中有哪些公共服务需求的表达方式和渠道？这些表达渠道的效果如何？如何认识和评价这些表达机制。从公共服务的回应性角度看，如何广开言路，让需求能够得到更加及时和全面的表达。从另一角度来说，也就是探讨政府如何及时、准确收集到社会群体对政府公共服务的需求与期望，并将这个过程法治化和制度化。表达机制建设对需求的政策效果会产生重要影响，也是公共服务体系完善的前提和基础。

2. 评估机制：面对分散化、零碎化，甚至常常矛盾化的公共服务需求，决策者如何进行全面准确的评估？如何将这些需求编译成公共服务政策可以识别的“编码”？并对是否做出回应、如何做出回应做出初步判断？这些都属于公共服务需求的评估机制，显然，这是回应需求、决定供给的基础。公共服务供给方、生产方与接收方在一定平台上进行协商综合，形成服务目标。

3. 整合机制：公共政策显然无法满足所有的社会需求，也无法分散化地回应每个社会主体的需求，因此，将需求转化为政策，不仅需要政策议程，还需要进行需求的整合或者说统筹。在我国“条块分割”的体系中，整合与统筹对于提高公共服务水平有着重要意义和价值。本书将通过实证案例关注，在基层治理过程中，如何通过整合与统筹的方法来创新服务供给方式，更好地回应现实需求，从中梳理和探讨共性的经验和规律。

4. 供给机制：供给就是对需求的回应。供给机制不仅要回答对什么需求进行回应，还要回答如何回应，回应到什么程度？本书通过社区的“组团式走访”的案例研究来回答现实中需求供给机制的内在逻辑是什么？主要问题有哪些？如何通过协同机制创新来提高这种供给模式的效率，更及时、更准确回应现实需求。

5. 管理机制：“需求管理”是通过对需求的引导和管理来实现“需求—供给”平衡的方法和过程。需求管理意味着供给并不能一味被动回应需求，需求问题也不可能仅以增加供给的方式予以全部解决。如何理解公共服务体系中的需求管理？如何完善这一需求管理？这也是本书需要关注的一个问题。

6. 监督机制：当需求经过表达、评估，并被政府回应以后，如何评价这一供给的绩效？在出现质量问题时，服务供给方和生产方应该如何负责，并持续对公共服务进行改进？这属于需求监督机制要解决的问题。

三、公共服务需求过程的实证分析和研究

本书在理论分析的基础上，选择了六个基层公共服务的案例进行实证研究，说明以需求为中心的公共服务体系运作和创新的实践与路径。这六个案例分别是市民公共服务热线的实践与绩效分析、行政审批制度改革中的需求评估及其对策分析、社区垃圾清运机制中的需求整合分析、社区公共服务协同供给机制分析、社区公共服务热线中的需求管理和供给分析以及公共服务监督机制的实证分析。六个案例的主要内容不尽相同，视角也各异，但都围绕城市公共服务，尤其是基层公共服务创新这一主题，从需求理论的不同角度来审视创新实践的内在逻辑和路径，帮助我们更好理解基层公共服务的实践。

四、优化公共服务需求机制的对策建议

在理论建构和案例分析的基础上，本书还针对案例分析中发现的问题，提出关于进一步完善公共服务需求机制以及建构以需求为中心的公共服务体系的对策和建议，包括：（1）公共服务需求分析方法：在公共服务之初如何进行有效的公共需求分析，并将分析结论纳入政策议程，准确界定服务的内容、对象、方式和目标等重要问题。（2）优化公共服务需求表达机制：如何激活和运用各种基层组织进行需求收集、显现、凝聚和识别，创造性地发掘公共参与能量，开发基层治理的存量资源。（3）优化公共服务需求整合机制：如何构建协商和议事平台，形成需求综合机制和需求议程化机制，引导社会需求变化，加强政府与民众在公共服务方面的沟通交流，即提高公共服务绩效。（4）优化公共服务绩效评价机制：如何引导公众进入绩效评价程序，不断改进公共服务质量。

第四节　基本思路

本书依照图 1–1 的逻辑展开研究和论述。首先，对各有关学科关于“需求”和“公共服务需求”的基础理论进行详细的检视，为后续研究打下坚实的基础。事实上，马克思主义理论、经济学、管理学、心理学、社会学等都对人类的“需求”以及有关行为做过相关研究，并形成了一些较为成熟的理论和分析框架。例如，马斯洛的需求层次理论，不仅对心理学，对现代管理学、公共管理学、社会学的相关研究都有巨大的影响。需求层次理论阐述了需求的基本类型，以及动态变化的基本规律，揭示了人类行为的基本动机以及需求动力学原理。再如，现代经济学中，“需求–供给”是非常重要的分析范式，保持“需求–供给”均衡是经济活动及政策活动的重要目标。理解需求以及调控需求，是经济学

政策的重要组成部分，也是经济政策的重要内容。这些理论沉淀为我们认识、理解和把握公共服务需求提供了非常必要的学术资源和基础。

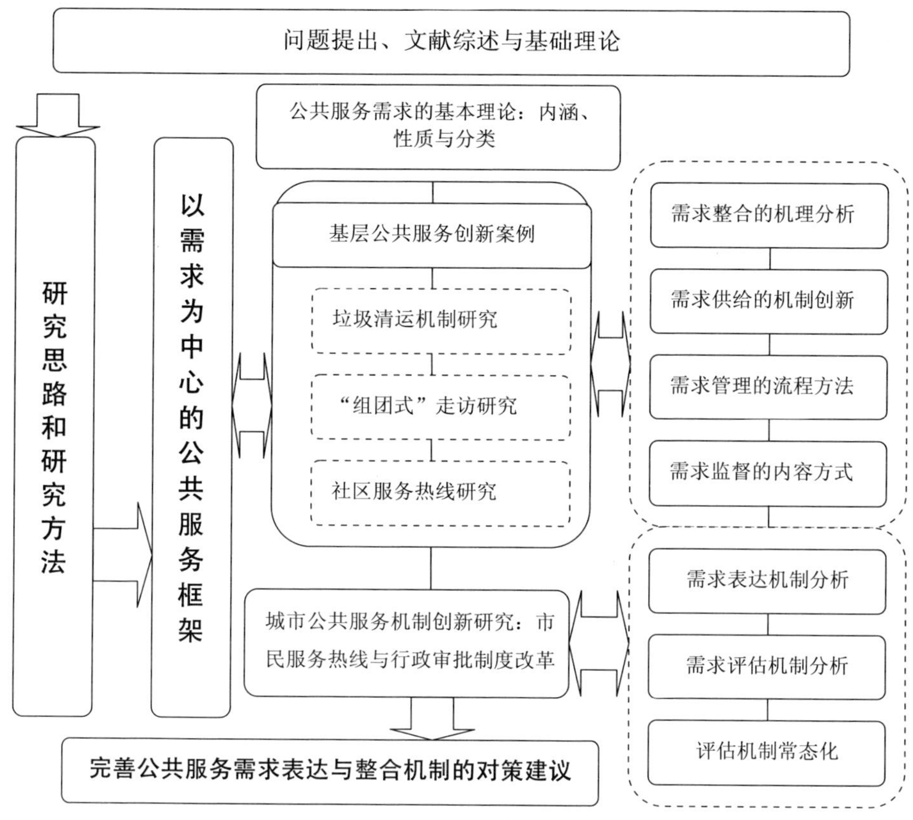

图 1-1 研究路线图

在此基础上，本书进一步分析了公共服务需求的主要内涵、种类、性质以及影响因素。在这里，从一般意义上说，公共服务需求就是社会主体对政府的公共服务供给的需要，是一种“目标式”“实物性”的界定。正如第三章所谈到的，从本质上说，这种需求也是对一种理想状态的渴望和需要，即力图从现状到可欲状态的变化，是一种“差距式”的界定。本书将这两种界定融合统一在一起。然后根据系统论的基本观点，构建了以需求为中心的公共服务体系分析框架。在这个框架中，需求是贯穿所有过程的红线，对需求的反应、供给和监督都以需求为中心，且能够构成一个封闭的循环。这个闭环其实就是公共服务体系运行的主要过程和阶段。这个分析框架为我们提供了审视公共服务需求，以及公共服务体系本身的新视角，即如何从政策和决策的角度来认识和把握社会需求。

如前文所述，本书的第四章至第九章进行了六个具体案例的分析，分别从需求表达、需求评估、需求整合、需求供给、需求管理和需求监督的角度对公共服务体系中的需求机制进行了系统分析。通过文献梳理发现，目前对公共服务需求的研究大多数是针对农村地区展开的，而这里的六个案例研究主要针对城市，特别是基层街道、社区层面，可以从一个方面填补现有研究的不足。最后一章对全部研究进行了总结，提出了完善以需求为中心的公共服务体系的对策和建议。

就研究方法来说，本书综合运用了多种方法，包括：(1) 田野调查法，包括进行案例跟踪研究和抽样调查，以及座谈会、个别访谈法。(2) 文献研究法，对国内外相关研究进行文献分析，聚焦公共需求分析的理论与实践。(3) 比较研究法，主要对比国内外在公共服务需求表达与综合机制方面的异同，寻找启发性理论。本书的重点是公共需求分析方法以及需求表达、综合机制建设；难点是现有表达渠道的梗阻分析以及表达、综合机制创新，因为这涉及实际公共服务项目实施的试验甚至试错。

第二章
基础理论：需求及其性质的多学科认识

要研究公共服务需求，首先要探求需求的基本内涵和特征。可以说，有关需求的基础理论是公共服务需求理论的前提。

第一节　马克思主义的需求理论

世界的存在，包括人的存在是历史唯物主义的前提。马克思主义认为需要是人类的本性，人的需要是不以意识为转移的客观存在，人的需要"不是任意提出的，不是教条，而是一些只有在臆想中才能撇开的现实前提"①。马克思十分重视人的需要，他认为人的需要催生了人类进行物质资料生产，进而构成人类实践，使人与动物从根本上区别开来。正如马克思所说："可以根据意识、宗教或随便别的什么来区别人和动物。一旦人们开始生产自己的生活资料，即迈出由他们的肉体组织所决定的这一步的时候，人本身就开始把自己和动物区别开来。"②

与此同时，马克思主义认为人的需要是人类行动和交往，进而构成社会关系的初始动因。众所周知，在马克思主义经典著作中，生产力和

① 《马克思恩格斯选集》第 1 卷，人民出版社 2012 年版，第 146 页。

② 《马克思恩格斯选集》第 1 卷，人民出版社 2012 年版，第 147 页。

生产关系的矛盾、经济基础和上层建筑的矛盾以及阶级矛盾是推动社会发展进步的根本动力，然而，这三大基本矛盾背后的深层动因却是人的需要。三大基本矛盾中的任意一个被激化，都有可能引发社会革命，进而推动社会的进步，但是，矛盾被激化终究属于非常态现象，当三大基本矛盾处于可控状态时，推动社会不断进步的动力便是人的需要。这一点恩格斯在《路德维希·费尔巴哈和德国古典哲学的终结》有过精彩论述："无论历史的结局如何，人们总是通过每一个人追求他自己的、自觉预期的目的来创造他们的历史。"①他提出人的预期（需要）是隐藏在社会历史发展动力背后的作用机制，是动力的动力。

马克思关于人的需要理论是马克思主义的重要组成部分，一方面，人的需要引发出人类的生产活动，当生产达到一定程度之时，以交换为基础的消费活动便随之产生，在生产与消费活动中，人与人之间的社会关系形成并扩大；另一方面，人的需要驱动生产力和生产关系、经济基础和上层建筑以及阶级之间的关系不断发生变化，进而推动社会不断向前进步。因此，马克思关于人的需要理论是深刻理解社会和人类的重要理论。

正如有的学者指出的，马克思揭示了人类需要体系的三个特点②：第一，人的需要是多方面的，人的需要从根本上说又是社会性的，正是人的社会关系这种"内在联系把各种不同的需要结成一个自然的体系"；第二，人的需要是不断变化的，人的需要以历史的逻辑来看，是呈上升序列的，随着时间和生产方式的改变，人的需要体系逐渐由较低级的系统向较高级的系统演进；第三，人的需要是以社会劳动和生产为基础的，即使人的需要是构成人类劳动和生产的初始动因，但是不可否认的是，人的需要也受社会劳动和生产的制约。

---

① 《马克思恩格斯选集》第4卷，人民出版社2012年版，第254页。

② 姚顺良：《论马克思关于人的需要的理论——兼论马克思同弗洛伊德和马斯洛的关系》，《东南学术》2008年第2期。

马克思主义认为人的需要是分层次的，首先，作为自然存在物，人要满足其吃喝住行穿等基本生物需要，这是人得以生存的基础，“全部人类历史的第一个前提无疑是有生命的个人的存在”。① 其次，“已经得到满足的第一个需要本身、满足需要的活动和已经获得的为满足需要而用的工具又引起新的需要”。② 这一阶段人的需要表现为在满足基本生物需要之后，人继续扩大再生产，进而获得更充实、更高质量的物质生活资料的劳动生产需要。最后，在前两个需要都得到满足之后，人便开始追求精神层面的价值需要，这一层次的需要也是人类需要的最高层次，是人为获得全面发展的需要。具体如下：

1. 人为了生存的物质生活需要。物质生活需要包括饮食、衣着、住宅、用具等，它是人类赖以生存和发展的基础。如果得不到最起码的合理需求，人类是无法在自然界生存的，更谈不上发展，“当人们还不能使自己的吃喝住穿在质和量方面得到充分保证的时候，人们就根本不能获得解放”。③ 马克思认为：“我们首先应当确定一切人类生存的第一个前提，也就是一切历史的第一个前提，这个前提是：人们为了能够创造历史，必须能够生活。”④ 因此，首先应当把将人看作是有生命的个体存在，为了生存，必须满足其物质生活需要。这构成了人的需要体系的最低层次，同时，构成人类生产和生活活动的最初动因，与人的需要的第二、三层次形成序列关系。

2. 人的劳动和生产需要。无论是为获得生存所需的衣食住行用等生活资料，还是为追求更高层次的物质生活，人类都必须从事劳动和生产。实践性是马克思主义哲学的主要特征，而实践的主要表现形式就是劳动生产。人们在基本生活需求获得满足之后，会依据社会生产发展水

① 《马克思恩格斯选集》第 1 卷，人民出版社 2012 年版，第 146 页。

② 《马克思恩格斯选集》第 4 卷，人民出版社 2012 年版，第 159 页。

③ 《马克思恩格斯选集》第 1 卷，人民出版社 2012 年版，第 154 页。

④ 《马克思恩格斯选集》第 1 卷，人民出版社 2012 年版，第 158 页。

平，通过劳动生产，创造更加丰富的物质生活资料，以满足更高的生活需求。人的需要与劳动生产之间是密切联系的两个因子，人的需要是劳动生产的动力，劳动生产是满足人的需要的手段，在生产出更多的物质生活资料之后，交换或者消费便会产生，在这一过程中，人与人之间的社会关系得以建立。劳动生产不仅是人们谋生的重要方式，也是人们积极实践进而实现人生价值的一种手段。因此，劳动和生产构成人的第二层次的需要。

3. 人的全面发展的需要。在维持人类生存的必要的物质生活需要得到满足，而且通过劳动和生产，生活资料得到一定的积累之后，人的高级需要便产生和发展起来了，主要表现为人们对艺术欣赏、科学研究以及社会交往、政治活动的需要等诸多较高层次需求的追求。此时，人的需要已经不再是单纯的自然属性的需要，而是精神层面甚至是抽象意义上的价值追求。这一阶段人的需要更加关注自身的全面发展和生活的品质，按照自身的个性需要和能力发展来设定个人所求。这一阶段的生产重心不仅只是单纯的物质生活资料的生产，而且也是社会关系的再生产。在追求更高层次的生活需求时，人类的社会行为将构建一系列新的社会关系，人的社会性将更加凸显。

第二节　现代经济学的需求理论

供给和需求是经济学的一对基本分析概念，有关需求的学说和理论也是现代经济学的重要组成部分。在经济学中，需求（demand）主要是指在一定的时期、在既定的价格水平下，消费者愿意并且能够购买的一种商品的数量。① 这个界定同社会学等其他社会科学有很大不同，它

① 曼昆：《经济学原理》，梁小民、梁砾译，北京大学出版社 2009 年版，第 73 页。

强调不仅有意愿（want），还包括将之付诸行动，并付出成本（市场价格）。一般来说，需求分为个人需求和市场需求。个人需求就是消费者个体对特定商品或劳务的需求量，将所有个人对某种特定商品或劳务的需求进行加总，就得到了市场需求。①

经济学认为，一种物品的社会需求量（quantity demanded）当然是由很多因素所决定的，但当分析市场如何运行时，商品的价格无疑是起着核心作用的因素。② 换句话说，市场上商品需求的变化主要受价格影响，商品的价格发生变化，消费者对该产品的需求也会相应发生变化。因此，"需求定理"认为，在其他条件不变时，一种物品的价格上升，对该物品的需求量就会减少；相反，如果一种物品的价格下降，对该物品的需求量就会增加。所以，需求向下是需求的基本规律，由此得出向下的需求曲线（价格和需求联系在一起的向右下方倾斜的曲线），如图 2–1 所示。

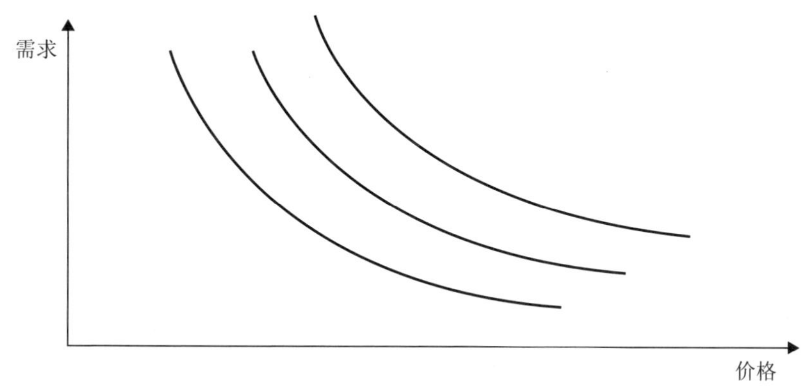

图 2–1 向下的需求曲线

① 曼昆：《经济学原理》，梁小民、梁砾译，北京大学出版社 2009 年版，第 75 页。

② 当然，不论是对个体而言还是对社会而言，需求的影响因素还有很多。对个体而言，收入的变化、其他相关物品价格的变化、消费者偏好、预期的变化等都会影响购买者的需求量。对一个社会和经济体来说，需求量的影响因素还包括，例如：人口因素，也就是一定时间段内的人口总量，对经济需求会有重要的影响；生产结构，也就是社会的主要产业形态及其机构，也会影响人们的需求类别和数量。

一般来说，需求曲线表示某个人对某种产品的需求，那么市场需求就是所有个人对某种特定物品或者劳务的需求的总和。因此，可以把个人需求曲线水平相加而得到市场需求曲线。当然，市场需求曲线和个体需求曲线相同，一般也是向下的。

与需求原理相反，供给原理认为，在其他条件不变的情况下，一种物品价格上升，该物品的供给量会增加。因此，供给曲线是一条向右上方倾斜的曲线。供给的影响因素同样很多，经济学最关心的是价格，除此之外，还有投入品价格、技术进步、预期和卖者的数量等。价格引起的供给变化表现为供给曲线，价格之外的因素引起的供给变化表现为供给曲线的移动。

在现实生活中，“需求原理”对于公共政策制定具有重要意义和价值。有时，公共政策力图调控某种商品的市场消费量，也就是市场需求，例如，鼓励人们多吃水果或者减少人们吸烟。从根本上说，这就是在调控市场中人们对水果和香烟的需求。由于需求取决于该商品的价格和其他一些因素，因此，一般来说，政府可以使用两种政策方法来达到政策目标。一种方法是调控该商品的价格，如征税或者补贴。如果对新鲜水果进行补贴，那么新鲜水果的市场价格就会降低，市场需求量就会增加；如果对香烟进行征税，那么烟草公司就会以提高价格的形式把这种税的大部分转移给消费者，较高的价格会使得市场需求量减少。这种需求的变化是需求曲线上不同坐标点的变化。

另一种方法是使新鲜水果或者香烟的需求曲线移动。例如，通过公益广告、免费培训或禁止烟草广告等方式，影响并进而改变人们对新鲜水果、香烟的偏好，使得越来越多的人认识到食用新鲜水果的益处以及吸烟的害处，就能在价格不变的情况下，影响市场对水果和香烟的需求量。这时，这些商品的需求曲线就会向左或向右移动。

与需求相关的另一个概念是“效用”。效用是指需求者在得到所需的产品和服务时所感受到的满足程度，也可以说是产品或服务满足人们欲望和需要的程度。所以效用可以成为人们需求和欲望得到满足的一个度量。某东西的效用高，就说明其满足人们需要的程度高。效用某种意义上就是经济价值。① 需求的边际效用递减是生活中的一个基本规律，也就是再增加一个单位产品或服务所带来的新增的效用会逐渐减少。一般来说，边际效用递减会带来边际需求递减，也就是随着拥有某种产品或服务的数量增加，人们对其后增加的一个单位的产品或服务的需求程度会减少。

与微观经济学的“需求定律”不同，宏观经济谈论较多的是“有效需求”理论。这一理论的主要奠基者是英国经济学家凯恩斯。其实，早在1820年，马尔萨斯就发表了《政治经济学原理》，最早提出了社会有效需求不足可能造成经济危机的观点。但直到1936年凯恩斯发表名著《就业、利息、货币通论》，重提有效需求不足问题，才构建起比较完整的“需求理论”。凯恩斯质疑了一直流行的供给创造需求的看法，主张从需求角度促进宏观经济均衡，并为需求管理提供了一套完备的理论体系，从而使经济学发生了划时代的革命。②

凯恩斯认为，全社会的总需求决定了总就业量，因此需求不足就会导致失业的产生。由于总需求不足，生产的商品就无法销售出去；产品无法销售，企业无利可图就只能降低产量，也就进而减少雇佣人员，由此造成社会的失业增加。相反，当社会就业增加时，劳动者的收入也随之增加，然后人们的消费也增加，企业有利可图后生产量也随之扩大，这表现为经济增长。但从实际来看，收入增加与收入增加引发的消费并非同比例增长，这两者之间会存在一定的差距。因此，要有足够的需求来支持就业的增长，就不能仅仅依靠劳动者收入的增加，而必须再辟蹊径。凯恩斯认为，社会总需求由消费需求和投资需求两部分组成，所

① 戴明亮：《需求经济学》，中国发展出版社2015年版，第41页。

② 李义平：《需求管理与供给管理——宏观经济管理的两种模式及其理论基础》，《经济研究参考》2000年第26期。

以，在消费需求不足的情况下，增加投资可以用来填补收入与这一收入所决定的消费需求之间的差额。换言之，在消费需求已定的情况下，通过增加投资，人为地扩大社会需求，就能够增加就业，并促进经济发展。

依照凯恩斯理论，在资本主义市场经济环境中，需求不足以及由此而来的非充分就业的状态是一种常态，因此，政府需要采取干预经济的政策来刺激社会消费和投资，以弥补有效需求的不足，消除生产过剩实现充分就业。这就给政府干预经济活动，开展宏观调控提供了理论支持。20 世纪 20 年代末的世界经济危机以后，以美国为代表的资本主义国家为了走出危机，运用财政政府和货币政策工具，开始大规模干预经济生活，在实践中运用了凯恩斯主义的“有效需求”理论，彻底改变了资本主义早期政府“守夜人”的角色。

第三节　心理学的需求理论

一般来说，需求及其对人类行为的影响是心理学的重要研究主题。心理学认为，在本质上，需要是人脑对生理需求和社会需求的反映，或者说是由个体在生理上或心理上感到某种欠缺而力求获得满足的一种内心状态，它是个体进行各种活动的基本动力。心理学家曾针对个体心理需求提出多种理论，其中最为著名的就是马斯洛需求层次理论（Need Hierarchy Theory），它是人本主义科学的理论之一，由美国心理学家亚伯拉罕·马斯洛 1943 年在论文《人类激励理论》中提出。

马斯洛认为，人本身就是一种不断产生需求的动物。所有人的机体状态都可以被看作是受到激励的状态和正处于激励过程的状态，这里的激励最主要来自于人的需要本身。人的需求可分为高低层次，从低到高共有五种类型：第一是生理需要，也就是维持体内平衡、延续生命存在的基本要求，如对食物、水、衣物、居所的需要等；第二是安全需要，如安全、稳定、依赖、保护、免受恐吓、焦躁和混乱的折磨，对体制的需要，对秩序的需要，对法律的需要，对界限的需要以及对保护者实力的要求等；第三是归属和爱的需要，对爱的需要包括感情的付出和接受，归属的需要则是归属于某个组织、集体、群体，并获得一定身份认同的需要；第四是自尊的需要，也就是一种获得对自己的稳定的、牢固不变的、通常较高的评价的需要或欲望，即一种对于自尊、自重和来自他人的尊重的需要或欲望，这种需要又可以分为两类：一是对实力、成就、权能、优势、胜任以及面对世界时的自信、独立和自由等的欲望，二是对名誉或威信的欲望，对地位、声誉、荣誉、支配、公认、注意、重要性、高贵或赞赏等的欲望；第五是自我实现的需要，指的是人对于自我发挥和自我完成的欲望，也就是一种使人的潜力得以实现的倾向，这种倾向可以说成是一个人越来越成为独特的那个人，成为他所能够成为的一切。①

马斯洛需求层次理论的另一个重要内容是这些需求的层次排列，即按照强烈程度梯状排列。其中，生理需求、安全需求、归属和爱的需求以及尊重的需求被称为基本需求（basic needs），基本需求是因为匮乏而形成的，故又称为匮乏需求（deficiency needs）。而自我实现的需求是高层次的需求，属于衍生需求（meta needs），或者成长需求（growth needs），或者存在需求（being needs）。低层次需求为高层次需求的基础，高层次需求对低层次需求有引导作用。②

一种需求的出现通常取决于优先满足另一个更为强烈的需要。马斯洛认为，“基本需求在相对潜力原则的基础上按相当确定的层次排列。这样，安全需求比爱的需求更强烈，因为当两种需要都受到挫折时，安

---

① 亚伯拉罕·马斯洛：《动机与人格》（第2版），许金声译，中国人民大学出版社2012年版，第19—29页。

② 陈启勋：《教育大辞书·需求层次论》，文景出版社2000年版，第460—461页。

全需求以各种可以被证实的方式支配着肌体”。[①] 同样的道理，生理需求强于安全需求，安全需求强于爱的需求，爱的需求又强于自尊的需求，自尊的需求又强于自我实现的需求。

这就是所谓的“需求层次的动力学”：“在动机理论中，满足成为与匮乏同样重要的概念。因为它将肌体从一个相对来说更强的生理需要的控制下解放出来，从而允许更加社会化的目标出现。生理需要以及它们的局部目的，在长期得到满足时，就不再是行为的活跃的决定因素和组织者了。它们只是以潜能的方式存在，即如果遭受挫折，它们会再次出现，并控制肌体。然而，已得到满足的要求就不再是要求。机体的控制者和行为的组织者只能是未满足的需要。如果饥饿得到满足，它在人们目前的原动力中就变得无足轻重。”[②] 也就是说，前一个需要满足以后，人们就会开始寻求对下一个需要的满足，需求的呈现和满足是遵循自下而上的渐进过程。这个发现无疑对于人类的行为动机做出了一个非常有创见性和解释性的描述，成为心理学乃至社会科学的经典理论之一。

当然，需求的层次性满足也并非是绝对性的，也就是说并非一个需要得到100%的满足，下面的需要才会出现。马斯洛认为，“社会中的大部分正常人的全部基本需要都部分地得到了满足，同时又都在某种程度上未得到满足”“也许一般公民大概满足了85%的生理需要、70%的安全需要、50%的爱的需要、40%的自尊需要和10%的自我实现的需要”。[③]

诺尔斯（Knowles）基于马斯洛的理论，又提出了“基本教育”需

---

① 亚伯拉罕·马斯洛：《动机与人格》（第2版），许金声译，中国人民大学出版社2012年版，第74页。

② 亚伯拉罕·马斯洛：《动机与人格》（第2版），许金声译，中国人民大学出版社2012年版，第22页。

③ 亚伯拉罕·马斯洛：《动机与人格》（第2版），许金声译，中国人民大学出版社2012年版，第37页。

求理论。他认为需求有两种：一种是基本的或生物的需求（basic or biological needs），包括身体的或物质的需求、成长的需求、安全的需求、新经验的需求、情感的需求和识别的需求；另一种是教育需求，是指实际表现的能力阶层与被要求的能力阶层之间的差距，也就是个人为自己、组织、社会的利益所应学习的东西，其性质也是个人、组织或社会的实际状态与期望之间的差距，而此差距可经由学习来缩短。

第四节 管理学的需求理论

管理学中的“需求”与经济学的“需求”存在一定的差异。由于企业管理活动最终要落实到服务客户、销售产品、获得利润上来，因此，管理学中的“需求”主要是指企业所面对的客户（或“潜在客户”）对某种产品的喜好，以及愿意付钱购买的意愿。管理学强调企业需以用户的需求为中心，通过科学手段来估计和管理用户的需求，并以之作为基本依据指导生产和服务，在确保用户效用最大化的同时赚取经济利润。

一、用户需求理论

在管理实践中，“用户”往往是某种产品或服务的直接消费者与使用者，是特定组织（公共部门或私人部门）的主要服务对象。要提高用户的满意度，增加某一组织的影响力，就需要为顾客的需求而工作，使得满意顾客的数量最大化。因此，科学的用户需求分析和管理以及在此基础上的精准化的服务供给，就是提高某一组织管理绩效的前提和路径。比较典型的案例就是关于图书馆用户需求的研究。

在图书馆学和情报学研究者看来，图书馆的工作重点不仅仅是图书资源的收集、整理，更主要的还是图书馆向用户所提供的服务以及这一服务能让用户或读者更方便、快捷和全面地获取其期望获得的信息资源，满足其个性化的需要。为了更好地服务用户，图书馆必须了解用户群体，包括其对信息的需要，对查找信息方式的需要。因此，知晓用户的服务需求和使用对于图书馆按照用户需求提供服务就显得非常重要。①

总体来说，图书馆的用户需求理论被概括为五个方面：一是信息需求的目的，即图书馆用户出于什么目的产生对信息的需求，如研究目的、求证目的、求知目的、娱乐目的等，这种目的性决定了需求的内容，因而有益于图书馆制定有针对性的服务战略；二是信息需求的类型，即用户需要哪些类型、哪些载体、哪些语种、哪些年限的信息，这对于图书馆的馆藏安排具有重要决定作用；三是信息特性的需求，即图书馆用户对信息的完整性、正确性、权威性、及时性、新颖性等质量特征的需求；四是获取信息的途径，即用户能够通过何种渠道快速、方便地获得自己所需的信息；五是影响信息需求和使用的因素：哪些因素会对用户的信息需求和满意产生影响，影响到什么程度。②

概括起来说，如果将信息视为一种“服务”或“产品”，那么图书馆用户的需求理论其实涉及四个层面的问题：其中最核心的是用户对服务的需求（包括信息的类型、性质、层次、获得方式等）。除此之外，还有用户信息需求的目的性，即获得信息的个体性和公共性的内在原因；以及用户的需求满足，即影响其满意度的因素，这其实是“供给”和“需求”相碰撞以后，图书馆用户的心理满足度以及内在需求的可能性变化；还有影响用户需求的因素，如年龄、学历、性别、职称、语言等。这四个层面的内在逻辑关系如图 2-2 所示。

① 曹树金等：《网络环境中公共图书馆和高校图书馆用户需求实证研究》，学习出版社 2015 年版，第 32 页。

② 曹树金等：《网络环境中公共图书馆和高校图书馆用户需求实证研究》，学习出版社 2015 年版，第 32 页。

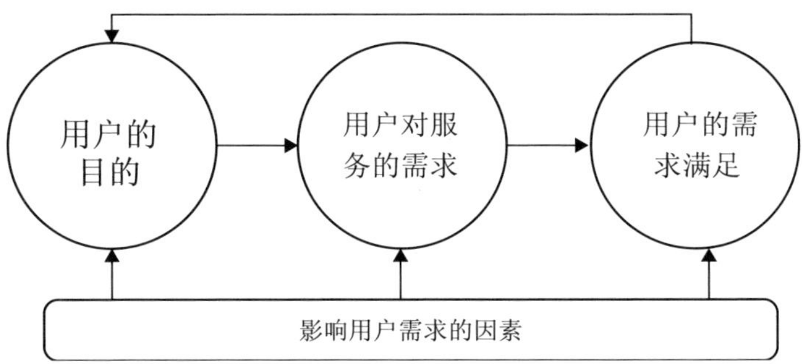

图 2–2 图书馆用户需求理论的主要内容

二、需求的评估

简单来说，需求评估（need assessment）就是估量不足（deficiencies）的过程。① 因为有一些学者将需求（need）定义为不足（deficit），也即是个体未能达到或保持最低的满足水平。② 需求评估是一个经验过程（empirical process），是计划发展的基本步骤，其目的是节省时间与资源。需求评估结果可诊断或是辨别问题（或缺点）、确认目标以及决定预期目标的可达成程度与资源的可利用成效。

需求评估的方法有许多种，有些相当复杂，例如采用会计学量化方法，包括 multi-attribute utilities，utility curves，anchored rating scales，decision trees 等。有些方法本质上属于定性的，比较直觉式，比较快速。应该说，定性和定量方法各有优缺点，但是一般仍然强调定量方法为

① David Royse，et al.，*Need Assessment*，Oxford University Press，2009，p.4.

② 《国际教育百科全书》中史华慈（Suarez）认为需求的概念包括三种含义：一是指一种差距（discrepancy），指实际状况与目标状况间的差异；二是指一种希望（want）或偏好（preference），即个体所知觉的欲求和喜好；三是指一种不足（deficit）。T. M.Suarez，“Needs Assessment”，in *The International Encyclopedia of Education*（*2nd ed.*），Oxford: Pergamon，1994，pp. 4056–4060.

主，因为定量方法可以数字化地呈现具体资料，让人易于了解，而非一般的抽象和质性描述。

需求评估的工具有很多：研讨会、焦点会议、关键人物访谈、统计资料分析、追踪指标、研究调查结果、问卷调查等。可以根据本身研究设计的具体情况选择不同的适合的评估工具。

第五节　公共管理学的需求理论

公共管理学并没有直接研究需求，但是强调管理过程的需求导向及“顾客导向”，其实也是强调对服务对象需求的重视。

“顾客导向”（customer orientation）最先被运用于企业管理，目的是将企业的注意力聚焦到顾客身上，根据顾客的需求和偏好生产出能获取最大利益的商品。最早提到“顾客”一词的行政学者是迪马克（Dimmack），他在 1936 年指出，“顾客满意标准”在政府运作过程中的运用应当与在企业中的应用一样广泛……如果行政官员能够像企业管理者那样始终关注最终结果，即顾客满意度，那么内部行政运作亟须改革以改善服务就不言自明了。①

20 世纪 60 年代的“新公共行政”鼓励公民参与公共治理，并强调公共行政应认真倾听公众呼声并以顾客为中心。明鲁布诺克会议中选择和强调“顾客”的术语以表示公民和行政官员在新公共行政中的重要性。② 新公共行政运动所强调的“公平”原则和“关注弱势群体”原则在一定程度上也是重视“顾客”需求，提升“顾客”的影响力，将其利

① 戴维·H. 罗森布鲁姆、罗伯特·S. 克拉夫丘克：《公共行政学：管理、政治和法律的途径》，张成福等译，中国人民大学出版社 2002 年版。

② 康特妮等：《新公共行政：寻求社会公平与民主价值》，《中国行政管理》2001 年第 2 期。

益放在重要位置的努力。

20个世纪90年代，戴维·奥斯本（David Osborne）和彼得·普拉斯特里克（Peter Plastic）在其名著《再造政府》中提出“顾客战略：将顾客置于驾驶员的位置上”①，强调“顾客”在政府管理中的重要性和核心地位，政府部门应该对“顾客”负责。他们认为保证政府部门对“顾客”也即公民负责的途径有以下四种：“第一是让顾客选择公共组织；第二是允许顾客控制资源，并将其置于相互竞争的服务提供者中，把顾客战略与后果结合起来；第三是顾客质量保证，即制定顾客质量标准，并对那些很好地满足了顾客需要的组织进行奖励，否则，将对组织进行惩罚；第四，要使用顾客战略，每个组织必须具备一种重要的能力，即聆听顾客的能力。”②

让“顾客”选择公共组织，就构建了一种“市场机制”，增加了部门之间的竞争性，为了应对绩效考核，各部门之间定会竞相提升自己的服务水平。同时，“顾客”控制资源，特别是那些稀缺的资源应该由“顾客”来控制，这样就能够保证资源的合理利用，因为“顾客”会把资源交给合适的部门；制定“顾客”质量标准，这可以作为上级部门考核下级部门的一个指标，作为激励相关公共部门的一种手段；“顾客战略”，换句话说就是政府应该具有“回应性”，公民对公共部门的不信任，政府部门低度的回应性是一个很重要的影响因素。

20世纪80年代以来，英国也在尝试以“顾客导向”为主旨的行政改革，其中最著名的是梅杰政府。梅杰是撒切尔首相的继任者，在1991年以“政府白皮书”的形式提出“公民宪章”。所谓公民宪章，就是用宪章的形式把政府公共服务的内容、标准、责任等公之于众，接受

① 戴维·奥斯本（David Osborne）、彼得·普拉斯特里克（Peter Plastrik），《再造政府》，谭功荣、刘霞译，中国人民大学出版社2010年版，第111页。

② 戴维·奥斯本（David Osborne）、彼得·普拉斯特里克（Peter Plastrik），《再造政府》，谭功荣、刘霞译，中国人民大学出版社2010年版，第129—130页。

公众的监督，实现提高服务水平和服务质量的目的。① 西方一些其他的国家也开始在政府部门强调将公共服务对象当作“顾客”来对待，比如澳大利亚的“实践型文官体系”（act public service），明确提出要实践“顾客导向”的服务理念。② 美国 1993 年颁布的《政府绩效与结果法案》要求联邦部门普遍实施顾客满意度调查，同年 9 月，克林顿发布了第 12862 号总统令，要求联邦机构设定“顾客服务标准”，公开接受公众监督。③ 表 2—1 将英国的“公民宪章”运动、美国的“顾客服务标准”以及澳大利亚的“实践型文官体系”改革做了对比。

表 2-1　三种“顾客导向”改革的比较 ④

英国的“公民宪章”运动	美国“顾客服务标准”	澳大利亚“实践型文官体系”顾客服务标准
（1）明确的服务标准。包括服务效率和质量等方面的具体要求和公务员在与公众打交道时的行为准则。（2）透明度。有关公共的信息必须公开、透明，包括服务的内容和运营状况、特定服务项目的开支与成本状况、管理机关和承担服务的具体机构后者的服务水平和质量等方面的信息。（3）顾客选择。在可能的情况下和与服务对象协商的基础上，应向公众提供选择服务机构的机会，充分发	（1）明确部门的服务对象或顾客。（2）通过顾客调查确定公共服务的类型和质量，了解他们对现有服务的满意程度。（3）设定服务标准和评价服务质量的尺度。（4）设立顾客服务标杆，比较部门绩效和私营部门的最佳绩效。（5）对第一线雇员进行调查，确认部门绩效差距的成因，探讨赶超私营部门最佳绩效的途径。（6）在服务提供机构和服务提供方式等方面给予顾客充分的选择权。（7）确保顾客在接受服务和	（1）了解目标顾客所在。公共服务部门的公务人员必须充分了解相关业务的目标顾客特征及其要求。（2）公务人员须善待顾客。公共服务部门的公务人员必须遵守政府所颁布的“顾客服务标准”。（3）服务场所以顾客为主。保持清洁、舒适宜人的环境；方便全体目标顾客，包括无障碍通道的设置以及方便顾客的办公时段等；尽量为顾客设想，依据顾客的价值观，整合各项顾客导向的措施，例如顾客座椅的设

① 徐增辉：《新公共管理研究》，吉林大学博士学位论文，2005 年，第 67—69 页。

② 陈圆、杨冠琼：《国外顾客导向型政府构建及其启示》，《经济管理》2004 年第 20 期。

③ 徐增辉：《新公共管理研究》，吉林大学博士学位论文，2005 年，第 67—69 页。

④ 陈圆、杨冠琼：《国外顾客导向型政府构建及其启示》，《经济管理》2004 年第 20 期；徐增辉：《新公共管理研究》，吉林大学博士学位论文，2005 年，第 67—69 页。

续表

挥内部竞争的作用以提高服务水平和质量。(4) 礼貌服务。公共服务人员必须礼貌对待公民，一视同仁地向公民提供服务，尊重公民的隐私权、文化、宗教信仰和人格尊严。(5) 完善的监督机制。建立方便有效的公民投诉受理机制，包括明确的补偿标准、便捷的受理程序、方便的投诉渠道等，可能时设宪章电话专线。(6) 资金的价值。推广和完善合同出租制度，展开公共服务领域的公私竞争，以竞争求质量，以竞争求效益，实现公共资源的充分利用	信息方面的便利。(8) 建立有效手段处理好顾客投诉	计及必要文具的准备等；提供清晰的标识、说明及办理业务的相关资讯。包括告知顾客表达满意度的通道以及在显著地方陈列“服务宣言”。(4) 完善的申诉处理程序公共服务场所必须建立“正式、法定的申诉处理程序”。该项处理程序的标准不得低于政府所颁布的“申诉处理最佳实务标准”。(5)“顾客价值”导向的绩效评估。建构合理的绩效评估方法，切实依据绩效目标进行绩效评估适度整合组织设定的“绩效目标与评估”与个人提出的“全新服务宣言”。(6) 电话及柜台应对技巧建立正式、法定的电话及柜台技巧，详细而全面。(7) 不断完善。公共服务部门必须不断寻找顾客导向的机会，改善服务的提供

当然，将“顾客”比喻成“公民”的“顾客导向”也招致一些批评。例如，波利特就认为，公民是社会契约的一部分，而顾客是市场契约的一部分。顾客仅仅是公民的一部分，公民应该位居顾客之上。新公共管理运动却完全倒置了这两者之间的关系。① 彼德斯的批评则更为直接，他指出，“政府应该关注更多的事情，而不应该只关心买和卖。如果治理退化成一种十足的经济行为，那么在政治理论中，公民就变成了微不足道的人物”。② 有学者认为，“顾客”的使用是用来指出迈向民主行政的步骤并降低封闭型官僚机构的控制作用。并指出公民是公共行政官员技术专长的直接消费者，而不是有权力和义务去构造公共行政职能

① 柏维春、芦刚：《顾客导向：当代西方政府经营理念的创新》，《长白学刊》2004年第2期。

② 柏维春、芦刚：《顾客导向：当代西方政府经营理念的创新》，《长白学刊》2004年第2期。

的群体。“公民”这个概念才能更贴切地阐明公众在民主政体中的关系。[①] 以罗伯特·登哈特为代表的“新公共服务理论”集中批评了“新公共管理”运动及其“顾客导向”，他认为“新公共服务”的原则应该是：(1) 为公民服务而不是为顾客服务；(2) 公共利益是目标而不是副产品；(3) 公民权比企业家精神更重要；(4) 思想上具有战略性，行动上要具有民主性；(5) 责任并不简单；(6) 服务而不是掌舵；(7) 重视人，而不只是重视生产力。[②]

虽然存在这些批评和不同意见，但并不意味着“顾客导向”在实践中的失败。事实上，不论从理论还是从实践的角度看，“顾客导向”所引起的公共管理改革对传统的行政管理体系和管理方式都带来了较大的冲击和变革。这种变革以强调政府对社会需求、公民需求的回应性为主要特征，对于重新界定“政府职能”“政府目标”以及优化公共服务流程，提高公共服务绩效，无疑都起到了重要的作用。正因为如此，虽然登哈特对“新公共管理”运动持批判态度，但他也不得不承认：“尽管新公共服务理论是在对新公共管理理论进行反思和批判的基础上提出和建立的，但是，这并不意味着它是对新公共管理理论的全盘否定，从理论视角来看，它本质上是对新公共管理的一种扬弃，它试图在承认新公共管理理论对于改进当代公共管理实践所具有的重要价值并摈弃新公共管理理论特别是企业家政府理论的固有缺陷的基础上，提出和建立一种更加关注民主价值和公共利益、更加适合于现代公民社会发展和公共管理实践需要的新的理论。”[③]

---

① 康特妮等：《新公共行政：寻求社会公平与民主价值》，《中国行政管理》2001 年第 2 期。

② 珍妮特·V. 登哈特（Janet V.Denhardt）、罗伯特·B. 登哈特（Robert B. Denhardt）：《新公共服务：服务，而不是掌舵》，丁煌译，中国人民大学出版社 2003 年版。

③ 珍妮特·V. 登哈特（Janet V.Denhardt）、罗伯特·B. 登哈特（Robert B. Denhardt）：《新公共服务：服务，而不是掌舵》，丁煌译，中国人民大学出版社 2003 年版。

第六节 需求理论的几个基本问题

一、需求的基本定义及内涵

到底什么是需求？如何来认识和把握需求？这是有关研究的基础。但是我们可以看到，从不同的学科出发，目前对需求（need）的定义很多，不同的学者会从不同角度来认识和界定需求。表 2–2 列出了当前学术界对需求的几乎所有定义。这些定义可以被概括为“客观事物”“目标”“不足”“差距”“人类状态”和“物质与心理”六个方面。

表 2–2 关于需求（need）的各种定义 ①

客观事物 一种东西（a thing） 多种东西（things） 日用品（commodity）	对生存来说至关重要的东西，就如同呼吸和营养对生存的意义一样； 没有这些东西，人们将受到严重伤害，或生活受损； 对人的生活至关重要的必需品
目标（*Goals*） 目标设置，动机 目标集 环境（environment）	生理的、安全的、爱的、受尊重的、自我实现的欲望； 具有普适性的、人们所共有的一组目标； 保证生物体能够生存的、重要的环境
不足（*deficiency*） 客观不足 匮乏和潜质（deprivation and potential）	真实存在的，但有此需要的人可能感知到也可能没有感知到； 需求是少数的，可分类的，既是匮乏也是潜质

① James W. Altschuld，Ryan Watkins edited，Needs Assessment: *Trends and a View Toward the Future*，Jossey-bass，p.23.

续表

差距（*gaps*） 结果上的差距 状态上的差距 状态上的出入 人们的需要	应然和实然状态之间的差距； 现有状态与渴望状态之间的学习和绩效之差； 目前状态与可欲状态之间的出入（discrepancy）； “人们的需求是我们作为生物体所需要的维持最小功能的必须的东西”
人类状态（*human condition*） 必要的环境和愿望 手段、目的、动机和目标 被需要的能量或信息	 全部人类功能的必要环境和愿望； 人类的需要根据具体场景表现为手段、目的、动机或者目标；它们构建了不同的，但同等重要的时刻，不仅仅是手段，而是既有手段也有目的； “需求是与能量和信息有关的东西，它们对一种生态系统来说既是有用且必要的，但在某种程度上又是潜在缺乏的”
物质与心理 营养 缺乏某种物质需要	“需求是一种养料，需要被不断生产来供给生命体，以维持其生长、完整和健康”； “人们的一种物质需要以避免病理状态”

我们可以看出，这些不同的定义背后其实存在两种范式：一种是从“目标”的角度在定义需求，也就是将需求视为人们对某种事物、情感的渴望和要求。这种事物可能是必需品、营养物质，也可能是心理感受（如爱、尊重）或某种精神状态。第一、二、三、五和六这几种定义都属于这种范式。人们需要这些东西的目的显然是为了维持生命有机体或者使该生命体存活的更好。马斯洛认为，人们对这些事物和情感的渴望与需要，实际上构成了人们行为的根本性动机。

另一种范式是用比较的方式在认识需求，将需求（need）视为应然状态与实然状态之间的差距，或者说是可欲状态与当前状态之间的差距。也就是说，对现实状态的不满意以及对新状态的追求，成为需求的主要来源。而所要达到的新的状态，也就成为了需求的基本内涵。

如果再进一步讨论，这两种范式虽然存在着较大的差别，但也有着内在的联系。“差距说”必然包含着某种意义上的“目标”，而“目标说”也必然内含着某种客观存在“差距”。只是“目标说”更偏向一种静态，而“差距说”更偏向动态。在很多情况下，可以将两种视角整合在一起，也就是说，在讨论人们的某种需求时，既可以将其视为某种物质性、精神性的需要，也可以将其理解为对现状的不满意以及要达到的一种新状态。

从“目标论”角度看，需求的具体内容包括需求对象（服务、产品）的各种特性，如种类、数量、质量、获取方式等。因此，在这种情况下了解需求，实际上就是要了解需求对象的种类、数量、质量、获取方式等性质。以上文的图书馆需求调查为例，就需要掌握用户（读者）对各类信息（图书、电子资源、手迹等）的种类、数量、质量以及获得快捷方便方式的需要。

从“差距论”角度看，需求的具体内容包括可欲状态与目前状态之间的差距。这种差距既可以表现为某种物质（服务、产品）的种类、数量、质量，也可以表现为这些物质之间的结构性变化。这两种不同视角的现实表现在后文的案例研究中均有所体现。

二、需求的种类

对需求（需要）的种类划分有很多标准。根据需要的起源来分，可以把人的需要分为生理性需要和社会性需要两大类。前者是指人对维持生命和延续后代所必须具备的条件的反映；后者是人对维持社会的存在与发展而产生的需求的反映。根据需要对象的性质分类，可以分为物质需要和精神需要。前者是指人为了维持个体和社会的生存和发展，对物质产品的需求；后者是指个体参与社会精神生活的需要。根据需要的目的和满足后所产生的结果划分，有正当需要和畸形需要。前者是指需要的目的或结果有利于社会或个体的健康成长；后者是指需要的目的或结果是危害社会或个体健康成长的。

有的经济学者将需求按照不同的标准划分为：有效需求和无效需求；中间需求和最终需求；瞬间需求、短期需求和长期需求；当前需求和未来需求；大众需求和小众需求；普通需求和特定需求；自我需求和外在需求等若干种类。需求的不同种类如表 2–3 所示。

表 2–3　需求的不同种类

划分标准	I	II
按照是否满足人们的需求划分	有效需求：得到满足的需求	无效需求：未得到满足的需求
按照产品和服务的消费阶段划分	中间需求：为了产品或服务的转售或进一步加工、制造而存在的需求	最终需求：最终使用或消费产品或服务的需求
按照产生和持续的时间划分	瞬间需求、短期需求：时间短暂，满足后即需求暂时消失	长期需求：对感情、文化、思想和人生价值的追求
按照存在的时间段划分	当前需求：目前的需求	未来需求：未来的需求
按照产品或服务的有效需求规模划分	大众需求：需求规模较大	小众需求：有效需求规模较小
按照人的情感划分	普通需求：对产品或服务的供给者没有特殊偏好	特定需求：对产品或服务的供给者有一定的偏好
按照需求的动机划分	自我需求：利己的需求，满足自身的需要	外在需求：利他的需求

资料来源：戴明亮：《需求经济学》，中国发展出版社 2015 年版，第 49—57 页。

因此，采用何种标准对需求进行分类实际上取决于研究的具体内容以及目的。从纯粹理论的角度，我们可以按照不同标准，对需求进行清单式的分类，而且这个清单会很长。但这种为分类而分类显然不是本书研究的目的。本书研究的主要对象是公共服务，主要目的是探讨公共服务需求对公共服务的影响，以及公共服务体系如何回应现实的需求。所以，本书有较强的政策取向。在这种情况下，本书第三章对公共服务需求的分类并没有求全责备，而是主要针对公共服务本身属性以及便于从政策的角度进行识别和讨论。

三、需求的影响因素

无论是从“目标论”还是“差距论”定义需求，都会发现需求事实上会受到一些因素的影响。虽然很多时候“需求”是一种必需品，好像不能缺少，但在某个特定的条件下，必需品的具体数量、种类等性质还是会存在差异。这些差异的存在事实上就说明其被其他因素所影响。

在马斯洛的需求层次理论中，需求与进化发展就有密切关系。马斯洛将需求分为基本需求和高级需求。他在论述这些需求的优先顺序时认为，“高级需要是较迟的个体发育的产物。任何个体一出生就显示出有生理的需要，也许，还以一种不完全的方式显示出有安全的需要。只有在几个月以后，婴儿才初次表现出有与人亲近的迹象以及有所选择的感情”“至于自我实现，甚至莫扎特式的人物也要等到三四岁”。[①] 这就说明，高级需求与基本需求并非完全同质化、均等化和无差别化的。两者的出现时间就受到个体的成长发育阶段的影响。换言之，在个体的不同阶段，其需求的种类就会不同，这是人类需求的一个变化规律。

除此之外，需求之间还发生着相互的影响。马斯洛认为需求是有层次性的，低端需求还没有得到满足时，高端需求一般不会产生，至少不会太强烈。在这个需求的层级金字塔中，前一个需求的满足程度就影响着后一个需求的出现。从这里我们可知，人的基本需求要高于其他的非基本需求，也就是人的生存要比其他发展更为初级，也更为重要。在

---

① 亚伯拉罕·马斯洛：《动机与人格》，许金声译，中国人民大学出版社 2012 年版，第 74 页。

基本需求尚未得到满足的情况下讨论非基本需求，就会产生本末倒置的错误。

另外，人类的需求还可能与经济状况、历史传承、文化环境、个体差异等各种因素息息相关。即使是两个同样没有吃饱饭的人，其需要的内容也未必完全相同。这是因为其个体差异会影响到对需求的偏好和选择。分析这些影响因素，对于理解需求的变化规律具有一定的意义和价值。

四、需求的表达与吸收

需求的表达与吸收是指需求主体（个人）能够通过一定的渠道和方式表达自己的需求，让供给者能够及时获知这些需求的内容，并及时将其纳入政策议程的行动和过程。

一般来说，没有被表达的需求并没有外部效应，也就是说无法对其他社会个体产生影响。例如，一个人感到非常饥饿，其对食物的需求是客观存在的，但如果他选择挨饿而不是主动觅食，或者让家里人给他做饭，那么这个需求实际上并没有被表示出来，也就没有影响其他人的行动，没有外部效应。

需求表达的方式有很多，一种是语言表达，一种是行动表达。前者主要是用语言的方式将需求及其内容叙述出来，以让其他人知晓；后者不仅用语言的方式表达出来，还会通过其他行动，如强迫、游说、投票、示威等，向特定对象施加压力，以让其获知需求信息，并给予相应的满足。

另外，表达后的需求不一定会被准确接收，并被纳入政策议程，最后形成需求的供给。这里还有若干因素会产生影响：一是表达方式的具体效果，这受到表达渠道和系统环境的制约。在某些系统环境中，可能会有很强的噪声，或者某些机制“屏蔽”需求声音，使其无法正常进入决策者的视线范围，那么表达当然是无效或者低效的。二是决策过程。正如本书第三章所分析的，公共服务的供给是一个政策过程，因此，需求虽然能够进入决策议程，但并不一定会直接导致政策结果，因为政策系统本身有自己的规则和特性，其系统运行的结果不仅受到需求的影响，还受到其他制约因素，如决策环境、可用资源、机会之窗等决定。研究需求表达及其吸收的过程，就是要研究需求通过什么机制产生政策影响，以及政策主体通过什么样的方式准确掌握和了解现实需求，这显然是一个硬币的两面。

第三章
分析框架：公共服务需求及其系统模型

现有对需求问题的理论分析，主要是针对私人产品和服务的，对公共服务需求及其供给过程的分析还较为少见。运用比较分析法，我们可以在对比这两种性质的产品的“需求—供给”过程中来进一步认识公共服务需求的内在属性及其特点，并尝试在公共服务系统中构建需求分析模型。

第一节　公共服务需求的基本内涵及其政策价值

什么是公共服务需求？如何来界定公共服务需求？公共服务需求的内涵是什么？在社会主义市场经济环境下，政府应该优先满足哪些公共服务需求？这是我们在构建公共服务系统中的需求分析模型之前首先要回答的基本问题。

一、公共服务需求的基本内涵及类型

公共服务需求，主要是指社会成员在社会生产生活中自然产生的，

对由公共部门提供的公共服务(产品）的内在需要和要求。[①] 这里的“社会成员”既包括普通市民、民众，也包括企业、公司等市场主体，是一个涵盖多种主体和利益相关方的集合。换句话说，公共服务不仅包括向市民提供的、与生产生活有关的公共产品，如医疗、教育、就业、住房等，还包括服务企业发展、维持市场运转的各类产品，如产权保护、法律执行、科技信息服务等。这里的“公共部门”不等同于政府，虽然政府是最重要、规模最大的公共部门。公共部门还包括事业单位、非营利性组织等，它们也通过财政资金和社会资源向社会提供公共服务或者准公共服务。“内在需要”是指适应与符合经济社会发展水平和程度的、较为客观理性的渴望和要求，而并非所有的主观性的需要。

从本质上说，公共服务需求是社会利益相关方要求改革公共服务现状，包括改变公共服务供给的数量、质量和方式，甚至公共服务体制机制，以达到新的“供给—需求”平衡的要求。所以，公共服务需求是一种政策需求。通常，这种政策需求是要求政府向社会提供一定数量和质量的公共服务（产品），以维持社会个体的生存，增进社会总体福祉，促进社会的整体和发展。但也并非仅仅如此。有时，利益相关方也可能要求政府减少某类它们认为无用的，甚至是资源浪费的公共服务，或者改革现有的低效、臃肿的服务机构以提高公共服务生产效率，这些同样是公共服务需求。

公共服务需求是一个抽象的概念，为了具体化和可操作化，需要按照不同的属性对其进行分类。一般来说，公共服务需求可以分这样几类：

---

① 有的学者使用“公共需求”这个概念，与公共服务需求非常接近。例如，李军鹏认为，社会公共需求是指社会成员在社会生产与生活中的共同需要，它是除政府以外的其他社会团体和市场不能满足、不能提供的需要，具有社会成员享用的互不排斥性与平等享用性。参见李军鹏：《论公共需求与供给：公共行政研究的基本主题》，《天津行政学院学报》2001 年第 1 期。

1. 个体性需求和社会性需求

所谓个体性公共服务需求是指社会个体对公共服务（产品）的需要及期望。在现代社会中，个人的生存和发展与公共服务（产品）的关系越来越紧密。公共服务不仅为个人提供如公共医疗、基础教育、养老保障这样的社会福利，助力个人的成长和发展，还通过发展交通出行、环境建设等基础设施，提升个人的生活环境和社会环境。在现代化和全球化不断深入发展的时代，人们对生活水平、生活环境的要求越来越多，对政府提供高质量公共服务的需求也越来越大。在报纸、电视、各种新媒体，以及其他的公众讨论场合，我们经常可以听到和看到人们对某类社会现象的不满和批评，以及随之而来的对政府干预的期许。所有这些都可能是人们的个体性需求。

正如本书第四章所述，近年来中国地方政府开通并运行的公共服务热线为这些个性化需求提供了表达的渠道，而在这个渠道中所看到的绝大多数都可以称之为个体性公共服务需求。1982 年我国设立了统一的火灾报警电话——“119”。1986 年广州市公安局建立了全国首个“110”报警服务台，随后又出现了“120”急救中心服务热线、“122”道路交通事故服务热线、“114”查号台等社会广为熟知的公共服务热线。21 世纪以来，随着信息技术的快速发展，政府公共服务热线进入了快速发展阶段。1999 年青岛市创建了国内首家公用事业呼叫中心“12319”。此后，类似的服务热线在全国各地如雨后春笋般纷纷建立起来。许多城市在原有的“110”、“120”和“119”热线的基础上，相继开通了城管、市政、卫生、民政、规划、工商、环保、价格、税务等行业性服务热线，受理来自市民的咨询、投诉、建议和求助等各类电话，并提供相应的信息和办事服务。①

近年来，这些服务热线还开始向整合方向发展。以上海市为例，为

① 《公共服务热线：摆设的不少，服务到位的不多》，《中国经济导报》2012 年 2 月 11 日。

了科学整合并利用各类行政资源，最大限度地方便市民咨询、求助和反映问题，及时解决市民诉求，提高政府办事效率，上海市政府 2012 年决定设立“12345”市民服务热线，用以整合原有的多种政府热线电话。市民服务热线实行“一号对外、集中受理、分类处置、统一协调、各方联动、限时办理”的工作机制。市民拨打“12345”热线电话后，电话首先由呼叫中心热线受理员接听。热线受理员接听群众来电后，对能直接解答的咨询类问题，依据知识库信息直接解答，不能直接解答的咨询类问题及求助、投诉和建议，及时转交相关区县、部门办理。相关区县、部门及时妥善办理来电事项并回复市民，同时将办理结果反馈市民服务热线。①

所谓社会性需求，是指社会作为一个整体对公共服务（产品）的需要和期望。如果说个体性需求主要指向微观层面，那么社会性需求显然就指向宏观层面。从某种意义上说，公共政策可能更关注社会性需求，因为这将直接决定政策议程、政策设计和方案的选择。公共服务（产品）毕竟是规模性的、非排他性产品，不可能因为极少数个体性需求而供给，因此，社会性需求更具有政策性意义和价值。

但是，社会性需求与个体性需求之间有强烈的联系。一般来说，个体性需求是社会性需求的基础，如果每个社会个体都没有某种公共服务需求，那么就很难产生对它的社会性需求。例如，在一个从来没有下过雪的热带或亚热带城市，市民出行根本没遇到过道路积雪，整个城市也就没有对公共除雪设备设施和队伍的需求。在一个基本上是由年轻人构成的新型社区之中，显然不会有太多的养老照料和服务的社会性需求。那么，是否有个体性需求就会带来社会性需求呢？显然也不是这么简单。我们可以说个体性需求是社会性的必要条件，但并非是充分条件。因为如果某种个体性需求是非常小众的，② 或者没有产生足够的社会影

① 《“12345”市民服务热线今开通》，《解放日报》2012 年 10 月 8 日。

② 正如有的学者将需求分为大众需求和小众需求一样，公共服务需求也有类似的情况。参见戴明亮：《需求经济学》，中国发展出版社 2015 年版，第 53 页。

响，那么也就很难成为社会性需求。

有的社会性需求是社会中个体性需求的相加之和。本书第二章提到，经济学将需求分为个人需求和市场需求。个人需求就是消费者个体对特定商品或劳务的需求量，将所有个人对某种特定商品或劳务的需求进行加总，就得到了市场需求。① 公共服务领域也有类似的情况。如一个地区的义务教育需求，从数量上看，显然是这个地区的适龄儿童需求的加总。当地政府在提供义务教育时，必须要考虑历年来适龄儿童的数量变化情况，以此作为供给标准。如果低于这个标准，则意味着有个体性需求无法得到满足，而高于这个标准，显然会造成公共资源的浪费。

有的社会性需求是社会中个体性需求的整合，而非简单数量上的加总。公共服务（产品）具有规模效应，所以并非能充分满足每个社会个体的需求，这时，需要整合这些需求，进行集中和统一供给。最典型的例子就是公交车及其运行线路问题。从理论上说，每一个市民都有乘坐公交车、享受这一公共服务的需求，因此也就成为一种社会性需求。但公共交通的社会性需求显然不可能是每个市民的个体性需求的总和，即政府不可能设计出一条到达每个市民家门口和目的地的公交线路。现实中，公共部门会评估主要的出行需求，并根据城市道路总体情况来设计主干性的公交车运行线路。当这个确定以后，每个市民再根据自己的出行需求和公交运行线路，选择自己的出行路线。

2. 基本需求和非基本需求

所谓基本公共服务需求，也称为生存发展基本需求，是指对公共服务（产品）体系中那些最基本的、最重要，旨在保障全体公民生存和发展的服务（产品）的需要和要求。② 所谓非基本公共服务需求，是指基

---

① 曼昆：《经济学原理》，梁小民、梁砾译，北京大学出版社 2009 年版，第 75 页。

② 我国将基本公共服务定义为：建立在一定社会共识基础上，由政府主导提供的，与经济社会发展水平和阶段相适应，旨在保障全体公民生存和发展基本需求的公共服务。参见《国家基本公共服务体系“十二五”规划》（国发〔2012〕29 号）。

本公共服务需求之外的，针对较高标准和水准公共服务的需求。

随着经济社会的快速发展，人们的生活水平不断提高，对公共服务的需求也日益多样化和多元化。但由于地区之间、群体之间的发展不平衡，其生活水平以及随之而来的社会需求也表现出各种差异。一方面，这种差异是客观的、自然的，因为没有差异的社会是不存在的，完全均衡的社会也是不存在的；但另一方面，又必须防止社会因为差异过大而被撕裂和分化，要保证社会作为一个整体能够健康持续发展。提出基本公共服务概念及基本公共体系的目的是在国家快速发展的同时，保障不同区域之间、城乡之间以及居民个人之间享受的基本公共服务水平、人民群众的生存权、发展权等基本人权得到保障。①

关于基本公共服务的范畴和标准，尚没有完全统一界定，但基本外延是可以确定的。有学者认为，根据政府提供服务的性质和类型来看，基本公共服务包括四大内容：一是底线生存服务：包括就业服务、社会保障、社会福利和社会救助，主要目标是保障公民的生存权；二是公众发展服务：包括义务教育、公共卫生和基本医疗、公共文化体育，主要目标是保障公民的发展权；三是基本环境服务：包括居住服务、公共交通、公共通信、公用设施和环境保护，主要目标是保障公民起码的日常生活和自由；四是公共安全服务：包括食品药品安全、消费安全、社会治安和国防安全等领域，主要目标是保障公民的生命财产安全。②

《国家基本公共服务体系“十二五”规划》中，基本公共服务一般包括保障基本民生需求的教育、就业、社会保障、医疗卫生、计划生育、住房保障、文化体育等领域的公共服务，广义上还包括与人民生活环境紧密关联的交通、通信、公用设施、环境保护等领域的公共服务以及保障安全需要的公共安全、消费安全和国防安全等领域的公共服务，

① 陈海威：《中国基本公共服务体系研究》，《科学社会主义》2007 年第 3 期。

② 陈海威：《中国基本公共服务体系研究》，《科学社会主义》2007 年第 3 期。

如图 3-1 所示。但根据国家“十二五”规划纲要，为突出体现“学有所教、劳有所得、病有所医、老有所养、住有所居”的要求，该规划将基本公共服务确定为公共教育、劳动就业服务、社会保障、基本社会服务、医疗卫生、人口计划生育、住房保障、公共文化等领域的基本公共服务。①

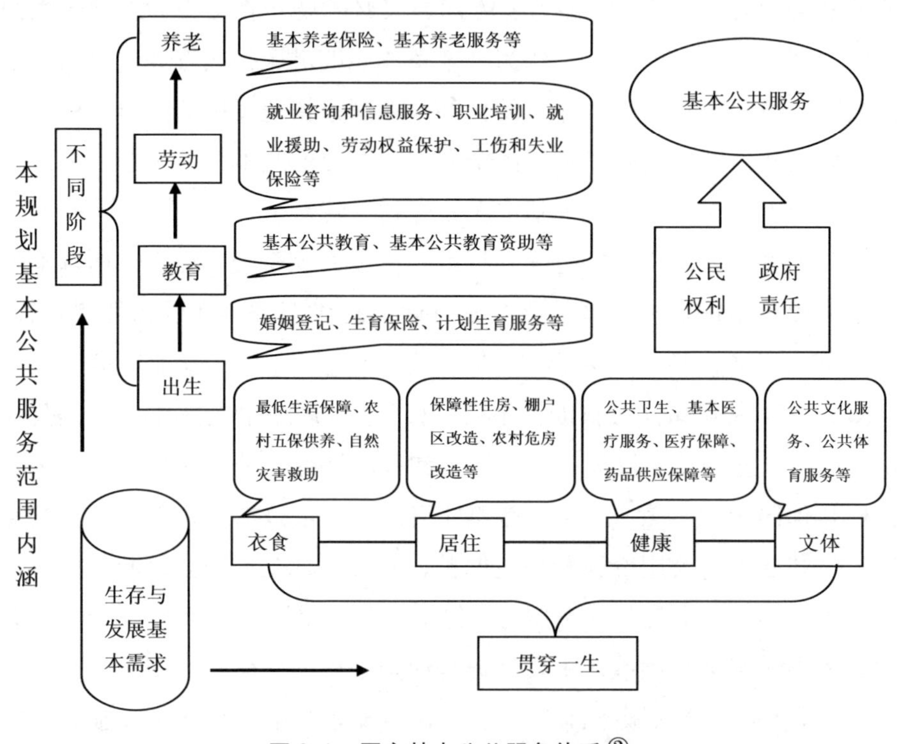

图 3-1　国家基本公共服务体系②

---

① 《中华人民共和国国民经济和社会发展第十二个五年规划纲要》还明确了基础设施、环境保护两个领域的基本公共服务重点任务，包括：行政村通公路和客运班车，城市建成区公共交通全覆盖；行政村通电，无电地区人口全部用上电；邮政服务做到乡乡设所、村村通邮；县县具备污水、垃圾无害化处理能力和环境监测评估能力；保障城乡饮用水水源地安全等。这些内容分别纳入综合交通运输、能源、邮政、环境保护等相关“十二五”专项规划中，不在《国家基本公共服务体系“十二五”规划》中予以阐述。

② 引自《国家基本公共服务体系“十二五”规划》。

3. 主观需求和客观需求

所谓主观公共服务需求，是指社会个体或某类群体根据自己的现实情况或价值判断做出的，针对某类公共服务的需要和要求。客观公共服务需求是指与社会个体和社会整体利益相符的、较为理性的、满足基本，针对某类公共服务的需要和要求。有部分学者倾向认为，前者在英文中用 demand 表示，后者用 need 表示。

两者的本质差异在于，这种需要或要求是否符需求主体的最大利益，并给其带来最大效益。在公共医疗中，这种区分通常会被提及。假如一个人得了重感冒，由于信息不对称或者个人的偏见，病人希望医院提供一系列的治疗，包括使用高价的进口药物，并且愿意承担这些费用，这些都是他的 demand；但在专业医师看来，这些措施可能导致过度治疗，明显没有太大必要，仅简单处理后就可回家，通过休息和喝水恢复健康，医生对其病情的专业诊治和建议，就是他的 need。显然，主观需要与客观需求之间存在一定差异。

当然，这种区分往往会造成许多争议。因为这里的“客观”“理性”通常是相对的，需要第三方通过一套专业知识和程序给予评价。但是第三方的评价是否就一定“客观”和“理性”？第三方评价就一定比当事人自己的感受更“客观”和“理性”？在处理这一类问题时，显然无法一概而论，通常需要结合具体的公共服务内容和具体的情景进行判断。同时，还存在一类社会性的客观需求。例如，随着城镇化的推进，一个新开发的居住区域按照规划要导入 10 万人口居住。对这些即将入住的新居民来说，其某些社会性的需求显然是客观的，如幼儿园教育、小学教育、初中教育、基础卫生医疗、公用事业、邮政业务、公共交通等。考虑这些客观需求是城镇规划时就必须解决的一个重要问题。例如，我国《城市居住区规划设计标准》中就对城市居住区的公建配套标准进行了规定。例如，新建各级生活圈居住区应配套规划建设公共绿地，并应集中设置具有一定规模，且能开展休闲、体育活动的居住区公园；公共绿地也要符合控制指标。①

4.硬件设施需求和软件服务需求

根据公共服务（产品）的外在属性，将其分为硬件设施和软件服务两大类，如表 3–1 所示，对前者的需求简称为硬件设施需求，对后者的需求简称为软件服务需求。

硬件设施是指硬体设备、物质环境、物化元素，主要是指外在的、容易看出来的构筑物。公共服务体系中的硬件设施包括铁路、公路、管道、水运、航空以及其他交通运输业等交通运输工程；邮政、通信枢纽、通信、信息网络等邮电通信工程；地铁和轻轨交通、污水排放及处理、垃圾处理、地下管理、公共停车场等城市设施工程；生态环境保护项目生态环境保护工程。这些硬件设施一般都由政府提供，是提供相关公共服务的物质性支撑。

软件服务是指各种软件设备、文化环境、精神元素，是内在的，有时是不大容易被发现的。公共服务体系中的软件符合主要包括教育、卫生、老年护理、就业培训、科普宣传、基础科学研究等领域内的由人的劳动提供的服务。

将以上“基本–非基本”和“硬件设施–软件服务”两种分类进行有机组合，可以得到公共服务需求的以下四种类型：第一类是基本的硬件设施，包括基础道路、桥梁、公园、医院、学校、市政场所等，用以提供道路交通等服务，并为软件服务提供物理支撑；第二类是非基本硬件设施，包括移动通信基站、高档游乐场、简短科技研究设备等，是指与人的基本生存关系不大的、用以提升社会生活质量并推动社会发展的硬件设施；第三类是基本软件服务，包括基础教育活动、基本医疗活动、社会保障项目、老年护理工作和再就业培训项目等，是维持人类基本生

① 中华人民共和国住房和城乡建设部网站：《住房城乡建设部关于发布国家标准〈城市居住区规划设计标准〉的公告》，见 http://www.mohurd.gov.cn/wjfb/201811/t20181130_238590.html。

存的，但又有一定非竞争性和非排他性的、外部性较强的公共服务；最后一类是非基本软件服务，是指高于基本公共服务水平的服务项目。

表 3–1　公共服务的组合分类

	基本公共服务	非基本公共服务
硬件设施	Ⅰ基础道路、桥梁、公园、市政场所、医院、学校等	Ⅱ移动通信基站、高档游乐场、免费 Wi-Fi 基站、尖端科技研究设备
软件服务	Ⅲ基础教育、基本医疗、社会保障、老年护理、再就业培训	Ⅳ老年高端护理、大学教育

这四种不同类型构成了公共服务需求体系的内在结构。下文将要看到，人们对不同的公共服务需求会有不同的偏好。

二、公共服务需求的性质

公共服务需求具有以下几个方面的特性：

第一，政治性。公共物品（服务）也是产品，也是社会化生产的一部分，因此也有其生产体系和过程。如同私人产品一样，公共物品的生产过程包括生产、销售、消费和再生产等若干环节。公共服务需求不同于私人产品需求之处在于：私人产品的供给和消费过程是市场行为，是一个私人选择的过程，私人产品需求主要通过市场交换方式（购买）得到满足；而公共产品没有排他性和竞争性，且无法单独购买和消费，必须通过公共部门进行规模性、集中性供给，如图 3–2 所示。这就是说，公共服务需求只有在公共部门（主要是政府）供给的情况下才能得到满足。公共物品的供给和消费过程往往是公共行为，是一个公共选择的过程。以布坎南为代表的公共选择学派就认为，在这个过程中，单个公民基于自身的偏好，在追求自身利益最大化的基础上，通过集体投票等公共选择机制，最终决定了财政支出即公共产品的供给水平，因此公共产品的供给水平是公民集体投票的结果。

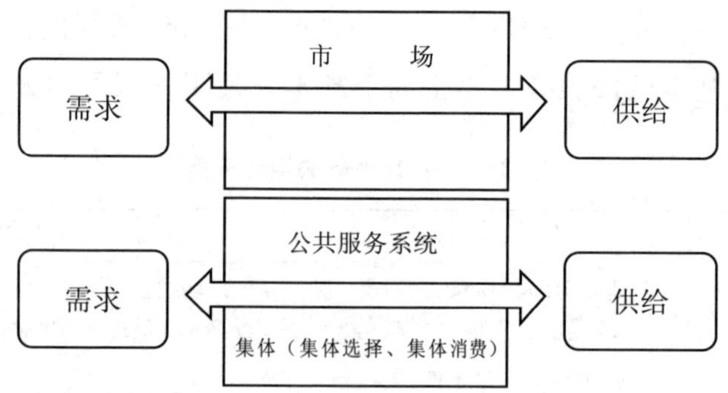

图 3–2　私人产品与公共产品的差异

把这个过程细分开来，就可以比较两者的差异。表 3–2 从生产、销售、消费和再生产四个环节比较了两者的不同。从生产环节看，私人物品有私人企业生产，是一个市场化的选择，而公共产品主要由公共部门生产，在服务外包的情况下，可以通过市场和社会组织生产，但终端供给者还是政府。从销售环节看，私人产品主要由市场销售，个体分散购买，公共产品则是以公共财政为基础的集体购买，向居民提供，其中准公共产品还需要付费。从消费环节看，私人产品由社会个体独立消费，排除其他人消费，而公共产品则由政策目标群体集体消费，在目标群体之内，不具有或具有较弱的排他性和竞争性。从再生产环节看，私人产品由企业根据市场消费反馈情况组织再生产，而公共产品则是由公共部门执行政策，进行再生产，或者进行调整。

表 3–2　私人产品与公共产品的社会过程比较

	私人产品	公共产品
生产环节	私人企业生产	主要由公共部门生产，部分通过市场和社会组织生产
销售环节	市场销售，个体分散购买，等价交换	集体购买，有的免费，准公共产品需要付费（往往是非等价交换）
消费环节	独立消费，效用内部化	在政策的目标群体内部集体消费
再生产环节	企业根据市场反馈进行再生产	公共部门执行政策，进行再生产

公共服务需求具有很强的政治意义和政策价值。从政策科学化的角度看，公共服务的政策过程应该始于对公共服务需求的把握，因此西方国家的公共政策制定者和研究者都非常关注需求问题。

第二，复合性。所谓复合性，是指公共服务需求既有客观性，也有主观性，是两者的复合体。正因为这种复合性特征，使得人们在实践中对公共服务需求存在诸多争论。

公共服务需求的客观性，是指从经济社会发展的实际出发，公共服务需求具有一定的客观性和必然性，并不是人类主观创造的结果，其存在也不以人的意志为转移。从本质上说，公共服务需求就是对公共产品的需求，而公共产品需求的客观性也就是公共产品的客观性。经济学认为，公共产品是一种客观存在，也是人类社会的一种客观现象。事实上，启蒙思想家休谟就曾表示，某些事情的完成对单个人来说可能并无明显益处，但对于整个社会来说却是好的，且只能通过集体行动来完成，这被视为对公共产品研究的最早起源。① 曼昆以烟火表演作为例子来说明公共产品的外部性及其供给问题。因为烟火表演无法通过收费的方式进行排他，所以人们都有成为搭便车（free ride）的激励。由于人们有成为搭便车者而不是成为买票者的激励，所以此时市场也就不能提供有效率的结果。也就是说，尽管从社会来看举行烟火表演是有益的，但这却是无利可图的。结果个人就会做出不举行烟火表演的这种从私人来看理性，但从社会来看无效率的决策。②类似的例子非常多，如国防、基础研究和反贫困政策等，都会因为搭便车问题而产生激励不足，由此从社会整体利益和公共利益的角度出发，客观上需要有一种合意的机制来供给这一类产品。

在社会生活中，公共产品的供给程度往往影响了经济社会发展水

① 秦颖：《论公共产品的本质——兼论公共产品理论的局限性》，《经济学家》2006年第3期。

② 曼昆：《经济学原理》，梁小民、梁砾译，北京大学出版社2009年版，第235页。

平和程度。中国改革开放之初，有一句名言广为传颂，“要想富，先修路”。公路是典型的公共产品，政府修路其实就是提供基础设施这一类的公共产品。这句话蕴含的道理在于，某些基础性的公共产品对于支撑经济发展起到重要作用。林毅夫在阐述其“新结构经济学”时也认为，经济发展水平的本质是一个技术、产业不断创新，结构不断优化的过程，这就要求产业多样化、产业升级和基础设置的相应改进。在这个过程中，部分企业会因为创新而创造新的知识和技术，但没有企业能够完全垄断这些知识和技术，也就是说知识和技术从根本上来说具有公共产品的性质；而且，个体企业在做投资决策时无法完全内化对基础设置的改进，而基础设置的改进却对其他企业产生大量的外部性。因此，他认为，在市场机制以外，还必须依靠政府这只看得见的手发挥积极而重要的协调或提供基础设置改进以及补偿外部性的作用，以促进产业的多样化和升级。① 一些学者通过量化统计，也证实了诸如通信基础设施、道路交通设施对中国区域经济发展带来的正面作用和影响。② 这就阐明了基础教育、法律体系、产权保护以及基础设施等公共产品在经济长期发展中起到的重要作用，公共服务（产品）需求具有明显的客观性。

但是，另一方面，也要认识到，社会中某个时间段和时间点的公共服务需求并非一个恒定的、客观的和不可变动的数值，我们也无法精确计算出这个时间点上公共服务需求的量化值。从这个意义上说，它又具有很强的主观性特征。

事实上，即使是上面所提到的基础设施这样的公共产品，地方政府

---

① 林毅夫：《新结构经济学——重构发展经济学的框架》，《经济学（季刊）》2011年第1期。

② 如郑世林等：《电信基础设施与中国经济增长》，《经济研究》2014年第5期；张学良：《中国交通基础设施促进了区域经济增长吗？——兼论交通基础设施的空间溢出效应》，《中国社会科学》2012年第3期；A.Brenneman，M.Kerf，“Infrastructure and Poverty Linkages: A Literature Review”，*Mimeograph*，Washington，D.C.: World Bank.

在提供它们的时候，也并非都是根据社会需求来计算其数量和质量，而很可能另有所图，因此造成有的地区投资超前，有的地区投资不足等差异。张军等人在解释中国良好的基础设施这一特性时就认为，与西方的情况不同，中国的基础设施投资决策更多地与实现经济增长而不是再分配问题联系在一起。对于地方政府而言，“标尺竞争”的重要策略就是开展“招商引资”，尤其是争相吸引外商直接投资。这就产生了对改善地方基础设施的正面激励，只有包括基础设施在内的环境的改善，才能吸引更多外资进入。可以说，地方政府改善基础设施的很重要的动力之一就是为了吸引并留住外商投资。①

公共服务需求的主观性表现在，它通常以社会主体的主动表达和政治表达为主要呈现形式。也就是说，当民众、企业等以公开的方式要求政府提供某类公共服务（产品）时，这一需求才得以正式形成，反之，则会被视为没有需求。因此，表达行动、表达机制以及政府议程往往成为公共服务需求呈现的重要基础和条件。在一个开放的、多元和民主的环境下，表达行动可能多样化，表达渠道顺畅，政府议程较为科学民主，则公共服务需求就可能更多；相反，当民众很难就自己的需求向政府发出声音，政府对这些需求的回应性也较低时，当地的公共服务需求可能会受到压制，显得较少。

第三，公共服务需求具有外部性。首先，需求具有强烈的外部性，包括正的外部性和负的外部性。例如，一个人喜欢花儿，对花儿有需求，所以买了一束鲜花，所有人看了都会觉得欣慰，这是正的外部性；一个人喜欢吸烟，对香烟有需求，在公共场合吸烟，周围人可能会觉得不舒服，这就是负的外部性。②

公共服务需求也具有很强的外部性，最重要的外部性就是为政府的

① 张军等：《中国为什么拥有了良好的基础设施》，《经济研究》2007 年第 3 期。

② 戴明亮：《需求经济学》，中国发展出版社 2015 年版，第 58 页。

存在的增长提供了合理性、合法性支撑，因此，提供足够的公共产品就成为现代政府存在的一个重要理由，也是其重要的职能。其实，早在近代的启蒙运动中，启蒙思想家们在论述政府的起源时，基本上就是秉持这种社会需求立场的。在古典契约论中，国家是从自然状态中产生的。虽然思想家们对“自然状态”的描述存在很大分歧，如霍布斯认为自然状态是一种“丛林”，人与人永远处于战争状态，而洛克等认为“自然状态”是一种相当美好的世界；即使洛克、卢梭等也认为，“自然状态”存在很多的不足和不便，如对弱者的保护，就没有办法靠弱者自身完成。总之，“自由状态”是非常不可靠的，人们必须要摆脱这种没有保障的生活处境。正是这种基于安全的“社会需求”催生了国家。①

现代经济学在论证政府产生的原因时，给出的一个重要解释就是政府能够提供公共产品，以弥补市场和社会的“失灵”。萨缪尔森将公共产品定义为非竞争性和非排他性的产品，也就是说，在纯粹市场环境下，私人供给这种产品的动力不足，但它们又的确对社会发展和市场交易起到重要支持作用，属于公共利益范畴，因此需要由政府或者公共部门予以提供。这就从经济学的角度解释了为什么需要政府以及政府的主要功能和目的是什么的问题。从这种理论解释来看，公共服务需求具有明显的外部效应。

第四，公共服务需求具有历史性。公共服务需求和人类的其他需求一样，也遵循马斯洛的“层次理论”。也就是说，在与基本生存相关需求没有得到满足时，对更高层面的、发展的、自我实现的需求就不会特别强烈。因此，从人类历史发展来看，随着经济社会的发展变化，公共服务需求的内容也随之发生变化，经历一个从低到高的发展过程。

一些学者对此做了实证分析和研究。例如，闵琪对新中国成立以来

---

① 姚大志：《国家是如何诞生的？——美国新自由主义与社会契约论》，《开放时代》1997 年第 2 期。

不同时期的公共产品需求变迁进行了量化分析，特别是利用山东大学公共经济与公共政策研究中心在2007年至2010年之间所做的农村公共品问卷调查结果，对农民公共产品需求层次性变迁进行了统计分析，检验经济发展水平、收入水平、税收负担、人口因素、宏观经济政策及技术水平等因素对公共产品需求数量和需求层次的影响。她得出结论，经济发展水平对中国居民1978—2009年期间公共需求影响不明显，公共产品需求没有达到同步的增速，明显落后于国民生产总值(GDP）的增长。但同时，人均收入与公共产品需求正相关。她认为，收入直接影响居民公共产品需求，收入的高低决定了居民的支付能力。收入水平提高，直接提高了居民的公共产品消费水平。其中，2009年，中国平均每人消费性支出中32.71%用于医疗保健、交通通信和教育文化娱乐服务。这一比例较1978年提高了128%。[①] 因此，她认为中国公共产品需求的收入弹性明显。

另一方面，闵琪认为，基尼系数、人口水平、全要素生产率这些因素对公共产品的需求都会产生负向影响，而税收负担与公共产品需求正相关。

其实，仔细分析会发现，人均收入与公共产品需求之间的关系可能非常复杂。首先，不同收入层次的居民有不同类型的公共产品需求。当人们处于温饱边缘时，他们对最低生活保障、基础教育、基本医疗保障、就业帮扶等公共产品和服务的需求较大。当人们的收入增加时，会需要更高层的需求，如更多的教育、更好的医疗保健、公共文化娱乐、公共安全等。因此，个人收入的变化，可能首先导致公共产品层次需求的变化，而不一定就是公共产品数量的提高。其次，虽然长时段的经济增长会提高几乎所有社会成员的收入水平，但社会分层依然是存在的，

① 闵琪：《从公共品需求到公共品供需均衡：理论与现实》，经济科学出版社2011年版，第114—117页。

社会阶层分化必然产生公共产品需求的层次性。虽然社会需要的公共产品绝对值增加了，但这到底是收入提高的结果还是经济增长的结果呢？因此，如何理解公共产品需求的收入弹性，还需要更多的证据。

第五，公共服务需求具有相对性。不同于私人需求，一个社会的公共服务需求具有很强的相对性，而非绝对性，也就是说，并不存在一个所谓的公共服务需求的“先验值”和“绝对值”。从纵向来看，其历史性已经说明了公共服务需求的长期变化性；即使从横向来看，不同的国家或地区之间，虽然同处一个时代，但因为国情、历史传统、社会制度和经济发展程度差异，其公共服务需求也表现出较大的差异性。

相对性还表现在，不同的社会群体也会有不同的公共服务需求。根据马斯洛的需求层次理论可以得出推论，处于不同经济地位的社会阶层在公共服务需求上具有明显的差异性。处于温饱线附近的家庭，其公共服务需求必然集中在最低生活保障、基础医疗、基础教育、就业扶持等领域，而对于高收入家庭来说，这些基础性服务已经根本难以满足其发展的需要，因此，他们可能关注环境质量、教育质量、生活品质、交通出行等相关领域的公共服务，有些可能是不再由政府提供的非基本公共服务。

第二节　公共服务需求的影响因素及其推论

公共服务需求具有政治性、复合性、历史性、相对性这些特性，也容易引发很多争议。那么在现实中，公共服务需求的影响因素有哪些呢？当这些因素发生变化时，公共服务需求会随之发生什么样的变化？这些变化是否具有一定的内在规律呢？这种变化规律对于公共政策具有什么意义和价值呢？

在讨论这些问题之前，我们还需求首先明确两个前提假设：一是公共资源的稀缺性；二是个体具有对自身利益的理性计算能力。

第一，公共资源的稀缺性。经济学认为，人类社会的资源是有限的，而不是无限的，如果资源像空气一样无限，那么经济学就丧失了存在的意义和价值。正因为资源是有限的，所以人们要研究如何配置资源以实现效用最大化。

公共资源也是有限的。这里的公共资源主要是指公共部门依法获得的，用于提供公共服务(产品）和维持自身运行的纳入公共财政的资金，公共企业的资产，以及属于国家所有的各类自然资源等。从总量来说，这些资源并不是取之不尽用之不竭的，如属于国家所有的自然资源，矿山、石油、天然气、森林等，虽然储量巨大，但也并非无限，且受到开采技术、能力，以及其他经济社会制度制约，显然是有限度的。从年度预算来看，立法机构通过财政预决算案的形式控制了公共财政开支，政府在一定财政年度内能够支配的资金也是有限的。这就使得公共部门用于生产和供给公共产品的资源是有限的。

资源的有限性对需求的满足是一个刚性的约束。也就是说，不论是从长期来看还是短期来看，政府用于满足公共服务需求的资源都是有限的，是受到自然资源和财政体制约束的。这就意味着，任何政府都不可能满足社会的所有公共服务需求。因此，满足哪些公共服务需求，不满足哪些公共服务需求？满足哪些社会群体的哪些服务需求？不同公共服务需求满足到什么程度？这种公共资源的分配问题就成为公共服务体系要解决的一个重要且核心的问题。

第二，个体具有对自身利益的理性计算能力。在经济学看来，个人的行为是一种理性选择活动，个体总是在一定约束条件下追求目标函数的极大化，而理论分析的任务就是确定决策者的目标函数和他的可选择集合。①

① 思拉恩·埃格特森：《新制度经济学》，吴经邦等译，商务印书馆 1996 年版，第 12 页。

这种“一定的约束条件”可以被理解成为制度。① 一般来说，理性的个人都有利益最大化的冲动，② 但是每个人都生活在一定的制度环境之中，不仅他（她）的行为要受到制度的约束，而且他（她）行为对目标的实现程度和实现过程也受到制度环境的影响。也就是说，人们的行为是由其利益考量和外在制度约束所共同决定的，人们行为的选择集合是利益最大化动力和制度变量共同作用的函数。所以科斯指出：“当代制度经济学应该从人的实际出发来研究人，实际的人在由现实制度所赋予的制约条件中活动。”③ 诺思也认为，“制度经济学的目标是研究制度演进背景下人们如何在现实世界中做出决定和这些决定又如何改变世界”。④

一、经济水平与收入状况

经济收入和成本分担机制对公共服务（产品）需求有直接的影响。根据需求层次理论可以得知，不同经济水平人群的需求是存在差异的。如果假定政府提供的都是基本公共服务，如基础教育、医疗、社会保障、就业帮助等，那么高收入群体对这些服务和产品的需求会较少，甚至可

① 制度既包括有形的法律、法规和人们之间的协议、契约，也可以包括无形的道德、意识形态、风俗习惯等，如诺思认为：“制度是一个社会的游戏规则，更规范地说，它们是决定人们的相互关系的系列约束。制度是由非正式约束（道德、禁忌、习惯、传统和行为准则）和正式的法规（宪法、法令、产权）组成的。”参见道格拉斯·C.诺思：《制度、制度变迁与经济绩效》，上海三联书店 1994 年版，第 3 页。

② 关于“经济人”假设，学界一直存在一种误解，即个人经济利益的最大化。其实，个人的收益是多方面的，包括财富、闲暇、享受等带来的愉快。经济人假设是指个人在决策时，都希望自己以最小的成本获得最大的收益。因此，“经济人”不是一个伦理的概念，它与“损人利己”或“损己利人”都不相干，一个“经济人”也可能是“损己利人”的，只要他从“利人”中获得的快乐或享受大于他的“损己”成本，他就可能如此行为。

③ R.科斯：《企业、市场与法律》，上海三联书店 1990 年版。

④ 道格拉斯·C.诺思：《经济史中的结构与变迁》，上海三联书店 1991 年版，第 2 页。

能在市场上购买更高端的服务和产品以替代公共产品，如送孩子上国际学校而非公立学校，到私立医院而非公立医院看病，购买商业保险而非社会保障等。相反，中低收入家庭，尤其是低收入群体，则可能更多地依赖政府提供的基本公共服务，对这些公共服务的需求也可能更大。

秦颖按照消费者收入需求弹性将公共产品划分为高端公共产品、中端公共产品和低端公共产品三种。她认为，个人收入状况对这三种公共产品需求有直接的影响。低端公共产品（其实就相当于基本公共服务）主要是用于改善人们公共医疗、基础教育等生活基本条件，对于收入水平越高的人来说，其效用程度越低；但由于其更能改善低收入者的福利水平，对于低收入者的效用更大，所以后者希望政府提供更多的低端公共产品，因此低端公共品的消费需求随着个人收入的增加而减少。同样的道理，高端公共产品的消费需求随着个人收入的增加而增加。也就是说，在公共产品供给规模恒定的情况下，随着个人收入的增加，人们对公共产品的需求逐渐由低端向高端转移。①

二、成本分担与价格失灵

公共服务存在“价格失灵”。公共服务（产品）的本质属性就是非竞争性和非排他性，因此不同于私人产品的分散购买，公共产品需要通过政府集中购买和集中消费，因此没有独立的付费机制。

在市场中，人们通过自己愿意支付的价格来显示自己对某种物品的偏好，生产者也通过自己愿意接受的价格来显示其生产的成本。② 这时，价格信息是准确的，它反映出了供需之间的均衡。但是，对于公共服务（产品）来说，这样的价格机制并不存在。公共服务体系中不存在市场

① 秦颖：《收入水平与公共品需求结构关系探讨》，《经济与管理》2006 年第 12 期。

② 曼昆：《经济学原理》，梁小民、梁砾译，北京大学出版社 2009 年版，第 238 页。

的价格机制，价格信息要么缺失，要么不准确。人们在消费大多数的公共服务（产品）时，并不按照自己消费的数量和质量付费，或者由于政府的补贴，只按照低于市场的价格进行付费。这样一来，价格信息机制就失灵了，在这种情况下，人们表达出来的需求可能不再是其在市场状态下的真实需求。

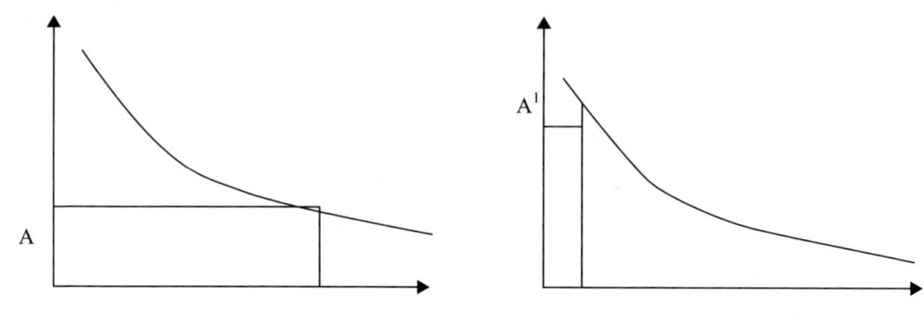

图 3–3　价格机制失灵时的需求变化

图 3–3 可见，在市场中，人们的需求曲线向下，当价格确定时，其愿意购买的数量为 *A*，这是准确的价格信息所传递的市场信息；但是，当人们置身于公共服务体系时，由于每次消费（如使用公路、享受路灯）不付费，或者付较低的费用（某些具有排他性或者竞争性的准公共产品），其愿意消费的数量可能快速上升为 A^1，显然，人们有夸大其需求的激励。

当然，从根本上说，消费者也必须为公共产品付出成本，即要被政府强制性征税，以作为公共财政的来源。政府提供的公共产品越多意味着赋税越重。每个人从公共服务中获得了正效用，也最终要承受负效用（税收）。因此，英国福利经济学家庇古提出，对每个人而言，当公共产品带来的负效用等于正效用时，这时公共产品的供给是有效的。即“最后一笔钱所得到的社会边际正效用恰好等于为支付这最后一笔钱的公共工程的生产所必须缴纳赋税的边际社会负效用”，① 这成为政府进行公共

① 庇古：《福利经济学》（上），台湾银行经济研究室 1971 年版，第 86 页。

服务（产品）供给的基本决策原则。

一般情况下，如果每个人因公共产品消费而获得的利益同需要分担的成本是完全对等的，那么人们就会表达真实需求；如果获利大于成本，那么人们就有夸大其需求的激励，而若成本大于获利，则人们就倾向于隐瞒需求。所以布坎南学派基于自由市场经济和民主政治环境提出，由于“搭便车”行为的存在，追求自身利益最大化的公众可能会隐藏自己对公共品的真实偏好。如果单纯采用市场机制来提供公共品，公共品供给不足的现象将大量出现。

三、表达渠道与需求呈现

公共服务（产品）需求表达和呈现需要借助一定的渠道和机制，这是由公共服务的政治性所决定的。私人产品的需求可以在市场中通过购买直接表现出来。在某一个价格上，产品的需求就是人们愿意付钱购买的数量。但是，由于公共服务（产品）没有直接付费制度，所以其表达和呈现都是一个集体行动的过程，必须借助一定的渠道和机制才能为人们所知。没有相关的渠道和机制，公共服务（产品）的需求就只能停留在抽象的概念层面，而无法落实到公共政策的操作层面。

例如，公共卫生和基础医疗属于基本公共服务范畴，对这一服务的需要是全社会的共同需求，其外部效应也非常明显。但这一需求究竟是多少？如何来衡量这一需求？显然是一个重要的政策问题。如果缺乏有效的渠道和机制，这一需求很可能被公共政策所忽视。2003 年肆虐中国的非典型肺炎（SARS）从一个侧面说明了这个问题。SARS 在短短几个月之内席卷全球，并严重波及中国，如北京这样的大城市 SARS 疫情严峻，当时北京时最高一天新增病例达 150 多人。由此造成的社会经济损失据估算超过 2000 亿元。① 舆论一致认为，这场突发事件既反映出中国在应对大规模传染性疾病方面的经验不足，也暴露出了公共卫生体系的诸多脆弱性和短板。换句话说，20 世纪 90 年代以来的医疗卫生服务供给事实上并未有效满足快速发展社会的公共需求。这个“供给—需求”之间的巨大缺口被这场突如其来的灾害揭示出来，引起全社会和政府的共同关注。也正是通过这个“契机”，中国政府加强了对公共卫生和基础医疗的投入，甚至引发了所谓的“新医改”。有学者统计，在 SARS 之前的近 20 年间，中国卫生总费用中政府支出的比重不断下降，跌至 2002 年不足 16%的最低点，SARS 之后的政府卫生投入占比开始回升。2003 年以后，不仅公共卫生体系开始逐步改善，而且新型农村合作医疗开始大步伐推进。2003—2006 年，政府先后投入 257 亿元人民币，改善公共医疗设施和应对传染性疾病。2004 年开始建设覆盖全国的传染病网络直报系统，2006 年基本建立疾病预防和控制系统。② 正因为如此，有中国学者明确表示，尽管 SARS 引起大规模的社会恐慌，导致社会财富的巨大损失，但客观上也成为我国公共卫生体系重构的重要推动力量。③

第三节　公共服务系统中的需求分析模型

从政府管理形态来看，人类社会经历着从统治型、管制型政府向服务型政府的转变。统治型政府强调政治权力、统治和压迫，管制型政府强调行政权力、管理和规制，而服务型政府则强调治理权威、共治和服

① 林毅夫：《SARS 与中国经济发展》，《人民论坛》2003 年第 6 期。

② 陈秋霖：《非典推动中国医改进程》，《中国社会科学报》2013 年 6 月 28 日。

③ 刘小鲁：《我国公共卫生体系建设：成就与不足》，《中国社会科学报》2013 年 6 月 28 日。

务。“人民满意”是服务型政府与传统行政模式的重要区别。因此，服务型政府要求行政行为必须符合行政伦理的规范，特别是对社会和公众需求的积极回应。

从宏观层面看，这种回应是现代民主政体下公权力履行所承担的公共责任的必然要求。“主权在民”的合法性定义使得公共部门必须回应社会的诉求，承担公共服务责任，履行相应职能。当然，在不同时代、环境下，公共服务的种类、数量和水平必然是有差异的，不可能千篇一律，也不可能一成不变。但从总体上说，提供适应社会发展水平、满足社会需要的公共服务，是任何公共部门的基本责任。

从微观层面看，社会的公共服务需求又是具体的、详细的，如人们对基本医疗、教育、住房、社会保障和就业扶持等的诉求和需要。公共服务的供给在多大程度上能够满足社会需要，获得公众认同，产生积极的社会效果，同样是公共服务体系关注的重要问题，也是公共服务生产和供给的一个基本环节。缺少这个环节，则缺乏对公共产品的价值评估。因为，与私人产品一样，公共产品同样是有生产成本的物品，同样应该满足实际对象的需要。所不同的只是，私人产品的交换是一个私人选择过程，而公共产品的交换是一个公共选择过程。在这个公共选择过程中，同样需要对产品的价值进行尽可能科学、客观和准确的确认。这就必然涉及对公共产品“生产—供给—效果”一系列流程的分析和监管。

从这种思路出发，以系统论的方法，可以对公共服务生产过程进行逐步分解，在此基础上，构建出公共服务系统的逻辑架构。从逻辑上说，公共服务起始于公共服务需求，最终也要反馈到公共服务需求。因此，公共服务需求是整个架构的起点和终点，属于需求端；公共服务生产体系是对公共服务需求的回应和反馈，属于供给端。

需求端包括需求的表达和反馈，是指社会向系统提出需求内容以及在得到供给以后的反馈情况。供给端则是指公共服务系统内部流程，包括三个组成部分：公共服务决策、公共服务生产和公共服务供给。决策是服务之始，决定是否提供服务，提供什么服务、多少服务、何种程度的服务，以及以什么方式提供服务等。生产是服务的具体供给过程，直接面对服务对象，增加社会福利，是政府履行职能、使用公权力的具体体现。管理是服务作用于具体对象的结果，用以满足社会特定群体的公共服务需求，或者增加全社会的净福利，① 如图 3–4 所示。

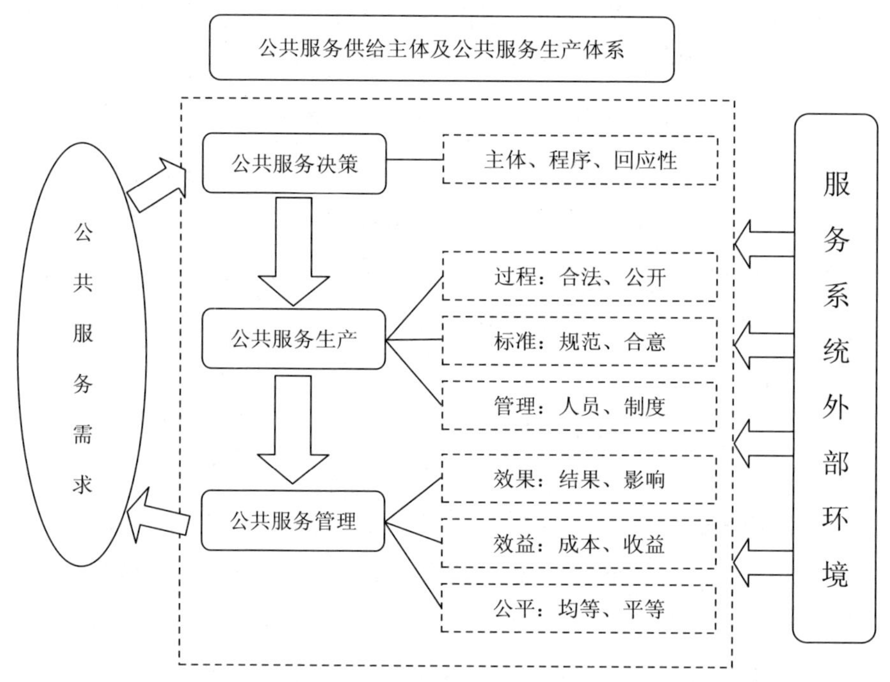

图 3–4　公共服务体系的逻辑架构

如果把供给端内部的三个部分再展开，并运用需求的视角来观察，我们会发现更为详细的过程。其中，公共服务的决策是公共部门接收需

① 容志：《公共服务监督体系的逻辑建构：决策、过程与绩效》，《中国行政管理》2014 年第 9 期。

求信息，并将其纳入政策议程的过程。在这个过程中，公共部门并非对来自社会层面的公共服务需求被动性地反应，而是会独立性地对需求进行评价和考察，检验其重要性和紧迫性，根据各种情势（上级指示、主要官员关注、社会舆论压力等）有选择性地将部分需求纳入政策议程。同时，不同的需求可能被整合到某一类公共服务项目或工程之中，或成为一个服务包向社会提供。公共服务生产是公共部门内部利用资金、人力等资源制造公共服务（产品），向社会提供，以满足其需求的过程。由于服务外包和公司合作伙伴关系（PPP）的广泛运用，这个过程也可能被外包给市场主体或者社会组织完成，或者由政府同这些非政府组织共同协作完成。公共服务的管理是保证公共服务质量、满足对象的需求，以及维持公共服务健康持续的过程。这里要应对服务过程中出现的问题，评估需求满足的情况，以及可能进行再决策，对公共服务生产过程进行调适。

在这个逻辑分析框架中，可以比较清晰看到公共服务需求在公共服务体系中各个阶段的“身影”。以“需求”作为红线，我们可以将公共服务体系的逻辑架构进行重新表述，由此得到公共服务需求分析框架（图 3–5）：这个框架将整个公共服务体系分为需求端和供给端两个组成部分，在两大部分之间的是公共信息和公共服务通道。这个“通道”是一种泛指，主要是指信息和服务在国家和社会之间进行交换的介质，包括公共舆论空间（用以交换需求信息）、各类政策研究机构以及提供公共服务的载体，如各级政府和基层政权组织等。通道对于公共服务体系建设有着重要意义和作用。如果缺乏完善的、多样的通道，需求信息就难以在两大部分之间顺畅地流动和传递，也就难以保证公共选择过程有序、科学进行。同样的道理，如果缺乏健全的、高效率的服务供给通道，公共服务项目的执行过程也可能出现偏差甚至错误，无法达到公共政策的初衷和目标。

在这个两大部分中，总共有六个环节与公共服务需求相关，分别是需求表达、需求评估、需求整合、需求管理、需求监督、需求供给。

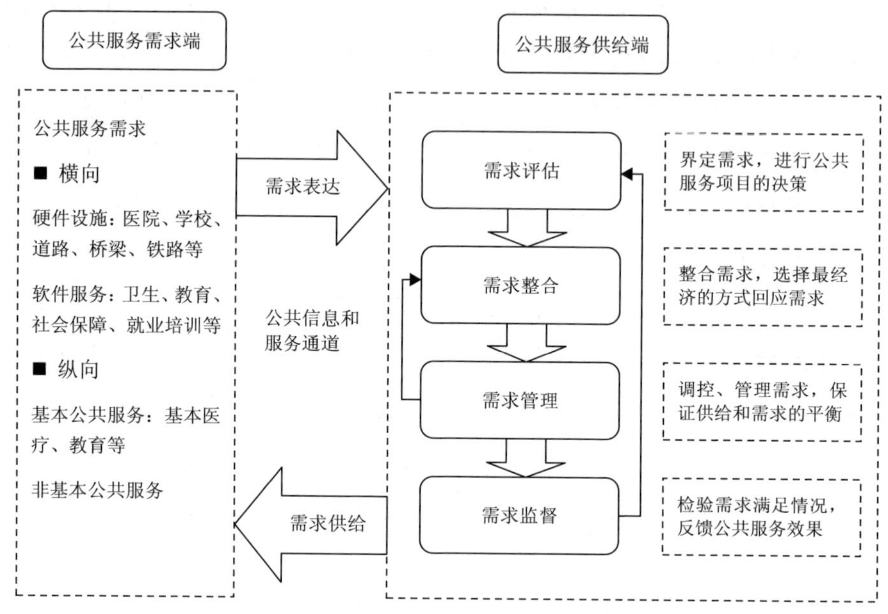

图 3-5　公共服务需求分析框架

可以看到，它们构成了一个相对封闭的、首尾相连的公共服务需求活动过程，其实也是一个完整的公共服务过程。

一、需求表达过程

需求表达是社会主体在感知到公共服务需求的基础上，通过实际行动向政府提出这一需求并力求获得回应的过程。需求表达是整个公共服务系统运行的起点。从现代民主政治的角度来看，这种要求无疑是充分合理的。政府的重要职能之一就是管理公共事务、提供公共产品，亚当·斯密在《国富论》中就提出政府只应该履行三种功能：一是保护本国社会的安全，使之不受其他独立社会的暴行和侵略；二是保护人民不使社会中任何人受其他人的欺侮或压迫，换言之，就是设立一个严正的司法行政机构；三是建立并维持某些公共机关和公共工程。[①] 马克思也承认政府的这种公共管理职能，他在分析印度社会时就发现，印度的中央政府政府事实上承担了许多诸如修建和管理公共水利工程、交通道路的社会管理的职能，他认为，“政治统治到处都是以执行某种社会职能为基础，而且政治统治只有在它执行了它的社会职能时才能继续下去”。[②] 这里的“社会职能”指的就是管理社会事务，包括提供公共产品的职能。党的十八大报告明确提出，“推动政府职能向创造良好发展环境、提供优质公共服务、维护社会公平正义转变”。[③] 这就明确了政府在满足社会公共服务需求方面的重要责任。

需求表达是一种行动和过程，按照行动主体的性质，可以将其分为主动表达和被动表达。主动表达是指社会成员通过一定方式主动向政府传递需求信息，形成政策压力，甚至部分成员加入政策决策过程之中，影响政策方案的形成。主动表达的形式很多，包括代议政治、协商政治、全民公决以及群众来信来访等。被动表达则相反，往往是政策制定者为了政策制定的需要，通过调查、研究等方式了解和掌握社会成员的需求状况，并将获得的信息纳入决策过程，作为决策参考的过程。被动表达的形式主要有政策咨询、各种形式的民意调查、“以脚投票”等。

按照表达行动参与人数的多少和规模的大小，又可以将需求表达分为集体型表达和分散型表达。前者是指不同的社会主体在同一个组织框架或者针对某一特定问题而进行的集中式、规模性的需求表达；后者是指社会主体个别地就个体性需求或特定集体性需求进行表达。显然，前者的社会影响较后者要大，对公共政策造成的压力也大。

结合这两个维度，可以把需求表达的方式分为四种不同的类型，分

---

① 亚当·斯密：《国民财富的性质和原因的研究》（下卷），郭大力、王亚南译，商务出版社 2011 年版，第 254—284 页。

② 《马克思恩格斯选集》第 3 卷，人民出版社 2012 年版，第 560 页。

③ 《十八大以来重要文献选编》上，中央文献出版社 2014 年版，第 22 页。

别是Ⅰ（集体主动型）、Ⅱ（集体被动型）、Ⅲ（分散主动型）和Ⅳ（分散被动型），如表3–3所示。

表3–3 社区公共服务需求表达方式分类

	主动型	被动型
集体型	Ⅰ社区大会、群体性信访、社会运动	Ⅱ“一事一议”、社区议事会、民主恳谈会、参与式预算、组团式走访
分散型	Ⅲ信访、服务热线	Ⅳ问卷调查、迁徙（离开）

1. 群体表达型（集体——主动）。这种类型表示同一时间里，参与表达的人数较多，规模较大，能够形成社会效应。比较典型的有现代社会的代议政治、社会运动，比较特殊的有中国的群体性信访。在代议政治中，① 人民选出自己的代表，通过代表行使国家或地区权力，主要形式就是代表们在议会或代表会议中制定法律和讨论重要的公共政策。现代的代议政治是社会向政府表达需求的重要方式和机制，如每年审议并批准政府的财政预算和决算案，实际上就是代表民众决定政府的公共预算如何使用，以及被使用到哪些公共事务和服务领域、项目。代议政治有不同表现形式，在国家层面有议会政治、人民代表大会制度，在地方层面有地方议会、地方人大以及社区大会等形式。社会运动（social movement）和群体信访则属于体制外的诉求表达方式，但也属于主动型的表达。

2. 广泛征集型（集体——被动）。集体被动型同集体主动型一样，也是在同一时间内有规模性人群参与需求表达，但不同之处在于整个表达行动的发起者和组织者并不是民众自己，而是政府部门或者政府的派出

① “代议”就其词义而言是“代表商议”“代表议事”，即指某人代表某一特定的群体，同另一些代表其他群体的人，就彼此共同面临的问题（事务）进行商议、讨论，必要时共同做出决定，以便采取一致行动。“代议政治”是指代议在国家的政治生活领域中具体运用后形成的一种国家政治制度。

机构等，整个过程以代表会、议事会、座谈会、意见征询会的方式展开。这种类型包括“一事一议”、社区议事会、民主恳谈会、参与式预算，以及组团式服务等形式。其中，“一事一议”制度，是指在农村税费改革取消了乡统筹和改革村提留后，对于农村兴办农田水利基本建设、植树造林、修建和维护村级道路等集体公益事业所需要的资金和劳务，通过村民大会或者村民代表大会集体讨论、研究，实行专事专议的办法筹集部分资金的制度。[①] 虽然一些学者对该制度的有效性和持续性提出一些质疑和反思，[②] 但的确赋予了农民以表达公共服务需求和渠道和平台，而且在不少农村地区，基层政权组织由于债务缠身，有的已无力提供公共产品，“一事一议”实际上成为农村公共产品投入的重要渠道之一。[③]

参与式预算指在公共财政预算的决策过程中，把公共事务的利益相关人员召集到一起，通过各种形式的沟通讨论，使得各利益群体的意见得到充分表达，最终确定预算的过程。中国的参与式预算改革发端于浙江省温岭市，当时被称作“预算民主恳谈”，可以被视为公民参与治理的创新实验。从 2005 年开始，该项试验开始在温岭市其他各镇陆续推行，而且被推广至温岭市的水利、交通和建设等职能部门。2010 年以后，江苏省无锡市的各街道，黑龙江省哈尔滨市的部分区县，上海市徐汇区、闵行区、南汇区惠南镇、浦东新区东明路街道，云南省禄劝县云龙乡，四川省巴中市巴州区白庙乡等地也先后进行了参与式预算的试验和探索。

3. 个体表达型（分散——主动）。这种表达是指单个或者少数的社会个体主动向政府及其有关部门反映公共服务需求的行动。最典型的就

---

① 杨卫军、王永莲：《农村公共产品提供的“一事一议”制度》，《财经科学》2005 年第 1 期。

② 如马宝成：《税费改革、“一事一议”与村级治理的困境》，《中国行政管理》2003 年第 9 期；李汉文等：《对“一事一议”制度的几点反思》，《云南民族大学学报（哲学社会科学版）》2004 年第 5 期。

③ 杨卫军、王永莲：《农村公共产品提供的“一事一议”制度》，《财经科学》2005 年第 1 期。

是议员联系选民制度，以及中国的群众来信来访制度和近年来兴起的公共服务热线制度。在代议民主制下，议员联系选民是很常见的行为，通过这种会见和沟通，公民将自身的主要利益诉求和公共需求向议员表达，后者给予解答、帮助，或者向政府有关部门反映情况，以帮助公民获得有关服务。例如，按新加坡国会规定，国会议员每周必须有一个接待日接待选民，听取选民反映各种问题，为选民排忧解难。选民反映的多半是涉及自身利益的罚款、办证、买房、医疗保健问题。最多的诉求是不懂申请购买组屋的程序和如何申请，或者申请不规范，或者有些人英语不好，难以准确表述，还有就是需要维修组屋等。①

群众来信来访制度是富有中国特色的一种需求表达方式。根据《国务院信访条例》的规定，所谓的来信来访（简称“信访”）是指公民、法人或者其他组织采用书信、电子邮件、传真、电话、走访等形式，向各级人民政府、县级以上人民政府工作部门反映情况，提出建议、意见或者投诉请求，依法由有关行政机关处理的活动。

4. 个体征集型（分散——被动）。这是指政府及其有关部门向公民个体征集有关公共服务需求及意见和建议的活动，是公民个体需求的被动性表达，主要包括问卷调查、被动访问（如电话回访）和“用脚投票”。最有趣的是“用脚投票”。“用脚投票”是由美国经济学家查尔斯·蒂伯特（Charles Tiebout）提出的概念。它是指在人口能够自由流动、存在一定数量的地方政府、地区之间无利益外溢、信息完备等假设条件下，由于各地区政府提供的公共服务（产品）和税负组合存在差异，各地居民可以根据公共服务（产品）和税负的组合情况来自由选择那些最能满足自己偏好的地方居住，也就是说，居民可以“用脚”（指迁入或迁出某地）来给当地政府投票，以表达自己的实际偏好和需求的行为。在中国，20

① 屠丽美：《近距离看新加坡议员接待访民》，2014 年 8 月 18 日，见 http://world.huanqiu.com/exclusive/2014-08/5108890.html?agt=16361。

世纪 80 年代以来，随着计划经济体制解体，原有的户籍制度开始发生变化，人口的跨地区流动大幅度提高，全国性的迁徙非常普遍。特别是大中城市，非户籍人口越来越多。以上海市为例，截至 2017 年年底，全市常住人口总数为 2423.78 万人，其中，户籍常住人口 1447.57 万人，外来常住人口 976.21 万人。① 也就是说在这个超大城市中，40%的常住人口是外省市来沪人口，可见人口流动性之高。在这个流动过程中，就业无疑是最主要的因素，但也必然包括对地方性公共服务的考虑。因为仅仅就业似乎无法解释现实中的户籍进入和家属迁徙现象。也就是说，渴望获得上海市这样超大城市户籍的人数非常之多，他们显然是想在工作的同时，享受超大城市的优质公共服务（如医疗、教育等），同时，还有大量外地就业者将孩子、父母带到大城市，无疑也出于公共服务的考虑。

有学者对不同表达方式的效果进行了研究。例如，刘楠楠认为，地方公共产品需求表达有三个基本途径，分别是“用手投票”“用脚投票”和人口迁移。“用手投票”主要是政治性选举，她将农村的“一事一议”制度视为居民“用手投票”机制表达对地方公共产品需求所参与的最主要制度。“用脚投票”则是蒂伯特所阐述的通过选择居住地来表达对公共产品认可的方式。人口迁移则是因为就业和公共服务等因素而引发的大规模的人口跨省级流动。她通过实证分析得出结论：有待提高的农村居民素质、孱弱组织行动能力以及落后管理手段，是影响“一事一议”直接需求表达效率的重要因素。选民较低的参与度和我国传统的“自上而下”供给体制导致居民通过基层选举来表达对公共产品需求的渠道不通畅。居民在“用手投票”表达公共产品需求效率低下的情况下，“用脚投票”或是人口迁移成为首要选择。②

① 上海市统计局、国家统计局上海调查总队：《2018 年上海市国民经济和社会发展统计公报》，2019 年 3 月 1 日，见 http://www.stats-sh.gov.cn/html/sjfb/201903/1003219.html。

② 刘楠楠：《地方公共品：三种需求表达机制效率的实证分析》，《地方财政研究》2015 年第 3 期。

本书后面几章将会讨论几种需求表达方式及公共部门的回应效果，包括集体被动型（组团式走访）和分散主动型（热线电话、信访），在具体的案例中分析表达的方式、效果、内容，以及公共部门对需求的满足情况。

二、需求评估过程

需求评估（need assessment）不同于政策评价（evaluation），后者往往是关于政策、项目或工程的进展情况和实施完成总体情况的描述和分析，而前者则更多是对政策、项目或工程的预见性、计划性分析。表3–4将两者的异同做了详细的比较。

表 3–4　政策评价和需求评估的异同②

比较维度	政策评价（evaluation）	需求评估（need assessment）
何时发生	项目或工程开始运行之后	项目、工程或干预行为发生之前
主要目的	确定这种干预进展如何，是否能最终达到预设目标	确定应然和实然状态之间的差距，最终目标、战略选择、战略内容等
逻辑地图的使用	在项目计划阶段所形成的逻辑地图，为进行性（formative）评价和总结（summative）性评价提供示标	要战略性地形成逻辑地图，以利于项目设计，因果分析能产生解决路径
利益相关方的参加	需要利益相关方确定项目的成果，甚至对数据进行解释	过去，需求评估主要是评估人员自己的事情，现在越来越多地引入相关方

① James W. Altschuld, *Needs Assessment: Trends and a View Toward the Future*, Jossey-bass, p.8.

续表

比较维度	政策评价（evaluation）	需求评估（need assessment）
方法和程序	综合运用量化和质性分析方法	除了量化和质性分析方法以外，还包括差距分析、因果分析、优先战略、政策比较程序等
一般的频率	授权机构通常都要进行评价活动，这是责任的重要组成部分	频率没有政策评价高，因为很多机构在成立之前已经明确了使命和战略，需要立即推进

从本质上来说，需求评估是对改变公共服务供给现状要求的综合性评估，是公共服务项目决策的前提性条件和基础。因为公共服务需求其实是可欲的公共服务状态（desired）与实际的公共服务状态（current）之间的差距，而公共服务项目或政策都是为了填补这一差距，实现可欲状态。因此，公共服务需求的评估需要准确把握这种差距，并在因果关系的基础上，找到解决这种差距，从现实状态达到可欲状态的途径和方法，以及评估完成这个过程的各种现实依据和未来可能。可以看出，这其实正是项目设计和规划的前期工作。

由于需求可以被分为不同的种类，因此需求评估要视具体情况进行。表 3–5 以社会养老服务为例来说明需求评估的不同对象及其内容。社会养老服务（或称养老社会服务）是在老龄化社会中高龄老人和空巢老人日益增多的情况下，由于家庭养老功能的弱化，由政府、社会组织、企业、志愿者为有照料需求的老年人提供的各种生活所需的服务。这里的照料包括经济援助、生活照料、医疗照料以及精神照料。① 对这三大类服务都可以进行需求评估。每一类需求评估都可以包含以下几个方面：

① 广义的养老服务的内容涵盖经济援助、生活照料和精神慰藉三大方面。经济援助包括养老保险、养老津贴、老年人最低生活保障等老年社会保障内容；生活照料则与养老服务方式紧密联系，不同的养老服务方式所提供的照料服务各有所异。精神慰藉的内容范畴则极为宽泛，从日常闲聊、定期探望到有组织的文化娱乐活动等，凡是能给老年人带来心理上的愉悦感和满足感的一切活动，都可以归为对老年人的精神慰藉。

表 3-5　需求评估的类型与内容

划分标准	类型 1	类型 2
按需求主体分	个体需求评估的是每个老年人个体的身体和健康状况，以及对照料的需要	社会需求评估的是社会中按照一定标准划分，需要政府提供养老服务的总量
按需求标准分	基本需求评估是指评估有多少主体需要获得基本照料和帮助	非基本需求评估是指社会中对高端的、市场化的养老服务的需求的估测
按需求性质分	客观需求评估是指评估者对老年人照料需求的评估	主观需求评估是指老年人自身对养老照料的需求表达
按照服务性质分	硬件需求评估是指评估为了满足既定标准的养老服务，需要修建多少设施	软件需求评估是指评估为了满足既定标准的老年人照料活动，需要投入多少人力劳动

从方法论的角度来说，需求评估要解决三个方面问题：

第一，利益相关方的实际状态与现实需要。这里的利益相关方依据公共服务项目的具体情况而定，通常包括有利益关系的市民、非政府组织负责人、企业负责人、政府部门官员、专家等，另外上级政府的规定和政策其实也是一种“需求”，也需要进行考虑。例如，对于养老服务的需求评估，需要全面评估老年人的基本状况，包括生活自理能力、认知能力、情绪行为、视觉能力、社会生活环境、重大疾病等，在此基础上评估其目前状态与“可欲状态”（如生活能够自理）之间的差距，以及是否需要弥补这个差距？通过何种公共服务项目来弥补这种差距？

第二，供给这些需求所需要的各种资源及其可能性来源，如何获得？如何持续？这里的资源包括财政经费、人力资源、法律依据、政策依据等。这些资源其实也是“公共服务需求”的延伸，因为需要的满足必须以资源作为支撑，没有资源也就无法满足，也就无所谓需求。

第三，采取何种解决方案（solution）能够实现从目前状态向可欲状态的转变，即达到未来的目标。这其中的因果关系是什么？可以预见经过什么样的过程，可以达到预定的目标？这其中的风险有哪些？如何预见和克服这些风险？在这个基础上，我们就可以逐步达到项目或者政策的规划与方案了。

三、需求整合过程

需求整合也叫作“需求统筹”，是指政府有关部门将现实公共服务需求及其供给方式放在特定的经济社会背景下进行整体性、系统性考量，不仅力图以最为经济、有效和创新的方式予以满足需求，还须处理好与其他相关联体系和要素关系的过程。

所谓统筹，是指通盘筹划和协调整合。整合需求，统筹需求，意味着克服现实中单一化、鼓励化和碎片化供给公共服务，满足公共需求的弊端，善于从体制机制层面，通过项目、平台、资源等多方面的协调筹划，以较少的投入和成本实现最大的效益和效能。正如有学者指出，传统上政府对社会公共事务的管理以部门功能作为管理的逻辑起点，厘清部门的边界以及社会问题的归属成为管理的中心环节；而现实中，大量的问题是跨部门和跨领域的，难以有效结构化，这就需要对那些社会非常关注，但长期以来难以解决的问题进行“统筹治理”，形成部门之间的协同运转。①

公共服务需求的整合有三个层面：第一是个体性需求层面的整合。不同社会个体的经济水平、家庭环境、观念认识都不相同，所以对公共部门提出的公共服务需求也必然存在差异。比如，就老年人服务来说，

① 李瑞昌：《统筹治理：国家战略和政府治理形态的契合》，《学术月刊》2009 年第 6 期。

有的老年人身体状况较差，最需要的是生活护理和医疗服务，而有的老年人身体较好，更需要精神层面的慰藉和文化层面的丰富。作为最重要的公共服务供给者，政府必须要在这些不同的需求中进行分析、综合、比较以及筛选，根据具体的经济社会环境，以及需求–供给之间的关系来确定回应哪些需求，如何回应。

第二是公共服务项目层面的整合。公共服务不是孤立的、单一的，而是互相联系的，甚至交叉重叠的。例如，民政部门主导的为老服务，与社保部门的老年人退休金发放，以及群众团队开展的老年人心理咨询等志愿者活动之间，就有很明显的交叉。他们的服务对象都可能指向老年群体。如果这些公共服务项目之间各自为政、单打独斗，虽然也能满足服务对象的需求，但其效果和效益必定受到影响。在这个层面加强统筹、协调与整合，不仅能够更精准地满足服务需求，还可以有效利用资源，节约成本，获得更高的效益。

第三是需求满足方式的整合，或者说服务方式和渠道的整合。在现代社会中，公共服务的“供给–需求”的关系已经不再是从“供方”（政府）到“需方”（公民）之间的单线指向关系，而可能变得更加复杂。有可能出现“政府”向第三方购买服务，由第三方直接向公民供给服务的现象，也可能出现“需方”之间的互相沟通和服务，实现部分公民之间的互相服务和满足的现象。政府在这个多重关系中，进行有效的引导、维护，其实也是一种整合与统筹。

第四是服务机构之间和整合。事实上，虽然我国是一个权力高度集中的单一制国家，但许多管理工作和服务工作都是分散化甚至碎片化的。以基层公共服务能力为例，其碎片化的表现主要是三个方面：一是权责的非对称化。在目前体制下，城市街道办事处作为区政府的派出机构，在公共服务和公共管理方面担负重要的责任，但由于条块分割的老问题，以及近年来权力向条线上移，造成基层政府权力资源与行政责任之间出现严重不均衡。基层管理权力出现碎片化的倾向。“看得见的不能管，管得了的看不见”式的悖论随处可见。除了一些资源整合平台以外，基层街镇有时不得不以体制外方式，如高温慰问、春节维稳、租赁分成等方式向“七站八所”“购买”权力，这是基层治理中非常值得关注的一大现象。二是财事的非对称化。像上海这样的超大型城市，其街道层面的协管员队伍的经费有多种渠道，一般是几级政府统筹，但这些事项的经费大部分由基层政府保证，由此承担的财政压力不小。上级政府的实施工程和惠民工程往往需要基层配套，为争取资金，基层常常采取各种非正常方式，由此带来补富不补穷的反向补偿现象。三是聘管的非对称化。现有社区管理与公共服务队伍的主要管理机制是条聘块管、聘管分离。条负责组建机构、规定职责，并提供经费补贴，“费随人转”，而具体管理责任往往由块承担。这容易导致多头管理，责任不清，聘用、使用、考核脱节，也造成了街道统筹协调专业管理与综合管理、合理配置人力资源的难度。①

四、需求供给过程

需求供给是指公共部门在准确评估和科学整合需求以后，完成政策制定过程，形成公共服务方案，并通过一定的组织方式生产公共服务或产品，向目标群体提供以满足他们的需求的过程。

按照供给主体是否多元化来区分，可以把需求供给分为独立供给与合作供给。前者是一个机构或组织仅仅依靠自己的力量和资源向社会提供公共服务和产品；后者是指多个主体之间在合作的基础上共同向社会提供能够满足需求的公共服务。

① 容志：《基层政府公共服务供给的问题与对策：基于上海的研究》，《上海行政学院学报》2011 年第 6 期。

按照供给主体的基本性质来划分，又可以把需求供给分为内部供给和外部供给。前者是指仅有政府及其部门向社会提供公共服务和产品；后者则是指政府之外的其他组织，如社会组织、经济组织等共同参与公共服务需求的满足中来。

这两个维度交叉起来，就可以将需求供给分为四个种类：内部独立型、内部合作型、外部独立型和外部合作型，如表 3–6 所示。

表 3–6　公共服务需求供给方式分类

	独立型	合作型
内部型	Ⅰ政府部门的公共服务（民政部门、交通部门、公安部门）	Ⅱ联席会议、协调供给（老龄办、外来人口办、应急办）
外部型	Ⅲ社会组织、非政府组织提供的公共服务	Ⅳ PPP（public and private partnership，公私合作）、合作治理（co-operative governance）

不同的公共服务需求供给方式有着不同的特点及优缺点。其中，内部独立型和外部独立型是传统的公共服务供给模式。其内在逻辑不仅是对需求的专业化回应，也内含着公共服务单线性、结构化的内在假设。也就是说，在传统的公共行政看来，社会需求、社会问题都是可以被清晰界定，并寻找到固定的、有效的供给方式和解决办法，这时，如果把供给服务和从事管理的部门进行专业化和职业化建构，则管理效率就会达到最优。

在这一点上，合作型的两种模式完全相反。它们的内在逻辑是，很多社会问题非常复杂，各类社会需求也会相互交织，直线职能式的内在分工未必能够解决好这些现实问题，并满足日益增长的公共服务需求。更何况，社会是多种要素相互关联的网络，解决一个问题往往需要其他条件予以配合，提供一种服务往往需要考虑其他有关服务。因此，组织之间的合作是系统解决问题、高效提供服务的重要保证。其中，内部合作型主要是指政府部门之间的协调、合作与联动，比较松散的有联席会议这样的非正式的、议事协调机构，具有实质性的则有各级政府的应急办、信访办等机构，它们能跨部门进行协调、调动和整合。外部合作型则是指政府与社会组织、市场主体之间围绕公共服务供给而结成的合作关系和伙伴关系，典型的有 PPP（public and private partnership）以及近年来兴起的合作治理（co-operative governance）。有学者将合作治理视为政府与社会组织对公共事务实施共同治理，即社会组织经由制度化渠道进入到政府过程，通过咨询、表达、呼吁、参与、协商和评议等活动，影响公共决策和实际治理过程。①

合作型供给模式显然有优于独立型治理的地方，因为它不仅能够系统、全面和整体性地思考需求背后的问题，以及通过协调、统筹的方式解决问题，还能够有效整合服务资源，实现效益的最大化。但这种协作、合作无疑也会面临新的挑战和问题。在主体多元的情况下，如何进行有效协调与整合，也是对整合机制及领导者的考验。本书的第七章将通过具体案例来分析这其中的问题及对策。

五、需求管理过程

经济学中的“需求管理”主要是指凯恩斯主义经济政策，其实质是通过财政政策或者货币政策，影响利率、消费和投资进而影响总需求，使就业和国民收入得到调节的，通过对总需求的调节来调控宏观经济的政策。企业管理学中的“需求管理”主要是指以用户为中心，以用户的需求为出发点，集中精力来估计和管理用户需求，并试图利用该信息制定生产决策以实现用户效用最大化的一种活动。

在公共服务体系中，需求管理是指通过经济杠杆来调节社会成员

---

① 敬乂嘉：《从购买服务到合作治理——政社合作的形态与发展》，《中国行政管理》2014 年第 7 期。

对某项公共服务或产品的需求量，并引导其通过其他方式满足其需求的过程。

需求管理概念和实践的出现，是公共产品“需求—供给”动态平衡现实需要的必然结果。一直以来，在公共服务体系的发展过程中，人们习惯于从“供给”的角度思考问题，聚焦于如何提高供给数量、质量和整体水平以达到“供求”之间的平衡。这种路径对于推动社会公共事业的发展、提高社会整体服务水平和能级无疑起到重要作用，而且这个过程也将不断持续下去，伴随着公共体系发展的始终。但另一方面，随着现代化、城市化、工业化的快速发展，人们发现一定区域内的要素承载量是有限的，这里的要素包括人口、建筑、道路以及由此而来的各种活动。“供给”的增长会提高城市规模效应，加剧人口的聚集，不断推高对各类公共服务设施的“需求”，最后达到“天花板”。这种资源的“硬约束”迫使人们要从“需求”角度思考问题，即我们的社会和地球是否能承载这些不断高涨的需求？

比较典型的案例是交通需求管理（transportation demand management，TMD）。20 世纪 60 年代以前，人们总是力图通过不断扩充交通设施容量的方式来满足日益增长的交通需求以求得供需平衡，但始终没有哪个城市实现目标。随着欧美一些大城市交通拥挤的严重化，人们发现耗费巨资修建的道路以及运输场站设施，由于运营管理不到位而未能充分发挥其预期的功能和效益。从那时起，各国城市规划和交通工程技术人员、政府交通管理部门与决策人员开始寻求建立并维持城市交通供需平衡关系的有效方法，这就是交通需求管理的来源。①

交通需求管理就是侧重对旅客出行过程引导的相关需求管理措施的总称，是解决城市交通问题的重要方法之一。它的主要思路就是通过鼓

① 郭继孚等：《交通需求管理——一体化的交通政策及实践研究》，科学出版社 2009 年版，第 12 页。

励部分社会群体和个人改变出行行为从而达到减少道路交通量的目的。它的主要措施包括为出行者和运输公司提供有效的交通信息，影响交通方式选择使得出行者选择行为更加理性与合理，从而实现交通环境的高效、有序。①

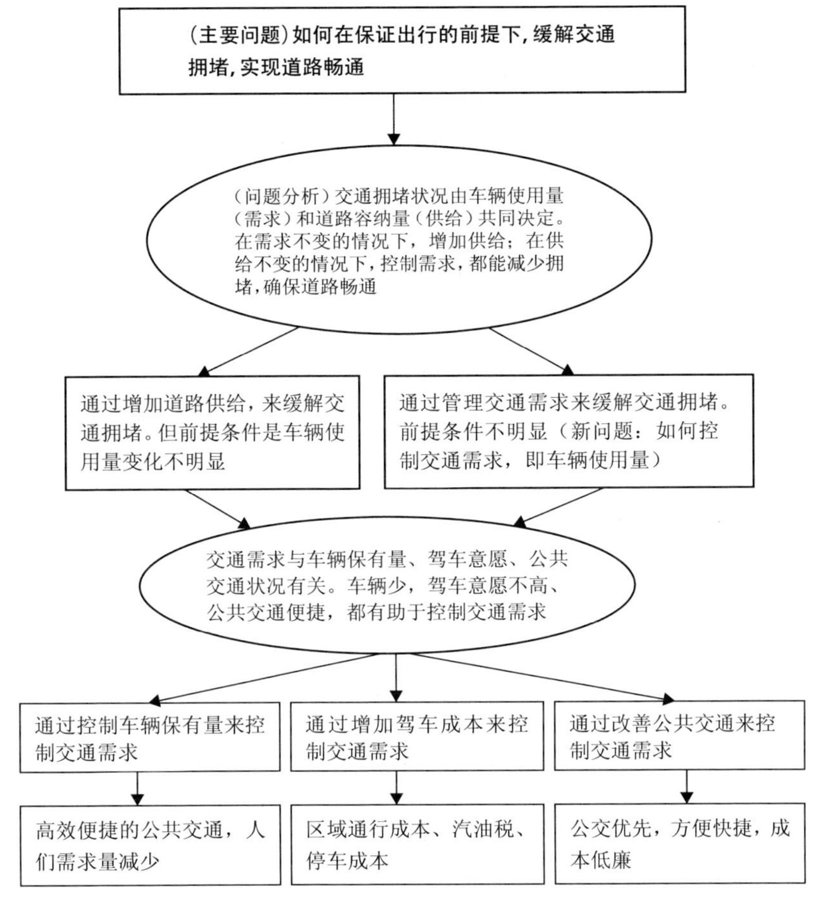

图 3–6　新加坡交通需求管理逻辑图

图 3–6 显示了新加坡通过交通需求管理来解决城市拥堵问题的分析

① 郭继孚等：《交通需求管理——一体化的交通政策及实践研究》，科学出版社 2009 年版，第 9 页。

思路。从本质上说，城市拥堵问题可以表示为：如何在保证公众出行的前提下，缓解交通拥堵，实现道路畅通。对这一问题的分析可以发现，交通拥堵状况其实是由车辆使用量（需求）和道路容纳量（供给）两者共同决定。在需求不变的情况下，增加供给，以及在供给不变的情况下，控制需求，都能减少拥堵，确保道路畅通。这样一来，就出现两种解决问题的思路：一种是通过增加道路供给来缓解交通拥堵。但前提条件是车辆使用量变化不明显。第二种是通过管理交通需求来缓解交通拥堵，其前提条件不明显。第一种显然是老思路，受到了资源限制，无法走通，只有求助于第二种，这又带来一个新问题：如何控制驾车需求，即车辆使用量。再分析可以得知，市民的驾车需求与社会车辆保有量、人们的驾车意愿、城市公共交通状况有关。社会车辆保有量少，人们的驾车意愿不高、便捷高效的公共交通，都有助于控制人们的驾车需求。依此思路，交通需求管理的主要内容就是“通过控制车辆保有量来控制交通需求”“通过增加驾车成本来控制交通需求”“通过改善公共交通来控制交通需求”三种方式。新加坡的实践证明，这种思路取得了较好的社会效果。

六、需求监督过程①

需求监督是指多种监督主体对多样化公共服务主体回应公众需求、履行公共服务职能、供给公共服务产品，满足公共服务需求过程的监督，并对有关责任进行追究。

在这个界定中，公共服务监督的主体和对象之间是一种“多”对“多”的交叉和复杂关系。一方面，在新公共管理的框架下，公共服

① 参见容志：《公共服务监督体系的逻辑建构：决策、过程与绩效》，《中国行政管理》2014 年第 9 期。

务主体的边界已经越来越模糊，供给主体日益多元化，除了传统范式中的政府部门以外，还包括大量的准公共部门和非政府组织（NGO），从理论上说，它们的公共服务职能、行为和提供的公共服务本身都是公共服务监督的对象。另一方面，民主的不断发育、公共舆论的形成、公民参与的扩大，都极大拓展了公共服务质量的评判者和监督者的范围，即公共服务监督主体逐步多元化。这就使得监督行为开始从单一的“上对下”向“外对内”转变，从“一元化”向“多元化”转变。例如，相对于政府及其公共服务行为来说，立法机关、司法机关、上级行政机关、社会公众都是潜在的监督者；而对于非政府组织的公共服务行为来说，政府又是重要的监督者之一。这种“多”与“多”的关系如表 3–7 所示。

表 3–7　公共服务需求监督矩阵

供给者	全国人民代表大会、中国人民政治协商会议	政府	社会	其他
政府提供公共服务	监督、质询	内部控制	参与评估	—
准公共部门提供公共服务	间接监督	指导、保障、监督	参与评估	—
非政府组织提供公共服务	间接监督	购买、指导、监督	参与评估	—
企业生产公共服务	间接监督	购买、指导、监督	参与评估	—

从具体内容来看，公共服务监督主要针对三方面客体：公共服务的职能、公共服务的生产过程、公共服务的实际效果（合理性、有效性）。职能是权力属性，与法定责任相关；过程是组织属性，与动态管理相关；效果是结果属性，与服务对象的满意度有关。这三个维度，是对公共服务主体供给公共服务的全方位评估和监督。从根本上说，也是对公

共权力（或准公共权力）所承担相应公共责任的监督和制约。因此，公共服务监督与广义的行政监督、效能监督和部门绩效评估具有一定的相关性，如图 3–7 所示。

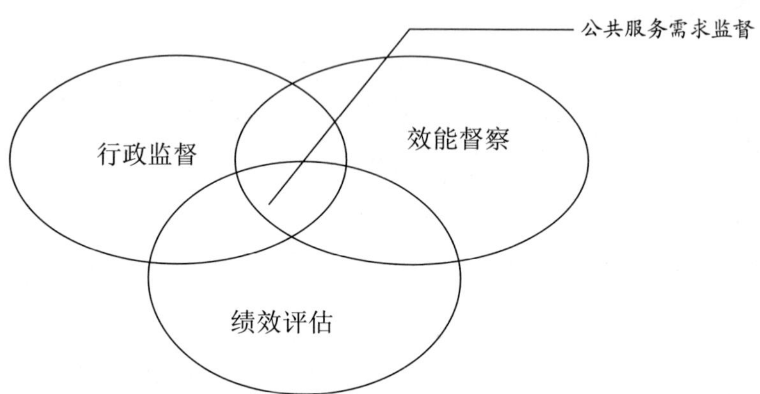

图 3–7　公共服务需求监督与行政监督、效能督察、绩效评估的关系

第四章
需求表达："12345"市民服务热线与公共服务创新

服务型政府，是指在公民本位、社会本位理念指导下，在整个社会民主秩序的框架下，通过法定程序，按照公民意志组建起来的以公民服务为宗旨并承担服务责任的政府。① 生产和提供公众需要的公共服务，建设人民满意的服务型政府，是加强政府自身建设，提高政府治理能力现代化的核心要义和检验标准。但是，在现代社会，如何及时、快速掌握并回应市民的实际需求，并精准化、标准化提供公共服务和个性化服务，推动公共服务体系从以供给为中心向以需求为中心的转变，是非常值得探讨的理论和现实课题。

近年来，上海市以"12345"市民服务热线为抓手，坚持问题导向，创新政府工作和服务方式，实行服务市民、服务政府的"双服务"模式，大大提高了政府公共服务的供给能力，不仅把市民服务热线打造成为建设服务型政府和创新社会管理的重要平台，还使之成为检验政府工作的重要窗口，取得了引人注目的成绩。本章将对上海市"12345"市民服务热线进行实证研究，分析国内公共服务需求表达方式与回应方式的转变，并从中探讨公共服务创新的路径和选项。

① 刘熙瑞、井敏：《服务型政府三种观点的澄清》，《人民论坛》2006 年第 5 期。

第一节　我国市民服务热线的发展历程

公共服务的便利化、快捷化是现代政府管理的重要特征，也是现代化国际大都市的重要“软实力”之一。许多国际化大都市都设有高效便民的政务服务热线，如美国许多城市的“311”热线、我国香港特别行政区的“1823”电话中心、台北市“1999”市民当家热线等。目前，中国城市政府在公共服务便利化方面显然还有较大提升空间。2016 年上海交通大学发布的《中国城市公共服务满意度调查》显示，民众对“获得政府信息较为便利”的认可度仅为 35.28%，显然尚不能令人满意。如何回应民众对公共信息、公共服务便利化的需求？如何提高城市公共服务的便利程度，提升城市竞争力和城市品质？这是城市政府要面对的一个重大现实问题，也是市民热线工程产生、发展的主要背景。

一、我国市民服务热线建设概况

服务热线，又被称为“呼叫中心”（call center），[①] 最早产生于美国。20 个世纪 50 年代，民航业为了能更方便地向乘客提供咨询服务和有效地处理乘客投诉，开始使用电话服务热线。这种模式随即被银行业等其他行业所借鉴。随着通信技术和互联网的快速发展，以及其客户服务便捷性、及时性的特点优势，全球的呼叫中心行业迅速崛起，并被广泛运用到社会的许多行业和领域。根据经营主体及其服务性质划分，目前全世界的服务热线主要可以分为三类：公共服务热线、社会服务热

① 一般来说，呼叫中心是在一个相对集中的场所，由一批服务人员组成的服务机构，通常利用计算机通信技术处理来自企业、顾客的垂询与咨询需求。

线和商务客服热线。公共服务热线主要由政府或政府购买非营利性组织服务经营，为市民提供公共信息、公共事业服务以及听取市民对施政和政策的意见和建议。社会服务热线一般是由社会组织或政府购买服务经营，向市民提供社会、家庭、特点群体等帮助性服务；商务客服热线则主要是企业经营，向其客户（或潜在客户）提供咨询、售后等服务。

20个世纪80年代起，在"新公共管理"运动汹涌大潮下，许多国家针对政府服务效能低下、行政成本攀升以及社会满意度低的问题，开始大刀阔斧进行行政体制改革。其中，公共服务热线因其方便、快捷、高效等优点被许多国家和地区所采用，主要包括：设立特定服务号码、建立呼叫服务中心，向民众提供咨询、投诉、业务办理等公共服务，达到帮助民众解决各种问题的目的，① 政府服务热线由此开始走上蓬勃发展之路。例如，美国联邦政府的"N11"系列政府热线："911"报警热线、"311"非紧急服务热线等，不仅在美国甚至在全世界均非常知名。据统计，每年全美"911"热线接线量达到2.4亿，② 提供180种语言全天候服务的纽约"311"热线在运行的第一个10年里，接线量达到1.58亿，且85%的热线都在30秒以内予以答复。③2009年英国拥有700多个政府热线服务中心和5.9万政府热线服务座席，占到全国热线服务总量的11%左右。④ 如表4-1所示。

① 侯非、柳成洋、曹俐莉、曾毅：《国际对比视角下我国政府热线服务的现状、问题与标准化对策》，《西安交通大学学报（社会科学版）》2014年第6期。

② 张隋：《国外政府热线实践与绩效评价策略分析》，《标准科学》2014年第5期。

③ 《纽约公共服务电话热线"311"迎来10岁生日》，人民网，http://usa.people.com.cn/n/2013/0313/c241376-20768620.html。

④ 侯非、柳成洋、曹俐莉、曾毅：《国际对比视角下我国政府热线服务的现状、问题与标准化对策》，《西安交通大学学报（社会科学版）》2014年第6期。

表 4-1　2008–2009 年主要国家政府热线座席数量排名表 ①

排名	国家	政府热线座席数量（万）
1	美国	30
2	英国	5.9
3	加拿大	3.5
4	德国	3.1
5	法国	2.7
6	俄罗斯	1.9
7	日本	1.6
8	中国	1.5
9	印度	1.3
10	巴西	1.2
11	澳大利亚	0.8
12	菲律宾	0.4

关于中国政府热线座席的统计尚未有权威性数据，有的研究者指出，到 2013 年，中国政府热线通过购买方式的形式建设的座席数量已经达到 50 万个。②

公共服务热线又可以分为政务服务热线、公共事业服务热线两大类，如图 4-1 所示。前者主要是政府运行和管理的，负责与政府及其部门工作直接相关的公共事务；后者则主要是水、电、煤、气、通信等公共事业的服务热线。这里关注的主要是政务服务热线。

中国的政务服务热线起步也比较早。目前资料显示，1983 年在沈阳设立的“市长热线”可能是最早的政务服务热线。之后，1986 年我

① 马珊珊：《政府热线何成“冷”线》，《光明日报》2014 年 1 月 18 日。

② 郑大鹏：《整体政府视角下的政府服务热线建设研究：以珠海市民服务热线为例》，吉林大学硕士学位论文，2014 年。

国建立了"119"火警热线，同年第一个"110"报警台在广州建立。20世纪90年代以后，各类政务服务热线如雨后春笋般涌现出来。据不完全统计，顶峰时期，中国各级政府的各类政府服务热线总数超过5000条，几乎覆盖所有城市地区，其中全国统一的热线电话有数十条，各地方自行建立的就更加琳琅满目。①

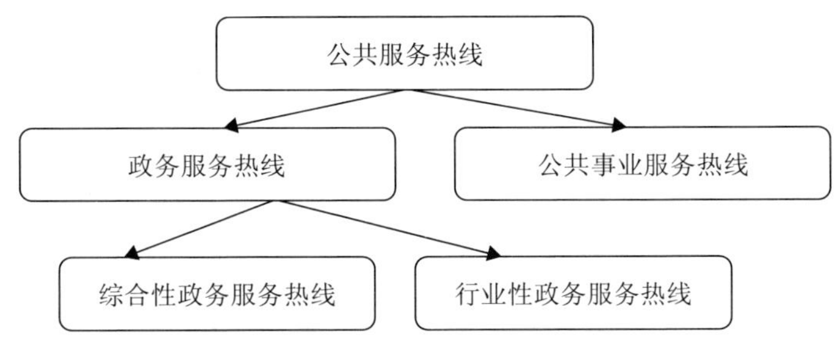

图4–1　公共服务热线的构成与类型

中国地方政府的政务服务热线名称各异，没有统一的标准，但总体来说，可以分为综合性政务服务热线和行业性政务服务热线两大种类。两者的运行主体都是地方政府，以政府财力作为保障，面向社会公众开放，但在功能和内容上存在一定差异。行业性政务服务热线是政府各个职能部门独自建立的，受理特定行业事务的服务热线，如"12315"消费者投诉举报专线、"12365"质检举报处置专线等；而综合性政务服务热线则往往是以地方政府名义建立的，综合性的、整合性的服务热线，通常被称为"市民服务热线""公共服务热线""政府服务热线"或"便民热线"等，其早期的代表形式就是曾经火遍全国的"市长热线"。

最早的"市长热线"可以追溯到1983年。当年9月18日，沈阳市在全国率先设立了第一部市长热线电话。1984年，武汉市创立市长热线电话，在中部地区站到了第一的位置。之后的五年内，重庆、西安、

① 侯非等：《国际对比视角下我国政府热线服务的现状、问题与标准化对策》，《西安交通大学学报（社会科学版）》2014年第6期。

长春、郑州、太原和深圳等地相继建立了市长热线电话。[①]20 世纪 90 年代以后，“市长热线”这种电话形式在全国各地迅速建立起来。据统计，截至 2008 年，全国有 600 多个城市开通了“市长热线”。[②]

从发展历程来看，行业性政务服务热线与综合性政务服务热线基本上可以说是同步建立、平行发展的。也就是说，在一个地方，往往既有行业性政务服务热线，也有综合性政务服务热线。我们可以将政务服务热线自 20 世纪 80 年代至今的 30 多年发展历史大致分为两个阶段：

第一阶段主要是 20 世纪 80 年代到 21 世纪初。这个时期的主要特点是综合性政务服务热线功能较弱，而行业性政务服务热线越来越多，分化越来越细。一方面，“市长热线”虽然招牌很响，但其实并非市长亲自接听市民电话，而是由专门的工作人员倾听市民意见和建议，记录以后按照分工转交给相关职能部门，由其处理和反馈。[③] 由于具体情况的差异，有的地方“市长热线”只有仅仅一两个办公室的值班人员接听，对问题进行简单记录后，反馈给有关部门办理。在没有严格的追踪和考核制度的情况下，问题解决的效率不高，甚至有可能出现市民诉求不了了之的情况。[④] 还有的“市长热线”出现打不通、无应答等问题，形同

---

① 葛怀虎：《市长公开电话》，安徽人民出版社 2003 年版，第 2 页。

② 王晓燕：《“市长热线”路在何方》，《鄂尔多斯日报》2008 年 8 月 19 日。

③ 当然也有例外。根据有关资料查找，发现 1995 年由上海人民广播电台和人民日报华东分社联合举办的“95 华东七省市省市长热线”活动。该活动中，华东地区六位省长和一位上海市市长分别在一个月的时间内，先后在上海人民广播电台《市民与社会》节目中担任节目嘉宾，就“如何加强华东地区区域经济的联合”这一话题同华东地区听众现场连线交谈。这恐怕是名副其实的“市长热线”，但显然不是制度化机制。见左安龙：《开创中国新闻界新一轮联合　展示社会主义民主的风范　’95 华东省市长热线轰动华东》，《新闻记者》1995 年第 4 期。

④ 这方面的论述和材料非常多，如北京市 1987 年设立“市长热线”时，只有一条线路、3 个工作人员。见王尉玲：《“市长热线”问题与对策研究——以哈市为例》，黑龙江大学硕士学位论文，2015 年；谭彦波：《市长热线：问题与建议》，《党政干部论坛》2011 年第 5 期。

虚设。例如，《半月谈》记者在多个时段拨打多地的市长公开电话等政府热线电话，发现不少存在等待时间过长的情况，要么长时间占线，要么拨通后无人接听。在拨打东北地区某中心城市的市长公开电话时，连续拨打100多次无法接通，也没有任何语音提示信息。①

另一方面，从20世纪90年代开始，许多城市在原有的"110""120"和"119"等全国热线的基础上，相继开通了市政、城管、税务、卫生、民政、工商、规划、环保、价格等专业行业服务热线，受理来自市民的咨询、投诉、建议和求助等各类电话。由于政府职能部门众多，且"示范效应"一旦形成，很容易形成你争我抢的热闹局面，所以行业性政务服务热线的种类和数量就会不断攀升。例如，据统计，截至2010年，浙江省台州市涉及公共服务的热线电话就有100多条。②一些公共服务热线除号码相近外，部分职能也交叉相近，而且市县重复开通，致使投诉与受理经常发生重复现象。

表4-2　较早建立的城市综合性政务服务热线（市民服务热线）一览表

	时间	城市	号码	主要内容
1	2000年7月	昆明	12345	便民服务热线，后改名市长热线
2	2000年	北京	12345	便民服务中心热线，2007年升级为"非紧急救助热线"
3	2001年1月	邯郸	12345	"12345"（有事找政府）市长热线
4	2001年8月	宁波	81890	信息服务、家政服务等
5	2004年	青岛	12345	便民呼叫中心，2011年更名为政务服务热线

① 零点咨询调查显示，在全国333个地级以上城市中，32.1%的"12345"政府公开热线无法接通。一些热线虽然最终接通，但拨打时均遭遇过一次或多次无人接听、占线、等候时间超过30秒等情况。见《市长公开电话，连续拨打100多次无法接通》，《半月谈》2016年第10期。

② 《各地公共服务热线有多热》，《中国改革报》2012年2月9日。

续表

	时间	城市	号码	主要内容
6	2004 年	南宁	12345	市长热线，一号对外
7	2005 年 7 月	扬州	12345	政府服务热线
8	2007 年 12 月	深圳	12345	政府公开电话，一号对外
9	2008 年 1 月	海口	12345	政府热线
10	2008 年	武汉	12345	将市长专线升级，整合有关职能部门
11	2008 年	济南	12345	将原有的“市长公开电话”升级为“市民服务热线”
12	2009 年 1 月	江阴	12345	公共服务呼叫热线
13	2009 年 9 月	镇江	12345	政府“12345”服务热线，整合 65 个职能部门
14	2010 年	三亚	12345	政府服务热线
15	2010 年 12 月	南京	12345	重新开通，将全市 80 多个面向群众的公共服务电话就此合而为一
16	2012 年 1 月	徐州	12345	政府服务热线
17	2012 年 9 月	大丰	12345	“一网打尽、一站服务、一办到底”
18	2012 年 10 月	上海	12345	一号对外，内部流转
19	2014 年 1 月	惠州	12345	46 个部门的咨询、投诉热线电话将统一为“12345”
20	2014 年 1 月	广州	12345	27 个市属职能部门服务专线的整合
21	2014 年 12 月	东莞	12345	政府服务热线
22	2015 年 5 月	天津	8890	便民服务专线，一号对外

第二阶段从 21 世纪开始到现在。这一时期的主要特点是：行业性政务服务热线继续存在，但综合性政务服务热线的整合功能增强，开始

出现以综合性政务服务热线整合行业性政务服务热线的趋势，且这个趋势越来越明显。从表 4–2 可以看到，昆明市和北京市是在全国较早使用"12345"电话号码作为"便民服务热线"（昆明市后改名"市长热线"）的大城市，不过那时，它的整合意图和能力还不明显。到 2001 年浙江省宁波市海曙区推出"81890"服务热线，功能已经大为增强，综合性政务服务热线的整合功能开始显现。当时，海曙区并没有将"81890"办成已有政府热线之外的"新热线"，而是将全区 56 个党政部门的信息服务和投诉建议职能全部纳入"81890"信息服务平台，各行业、各部门的政策、法规、办事信息都可以从这里获得，市民无须再致电行业性政务服务热线，且各党政部门对"81890"转来的市民需求处理情况由区纪委进行考核监督，纳入部门年度考核范围，考核分比例占部门目标考核的 10%。[①] 从整合的意义上说，宁波市的实践无疑在全国走得最早，力度也很大。

在这以后，综合性热线整合的行业性热线的脚步越来越快。2007 年 12 月 12 日，深圳市人民政府服务热线"12345"正式上线，市民只需拨打这个号码，就能对多个政府部门进行咨询、投诉，改变了以前需要拨打行业性政务服务热线的情况。2010 年 12 月，南京市为解决政府热线多、打进难、处理慢等问题，整合 77 家市级政府部门、公共企事业单位和各区县政府公开服务电话，成立"12345"政府服务呼叫中心，创建了"一个号码对外"、24 小时人工接听、受理范围覆盖全市的电话综合服务受理平台。2012 年 10 月 8 日，上海市"12345"市民服务热线电话开通试运行。热线实行"一号对外、集中受理、分类处置、统一协调、各方联动、限时办理"的工作机制。2012 年 12 月，武汉市政府升级了原有的市长热线，整合 25 个部门及单位的 32 部公共服务热线电话，实现了"一号对外，内部办理"。这次改革中，武汉市将市交通运

① 参见宁波市 81890 志愿服务网，见 http://www.81890580.com。

输委员会等6部门的12部热线电话完全撤销合并；将市工商行政管理局等19部门的20部热线电话与市长专线实现技术连接，号码仍保留不变。①

可以说，2008年以后，整合各种职能部门的服务热线，设立“一号对外”的市民服务热线，增加政府回应性，提高公共服务品质，重建公民对政府的信任，在全国各地已经形成了基本共识。原来的“市长热线”“政府热线”“便民热线”等名称也逐步开始统一为“市民服务热线”。截至2015年，几乎所有地级城市都设立“12345”市民服务热线，其中，发展比较成熟的有上海、北京、济南等城市。

二、市民服务热线的理论研究

随着市民服务热线的广泛铺开，针对这一行政实践的学术研究也开始增多。在中国知网中以“市民服务热线”为主题词进行检索发现，自2004年开始有101篇报道或研究文献；以“市长热线”为主题词检索发现，自1995年开始有近300多篇报道或研究文献。目前，国内学者对市民热线的研究路径大致分为公共管理理论研究和应用技术研究两类，研究方式多为个案研究和比较研究。从公共管理学科来看，现有文献主要是对我国各地市民服务热线建设的实践进行经验分析，也有少量关于国外市民服务热线的研究论文。总体来看，有“意义阐发”“绩效评估”“比较借鉴”“问题对策”四个视角。

第一，意义阐发型研究。主要是从服务型政府建设、“新公共服务

① 市民拨打“12345”市长专线后，如为一般问题，前台接线员将在线解答或办理；解答或办理不了的，后台工作人员将迅速转至有关部门及单位处置，并跟踪督办。各承办部门及单位收到市长专线督（转）办单后，须第一时间告知来电人反映事项已被受理，并告知办结时限；办结后须及时回访来电人，告知办理结果，同时征求来电人对办理结果的意见，直到来电人满意。

理论""整体性政府理论""社会治理"和"智慧城市"等角度，阐释市民服务热线的价值和意义，剖析市民服务热线实践这些理论和价值的具体形式、路径以及其主要特点。有学者认为市民热线有助于优化政府决策、促进行政效能提升，提高政府部门政策执行的能力和水平，推动服务型政府转型。① 有学者认为市民热线是构建服务型政府的一种路径探索，并结合目前存在的问题，提出了从运作机制、工作手段、管理方式上进行完善的意见和建议。② 有学者认为市民热线构建"一个号码找政府"的公共治理机制，是一种政府机制的改善与治理模式的创新，是一种治理工具的现代化，是提升城市政府治理能力的有力杠杆。③ 有学者认为政府服务热线标准化建设是推动整体性政府构建的重要路径，极大地解决了部门间协同能力差等管理碎片化的现象。④ 有学者认为市民热线是政府畅通诉求表达渠道，构建社会新安全阀的重要渠道，是公众参与、民意表达现代化的重要抓手。⑤⑥

第二，绩效评价型研究。有研究聚焦于政府公共服务热线的质量评价问题，如傅健伟在质量评价理论和客户满意度理论的基础上，设计了公共服务热线顾客满意度和服务质量指标体系，并将其运用到对天津市"12319"城建服务热线的评价之中。该指标体系包括公共形象、硬

① 汤啸天、李晶：《向"双服务"迈进的上海 12345 市民服务热线》，《检察风云·创新社会管理理论》2015 年第 2 期。

② 平捷：《服务型政府视角下市民热线运作及优化研究——以上海 12345 市民服务热线为例》，复旦大学硕士学位论文，2013 年。

③ 吴国玖等：《政务热线：提升城市政府治理能力的有力杠杆——以南京市"12345"政府公共服务平台为例》，《现代城市研究》2014 年第 7 期。

④ 曹现强、顾伟先：《政府服务热线标准化与整体性政府的构建——以济南市 12345 热线为例》，《公共管理与政策评论》2014 年第 3 期。

⑤ 邵燕：《畅通诉求表达渠道　构建社会新安全阀——基于江阴市"12345"公共服务热线的个案研究》，《中共合肥市委党校学报》2015 年第 3 期。

⑥ 宋楠：《转型期民意表达机制的研究——以南京市玄武区 12345 为例》，东南大学硕士学位论文，2014 年。

件设施、人员素质和整体服务 4 个一级指标和 21 个二级指标。天津市“12319”热线在顾客满意度和服务质量方面的综合得分为 85.44 分，且在受理能力上存在一定的缺陷。研究还提出了完善和改进的建议。① 还有学者运用 KPI 考核法和 360 度综合考核法对市民服务热线绩效考核系统及其实现技术进行研究。②

第三，问题对策型研究。这一类研究是现有文献中最多的，主要通过个案分析，介绍各地市民服务热线的建立情况、运行特点、存在问题和对策建议。大量的硕士学位论文选择这样的案例研究，针对哈尔滨市、天津市、上海市、北京市、济南市等地的政府服务热线进行介绍和问题对策研究。就“问题”来说，也可以分为两个不同的视角：一类是针对市民服务热线本身运行的问题进行分析，主要包括人员素质、处置流程、地区均衡、回应机制、监督督促等方面，并就完善服务热线，提高服务效率提出意见和建议。③ 有学者提出加强市民热线知识库系统的建设是提升市民热线服务效率的重要基础。④ 有学者开发面向行政人员的市民热线客户端应用，为相关行政人员处理市民诉求提供了便利。⑤ 另一类是从制度、机制层面反思市民服务热线，并从政府治理的大视角

① 傅健伟：《基于顾客满意度的政府公共服务热线服务质量评价研究》，天津大学硕士学位论文，2010 年。

② 段巧丽：《市民服务热线的绩效考核系统的研究》，湖南大学硕士学位论文，2015 年。

③ 这一类文献非常多，具有代表性的有：王尉玲：《“市长热线”问题与对策研究——以哈市为例》，黑龙江大学硕士学位论文，2015 年；王洋：《德州市市民热线发展的现状与对策研究——基于建设服务型政府的视角》，山东大学硕士学位论文，2015 年；王人杰：《社会治理视阈下的市民服务热线完善研究——以上海市“12345”市民服务热线为例》，西北农林科技大学硕士学位论文，2015 年。

④ 贝聿运：《上海市“12345”市民服务热线知识库系统的建设》，《信息与电脑（理论版）》2013 年第 4 期。

⑤ 雷鸣、谭北海：《基于 Android 的市民热线行政版客户端的设计与实现》，《信息技术与信息化》2015 年第 11 期。

提出完善的对策建议。例如，早在1997年，郑贺山就颇有见地地提出，虽然"市长热线"体现了全心全意为人民服务的宗旨，便于解决老百姓关心的问题，但热线之所以热，恰恰说明有关民生工作的职能部门的工作还没有做好，"热线"愈"热"，正好说明主管部门愈"冷"。如果所有难题都依赖于市长热线来解决，那么职能部门究竟干什么呢？[①]陈虎通过对武汉市市长热线的案例研究，从制度的角度分析了政府体制内的制度创新及其制度局限。他认为，市长热线从本质上说是政府体制内的创新（或者说是一种行政创新），而不是真正的制度创新，所以对社会公共问题的最终解决，还有赖于在建设政治文明的大环境中，加强法制建设、依法行政、健全行政责任制，改革先行的行政体制，培育和扶植解决问题的多元化主体。[②]同时，还需要推行政务公开，强化监督制度，为公共管理的现代化释放新的空间，寻找真正的路径。这种维度的思考在众多文献中无疑是非常独特的，有利于对市民服务热线的全方位反思。

第四，比较借鉴型研究。这类研究主要是对海外发达国家和地区的公共服务热线的成功经验进行介绍或进行中外比较，提出一些可资借鉴的意见和建议。有学者总结国际公共事业类呼叫中心产业发展情况，以及台北"1999"和英国普雷斯顿DWP呼叫中心建设经验，认为"整合和专业提升""政府自建呼叫中心""价值导向型呼叫中心"将是中国大陆公共事业呼叫中心发展趋势，如刘光强等介绍了香港"1823"政府热线的运作情况，特别是香港政府对投诉建议信息进行"文本数据挖掘技术"处理，能够洞悉即将出现的趋势和公众关注的问题，为政府部门提供更多高质量的投诉处理意见，非常具有启发意义和借鉴

① 郑贺山：《"市长热线"冷说》，《城乡建设》1997年第11期。

② 陈虎：《政府体制内的制度创新——武汉市市长热线电话的制度分析》，《云南行政学院学报》2003年第4期。

价值。①

综上所述，市民热线理论研究成果较多，视角各异，虽然为后期研究提供了有益的借鉴和基础，但是也存在一些薄弱环节。最主要的问题是两个方面：一是缺乏对市民服务热线内部运作的深入剖析，往往流于一般意义的阐释，证明服务型政府建设的力度和效果；二是就事论事，缺乏从需求表达和需求导向的角度剖析市民服务热线，特别是没有仔细分析热线接收的需求及其类型，进一步剖析城市公共服务方面存在的短板和问题，以及造成这些问题的原因，并进而对公共服务体系建设提出意见和建议。

第二节 “需求表达”与市民服务热线发展的内在逻辑

从本书的主题来看，市民服务热线无疑是现代社会中市民向政府表达其公共服务需求的一种重要方式。特别是在信息化、网络化快速发展的现代社会，市民服务热线充分利用电话、互联网、移动终端（智能手机 APP）等技术手段，构建起了市民表达服务需求的便捷、快速渠道，降低了需求表达成本，无论是对于地方政府把握市民需求，还是提供快速、高效的服务以回应这些需求，都具有重要的意义和价值。那么，从1983 年开始的“市长热线电话”到 2008 年以后广为铺开的整合性的“市民服务热线”，30 年的变化发展有没有内在逻辑？是什么原因在推动服务热线的不断演变发展呢？

本书认为，从传统型表达到热线式表达，然后到目前的“中控式”表达的发展演变，表面上看是信息技术和网络技术的发展和普及，促进

① 刘光强、王娟：《香港 1823 政府热线：让百姓畅所欲言》，《中国计算机报》2010 年 4 月 5 日。

了服务需求表达渠道的更新换代，其实，更为深层次的原因在于，通过技术手段突破官僚体制内在的结构阻滞效应，提高需求表达的顺畅性和有效性。

一、"市长热线"中的需求表达逻辑

除了展示城市政府亲民、爱民，为民服务的姿态和决心以外，从市民需求表达与供给的角度看，早期的"市长热线"起到了两点创新：

一是改变了传统的"市民—部门"的需求表达方式，将其置换为"市民—行政首长（市长）—部门"的需求表达方式。由于现代社会管理的专业化，任何政府内部都必须要进行职能分工，这是现代官僚体制"直线—职能"结构产生的根本原因。因此，老百姓有任何呼声和要求，也需要按照"职能对口"的原则由主管该事务的政府部门受理与解决。但问题在于，这一传统方式常常遇到"梗阻"，部分市民的需求得不到及时、满意的回复。

造成"梗阻"的现实原因常常包括：一是官僚主义作风，有关部门不愿意解决百姓问题或诉求，或者解决得不好，不能使需求者满意；二是部门之间职责不清，互相扯皮。任何一个部门都不愿意主动"靠前一步"，而是以各种理由将事务推给其他部门，甚至陷入"先有蛋还是先有鸡"的怪圈之中，最终导致问题无法解决；三是反映的问题确实超过部门的权限和能力，或者涉及多个部门，需要进行协调和统筹，接收需求的部门无法单独解决问题。

"市长热线"的设立，将需求的传导机制由传统的"公民—部门"转化成"市民—行政首长—部门"如图 4–2 所示，虽然增加了一个环节，但再造了需求表达的流程与行进路线，通过发挥行政首长的权威作用和协调功能，为需求的表达以及供给注入行政动力，以解决以上三个"梗阻"难题。对官僚主义来说，行政首长的亲自关注无疑会提高部门对市民需求的重视程度，这类似于某种“督办”制度；对于互相扯皮以及协调不利等问题来说，行政首长全面负责的权力和职责正好可以开展跨部门协调，既明确主要负责部门，也可以调动其他部门进行配合，形成“联动协作”的工作机制以解决现实问题。

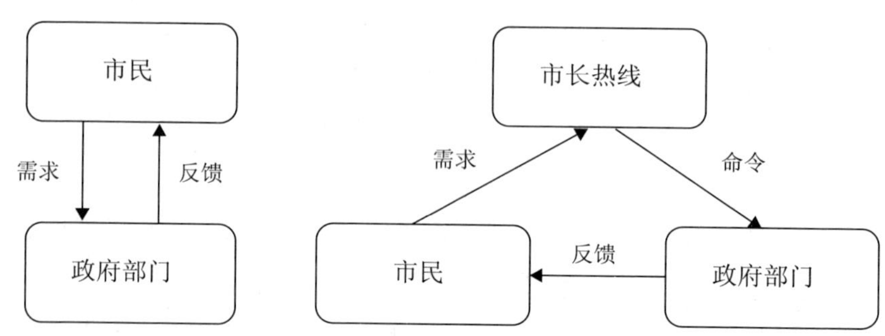

图 4–2　传统型表达方式与“热线型”表达方式

二是在某种程度上引入了“火警”机制。“火警”是指火灾事故时向公共机关或公众发出的警报。这个机制被现代政治学和官僚行为理论所借用，比喻当选民和利益集团感到其利益被官僚机构伤害时向议员等政客表达不满的行为。正因为这种呼吁，官僚机构及官僚行为的问题就容易被社会所警觉。在组织经济学中，“火警”机制是一种非常重要的将道德风险引起的交易成本最小化的机制。因为，一旦官僚机构认识到这种“火警”机制的存在，它们就会考虑和执行委托人制定的政策。① 在西方的安全生产管理过程中，工会、消费者协会、行业协会都可以成为发出“火警”警报的主体。当它们的利益受到损害时，可以通过组织将自己的状态和要求及时表达出来，这既是对其他利益相关方的制约，也有助于政府监管部门及早发现问题、解决问题。②

在公共服务领域，市民服务热线为市民提供了方便的“火警”。也

① 马骏：《交易费用政治学：现状与前景》，《经济研究》2003 年第 1 期。

② 容志、胡象明：《治理资源的重构：安全生产事故的制度反思》，《北京航空航天大学学报（社会科学版）》2009 年第 4 期。

就是说，当市民感觉自己没有获得应该获得的公共服务，或受到不公正待遇时，就会通过热线电话向行政首长拉响"警报"，以求得后者的帮助。事实上，当行政首长能够听到这个警报，并予以充分重视时，其效果必然是非常明显的。这里有一个很典型的事例：

> 2013年大年三十上午，武汉市市长唐良智走进市长专线工作台，亲自接听市民电话。其中一位打进电话的东西湖新沟镇新河农场的陈奇反映，"腊月二十九日起，家里突然无故停电了，不知道什么时候能够解决，一家人还等着吃年饭后看春节联欢晚会呢!"唐市长接听电话以后，马上交有关部门办理。结果，当天大约4个小时后，东西湖片的故障线路得以恢复。①

可见，从建立伊始，"市长热线"的初衷并不仅仅是向市民提供公共服务、表达公共服务需求的渠道，还有监督部门工作、协调统筹事务，确保需求能够得到回应的功能。其实，这两个方面也是统一的。需求表达内在需要得到及时、高效的回应，如果没有回应，那么正表明这种表达渠道低效或者无效，那么久而久之，也就没有"用户"使用这种表达渠道了。反之，如果该渠道的回应性很高，"用户"的满意度也很高，那么利用这种表达渠道和表达方式的人就会越来越多。这是诉求表达的"低地"原则，即哪里地势低，能够盛更多水，水就会往哪里流。诉求得以解决的渠道越有效，所有诉求就主动进入这个渠道。所以，政府对需求的回应性无疑是衡量表达渠道和表达方式有效性的重要指标。

但从多年的实践观察来看，"市长热线"也存在"阻滞效应"，即通常所说的"热线不热"，表现为三难：一是难以打通，经常话务全忙或

① 《12345有事找政府，武汉市长热线去年接线120万个》，《武汉晚报》2014年2月7日。

者无人接听；二是难以受理，即接通以后表示无法处理，或者继续踢皮球；三是难以落实，受理之后内部流转多时，却往往音讯全无，不了了之。2011—2013年，中国市场学会服务质量专业委员会对全国180个市、县、区的15条政府热线服务进行了调查，发现这些热线的服务合格率仅为32.7%。其中，“多次拨打热线电话，或无人接听，或占线”“电话接通了，却被告知‘这个问题我不清楚’”“‘这事不归我管，你打另一个号码吧’，给的号码打过去却是空号”“给了答案却是‘瞎指挥’，跑了几个部门问题也没解决”“态度恶劣，不等说完问题就挂电话”等情况成为主要问题。① 2012年，零点研究咨询集团对25省市政府服务热线进行质量测评，发现在所测评的207条政府热线中有21%的热线都无法接通，超过2/3的热线服务质量低于肯德基等商业热线。此外，还包括转接时间过长、作息时间“机关化”、相互推诿、服务礼仪与态度较差、相关知识与接听技能缺乏等问题，这些都显示出“市长热线”确实也存在梗阻现象。②

二、“中控式”热线与需求表达

造成“市长热线”阻滞的原因与传统需求表达方式有些类似，主要包括：

一是“市长缺位”。顾名思义，“市长热线”应该由市长亲自接听，并进行问题的调处。但正如前文所说，这一点在现实中基本难以做到。即使有这种情况，显然也只是偶尔发生，并非是一种常态。例如，2006年9月7日，四川达州市市长罗强亲自值守市长热线电话。这个消息事

① 盛明科、张玉亮：《国外城市政府绩效管理的基本经验及其对我国的启示》，《甘肃社会科学》2012年第1期。

② 侯非等：《国际对比视角下我国政府热线服务的现状、问题与标准化对策》，《西安交通大学学报（社会科学版）》2014年第6期。

先对全社会进行了公布，结果市民参与空前火爆，平均每秒就有一个电话打进，市长及话务员应接不暇，电话排队最高达40个，整个热线几乎瘫痪。① 可见，如果市长亲自值守热线，不仅市长无法处理政务，就是整个系统也难以持续。

因此，现实中的"市长热线"往往由其他的工作人员值守和运行(通常是办公室的工作人员)，成为办公室或者办公厅某个处室(或科室)的一项日常工作。在这种情况下，本来希冀由行政首长发挥的行政监督和综合协调功能事实上由政府内部的工作人员代替，其权威性和效率性就大打折扣了。毕竟，行政首长协调变成了某处长、科长甚至科员进行协调，在中国现实行政体制中，其效果自然不能同日而语。

二是"机构缺位"。在中国行政体系内部，正式的部门和机构是仅次于行政首长的、最为重要的权力主体。不仅公共政策的基本设计和初稿由部门提出，而且行政首长在协调统筹时，也需要考虑部门的意见和建议，有时甚至需要妥协与平衡。在政策制定以后，还需要部门来执行，其自由裁量权直接影响政策的具体执行办法和操作办法，并影响政策的最终结果。因此，中国行政体系内部的跨部门协调是最常见的，也是最为头疼的事情，而协调的过程其实也是部门之间进行博弈的过程。在这个博弈过程中，不同部门的实力、影响力往往会起到重要的作用。

"市长热线"的权威性减弱与其非正式机构的身份直接相关。首先，"市长热线"并非一个专门的、正式的职能部门，并不能参加正式的市长办公会议，或者政府常务会议这样的核心决策过程。其次，虽然值守和办事人员来自办公室或办公厅，但这其实并非是后者的主要职能和工作，办公室或办公厅的行政领导事实上也无法全身心专注于热线及其有关工作。专门负责接听热线的工作人员还可能因为交流、轮换等因素无

① 王晓燕：《"市长热线"路在何方》，《鄂尔多斯日报》2008年8月19日。

法固定，流动性较大，也必然对工作的连续性造成负面影响。[①] 因此，热线的权威性与市长本人的关注程度高度相关，换句话说，“市长热线”的人格化程度很高，而制度化程度较低。

三是“组织惯性”。热线开通后，“传统型”表达方式中造成梗阻的因素其实依然存在。官僚主义、职能不清、跨部门协调困难这三方面的问题并未因为“市长热线”的开通而得到真正解决。相反，部分官员还可能认为“又多了一些事情”要应对而心生反感。官僚组织自身的惯性非常强大，即使握有巨大权力的行政首长要想革除阻滞也非一朝一夕之功，更何况行政首长本人也只有有限的任期。

正因为如此，2000 年以后，一种新的热线模式——“中控式”热线就逐渐应运而生了。所谓“中控式”，是指将原有的“市长热线”由一个虚置的机构升格为实体机构，赋予其接听、派单、检查、监督和考核之权，并吸纳或整合行业性政务服务热线，变成一个类似“中央处理器”的装置，发挥政府热线“大脑中枢”式的功能和作用。而“市长热线”也就完成了向“市民服务热线”的彻底转变。

在这种模式下，不仅原有的众多政务热线得以归并和整合，由多军种变成了“集团军”，各类需求信息及其反馈情况均进入一个处理器。且“中央处理器”——市民服务热线得以实体化，有专门的机构设置、编制、财政预算、工作职责、监督考核权力，这些因素都增加了它与政府其他部门进行博弈的筹码。在下文对上海“12345”的案例研究中可以看到，正因为上海市的行政首长将“12345”对各职能部门的考核结果纳入部门年度考核，才真正强化了市民服务热线的影响力，而影响力实质就是一种权力。

图 4–3 非常清晰地将“中控式”热线需求表达模式的组织关系描

① 这一点在王尉玲的实证研究中有清晰的表述。见王尉玲：《“市长热线”问题与对策研究：以哈市为例》，黑龙江大学硕士学位论文，2015 年。

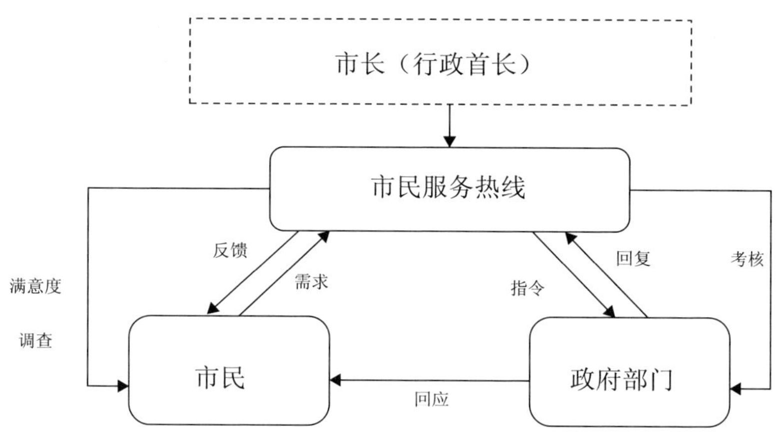

图 4–3　"中控式"热线的需求表达模式

述出来。市民向市民服务热线表达诉求（此时的热线已经被实体化，不同于市长热线），市民服务热线根据需求的性质进行辨别，如果是一般性的信息咨询，则通过电脑内的"知识库"予以当场解答；如果是意见和建议，则记录保存，供有关部门参考；如果需要有关部门解决，则根据职责划分，向负责的政府部门发出处理指令，后者接到指令后在限定期限内完成，然后向市民服务热线反馈，热线然后向市民进行满意度调查，并将结果记录在案，作为对该处置部门的考核依据。所有这些过程全部可以实现"痕迹式"管理，并最终向行政首长负责。

从需求的表达的顺畅性和需求回应的及时性来说，"中控式"表达方式比"市长热线"的制度化程度更高，效率也更高。这是近年来市民服务热线受到诸多好评的根本性原因。在这个制度化过程中，技术起到的始终是辅助性作用，而机构变革、流程再造才是至关重要的因素。这个变革背后正是市场化改革带来的社会参与需求增加，而制度性渠道不足的现实问题。正如有学者指出的，一方面，从计划经济向市场经济的转型过程中，原有高度集权的政治体制和一元化的权力格局被打破，迫切需要扩大化的公众参与和制度化的沟通机制。但另一方面，由于行政体制的惯性以及制度化建设的滞后，中国社会还缺乏完善和制度化的信息沟通机制和利益表达机制，这必然制约了政府工作的效率的提升，也不利于公共服务服务体系收获更多的社会满意度、认可度。此时，建立像市长热线这样的具有强协调功能的互动机制无疑具有缓解政府与社会的紧张状况的功能。①

第三节　上海市“12345”市民服务热线的运行分析

一、上海市“12345”市民服务热线的建设过程

20世纪90年代以来，上海市各部门、行业、各区县结合市民需求和自身业务范围，先后开通了各类非紧急政务服务热线共237条。其中，市区县政府服务热线共192条，委办局部门热线共45条。从热线号码来看，全国统一特服号（以123开头的5位数热线）共25条，地方特服号（以96开头的6位数热线）共15条，其余197条是各政府部门、区县政府公布的咨询、投诉、信访8位数热线。总体来看，这些热线基本覆盖了公共服务的各个领域、行业，成为各个部门、区县、行业对外公共服务的窗口，为方便市民办事发挥了重要作用。但是，市民并没有真正享受便捷的“一站式”服务，这与人们日益增长的物质和文化需要是不相匹配的。主要问题表现在：

第一，热线号码“多而杂”，不便于市民使用。以前，上海市有237条政务服务热线，市民往往“记不住、分不清，难使用”。例如，夜间施工噪声扰民分为有夜间施工许可证的和无夜间施工许可证两种情况。针对前者市民应该拨打环保“12369”投诉，后者拨打城管热线

---

① 陈虎：《政府体制内的制度创新——武汉市市长热线电话的制度分析》，《云南行政学院学报》2003年第4期。

"96310"或城建热线"12319"投诉。市民难以辨别政府部门的职责，难以记住热线服务的内容，市民往往需要拨打多个热线号码，才能找到相关热线服务职能部门，给市民带来诸多不便，无法实现服务型政府的价值目标。

第二，热线分布"散而碎"，资源利用率低。一是热线缺乏统一规划，重复建设，导致财政资源的浪费；二是热线运行冷热不均，资源利用不够充分。如市编制管理办公室、市妇女联合会热线，平均每日来电不到10个。政府的公共资源没有高效服务于广大市民群众，这是一种浪费，不符合高效政府、廉价政府的建设要求。

第三，热线缺乏统筹协调，热线功能被消解。设立热线的最初目的，主要是建立一条政府与市民沟通的渠道，便于市民反映问题、建议和投诉，解决具体的民生诉求。所以，热线具有民意传达、诉求解决、公众参与、监督政府的功能。但是，热线作为政府职能部门的内设机构，受制于条块分割的管理体制和内部自循环运行机制，导致其功能没有充分发挥，甚至被消解。一是由于分属不同条块的热线只负责本行业或本区域围内的事项，遇到跨区域、跨部门的复杂问题时，各部门从自身部门利益出发、各自为政、单打独斗，不肯跨前一步，加之缺乏统筹协调权力，市民诉求更难以协调落实，无法实现"政府整体效果的最优和公共利益整体的最佳"。二是部门热线电话往往由部门设置和管理，其运行过程在部门内部是封闭的，不公开的，因此问题多少、服务如何，只有该部门自己知晓，缺乏一定的外部监督。当市民被"踢皮球"时，也无法求助于其他监督部门。三是众多服务热线之间缺乏统一的服务标准和监控机制，服务质量和水平出现不平衡，影响了市民的整体满意度。

第四，单向供给模式，热线有效供给不足。一是大部分热线以单向供给为导向，而不是以市民需求为导向，没有按照群众需求的实际来统筹服务，无法对整个社会服务需求做出迅速的调整和改进，更缺乏对群众个性化需求的考量，热线服务和市民需求的匹配度不高；二是热线知识库系统滞后，信息更新不及时，市民无法得到及时准确的服务。

总的来说，热线建设了很多，但真正起作用的不多，实际效果差强人意，有的就是“花瓶、摆设”。这直接损害了政府的公信力和群众信任度。虽然上海部分热线实现了整合，如城建服务热线“12319”将本市城建交通系统的16条服务热线统一整合运行，闵行区“962000”整合了区里所有的67个民生服务热线，为进一步整合政府服务热线资源奠定了良好的基础。但是，这些服务热线仅仅局限在本系统、本区域内，并未与系统外的其他热线进行整合，更无法实现全市热线的整合。因此，进行顶层设计，整合热线资源，建立“一号对外”的非紧急类政务热线——“12345”市民服务热线，成为构建人民满意的服务型政府，提高城市治理水平的必然选择。

为了最大限度地方便市民咨询、求助和反映问题，及时解决市民诉求，提高政府办事效率，拓宽公众参与渠道，2012年上海市政府决定建设“12345”市民服务热线，并于2013年1月7日正式运行。该服务热线是非紧急类政务服务热线，主要职责是综合受理和办理市民提出的各类政策和公共信息咨询、生产生活中遇到的非紧急类求助、涉及政府公共管理和公共服务的投诉请求，以及对本市经济发展、社会管理和城市建设等各方面的意见建议。① 市民热线开通后，对其他政务热线资源进行吸纳、整合，对市民较为熟悉、话务量较大的民生热线，采取“双轨过渡，优势互补”的方式，保留“12333”“12319”“12315”等26条全国特服热线。② 目前全市政府服务热线已由2012年的237条减至62条，市民只需拨打一个号码即可链接政府各类服务，实现了“一门式”受理。

---

① 《“12345”市民服务热线今开通》，《解放日报》2012年10月8日。

② 杨金志：《230多条热线，一个号码全“搞定”：上海“12345”市民服务热线电话开通试运行，“一号通”突围“热线困局”》，《新华每日电讯》2012年10月9日。

二、上海"12345"市民服务热线的主要做法

上海"12345"市民服务热线，秉持"便民、快捷、高效"的原则，实行"一号对外、集中受理、多线联动、分类处置、统一协调、限时办理"和"7×24"小时全天候接听的方式，实现了政府服务"一号通"，不仅便捷快速，而且打破了各部门的限制，政府的服务效能明显提高，市民感受度良好。截至2016年6月，市民热线共接听市民电话658万个，接通率（应答率）平均维持在88.75%，咨询类来电当场解答率达85%，按时办结率在90%以上，市民综合满意率90.2%。

第一，建立了高位协调的热线组织机构。热线只是一个平台，具体服务事项的落实完全依靠基层和政府各职能部门。所以，平台功能的发挥，特别是服务政府转变作风、提高效能，取决于平台的协调能力。在市委、市政府领导直接协调下，建立了"领导小组全面统筹、市信访办牵头负责、市政府办公厅协调支撑、各相关部门联动响应"的跨部门工作体系，这是"服务群众和服务部门"模式成功的关键。热线工作体系由市民服务热线领导小组、市民服务热线管理办公室、市民服务热线承办单位以及市民服务热线呼叫中心组成。热线平台直属于上海市人民政府，由市政府市民服务热线领导小组直接领导，热线领导小组是热线工作的决策机构，组长为副市长，常务副组长是市政府副秘书长，副组长包括市信访办主任、市监察局局长、市政府办公厅副主任、市编制管理办公室副主任、市经济和信息化委员会副主任，成员单位总共40家。同时，在领导小组下设常设机构——市民服务热线管理办公室，放置在市信访办内，负责热线日常管理，指导、协调、监督和考核各承办单位业务工作兼领导小组办公室职能。各区县政府、市政府各部门以及提供公共服务的企事业单位等为热线承办单位，具体办理市民来电事项。"12345"市民服务热线作为市政府的公共服务窗口，直接对市长负责，而不是对职能部门的行政长官负责，其对政府各部门主管的热线具有监

督职能。市民服务热线呼叫中心为热线一级工作平台，负责市民电话的接听、记录、解答、受理、转交办、回访、系统开发、数据统计和话务员队伍管理等工作。

第二，形成了规范化的热线管理模式。（1）制度建设的精细化。市民服务热线形成了涵盖市政府文件、热线规章、热线管理办法、热线业务流程与话术、热线岗位及工作职责、内部管理制度等六大类61项规范性文件，确保了热线常态化规范化运行。主要包括：《上海市人民政府关于做好“12345”市民服务热线工作的意见》（沪府〔2012〕85号）、《上海市人民政府办公厅关于印发〈上海市“12345”市民服务热线办理试行办法〉的通知》（沪府办〔2012〕95号）等文件。

（2）工作模式的流程化。市民热线工作模式是：热线呼叫中心接听市民来电后，能当场解答的咨询类事项，依托知识库直接解答；不能直接解答的以及非紧急类投诉请求、意见建议，及时转交相关区县、部门办理答复。各区县、部门及时办理并回复市民，同时将办理结果反馈热线管理办公室。① 热线管理办公室对转交办事项进行跟踪督办，并回访来电市民。在每个环节都有管理标准和办理时限，以实时监督、检验工作人员的工作质量，提升公众对政府公共服务的满意度。市民服务热线运行的整体流程：市民来电→前台登记→后台审核→（转送交办→二级承办部门先行联系）→按时办结→结果反馈市民及热线办→抽样回访→视情督办或发起回访复核→满意度测评→办结。因受理事项不同，设定了咨询类事项处置流程、求助类事项处置流程、投诉类事项处置流程、紧急事项和次紧急事项处置工作流程。为了提高服务质量，还设定了受理质量控制流程和办理质量控制流程。

（3）考核依据的标准化。市民热线执行“1、5、15”热线事项办理时限标准，把方便和快捷最大限度地留给市民，体现服务市民的宗旨。

① 《“12345”市民服务热线今开通》，《解放日报》2012年10月8日。

"1、5、15"限时办理的要求，是依据客观指标考核先行联系率和按时办结率。而满意度评价的要求则是依据市民感受度指标考核满意率。通过标准化的考核，促进服务水平和行政效能的提升。

第三，依托现代技术，建立了热线管理应用系统。"双服务"模式的形成得益于现代通信工具的普及、先进信息技术的广泛运用和大数据时代的开启。先进的信息科技是市民热线功能拓展、服务水平提升、市民参与管理、政府科学决策的重要支撑。目前，市民热线建成了包含媒体接入子系统、信息交换子系统、工单子系统、知识库子系统、质检培训子系统、统计分析子系统在内的综合热线服务管理应用系统，并有电话、传真、官方网站和手机 APP 等受理平台，还有 12 条专线提供业务支撑，已经形成包含数据发布、便民信息、媒体直通、建议收集等多渠道服务功能。其中，最基础的是知识库系统。目前，已形成覆盖政策法规类、问答类、便民信息类、名词解释类、其他类等五大类 20307 余条信息的知识库，知识库报送单位 59 家；最核心的是应用服务层的话务平台和综合业务平台；最为重要的是利用庞大的热线数据推进大数据分析，提升热线辅助决策的智能化水平。

第四，建立了一套科学高效的运行机制。"12345"市民服务热线围绕发现问题和解决问题，建立受理、办理、督办、回访、考核等工作机制。

（1）畅通的受理工作机制。一是热线受理内容广泛，主要包括：解答市民提出的各类政策和公共信息咨询；受理和办理市民提出的涉及政府公共管理和公共服务方面的投诉请求；受理和办理市民生产生活中遇到的非紧急类求助；受理市民对本市经济发展、社会管理和城市建设等各方面的意见建议；协调处理市民反映的重大和涉及多个部门的问题；及时向市政府报告重要社情民意。但是，三类事项不在受理之列，分别是涉及市民人身财产安全，应通过"110""120""119"等紧急渠道求助的事项；涉及军队、武警管辖事项；已进入或者必须经过诉讼、仲裁、行政复议、信访复查复核等法定程序的事项。二是知识库已成为热线受理工作的基础保障。话务员主要依靠知识库在线回答问题，提供咨询服务和查询派单方向，实现准确派单，提高政府服务的有效性。三是在热线电话的基础上拓展了传真、官方网站和手机 APP 等受理渠道，并同民政、电力、水务、公安等 11 家单位建立起了联通机制，与政风行风热线等 5 条政务热线并线运行，不仅扩大了受理渠道，还有效整合了政务信息资源和工作资源，能够形成一定的跨部门协同联动。

（2）高效的办理工作机制。热线承办单位，负责接收、办理市民服务热线转交办事项并及时向热线管理办公室（以下简称“热线办”）反馈办理结果。一是严格执行“1、5、15”办理时限。“1”是指承办单位收到工单后应该在一个工作日内必须先行联系市民；“5”是指一般事项提倡在五个工作日内办结；“15”是指除法定程序规定以外，全部事项应在 15 个工作日内办结。二是积极推进热线办理标准化建设，包括工单回退标准化流程、延期申请标准化流程、办结报告标准化模板。三是科学融合行政资源，以“条块结合、以条为主、区县托底”的办理方式及时回应市民诉求。

（3）严格的督办机制。一是热线办督办工作机制，主要包括：督办催促机制，即对办理期限内的市民重复来电较多的事项，由热线话务员进行系统或者电话催办，要求承办单位及时按期办结；回访复核机制，即通过回访市民，发现承办单位未联系市民或办理不到位、对办理结果不满意的事项，由热线办派发《回访复核单》，要求承办单位在五个工作日内重新处理并反馈；协调督办机制，即上级部门及其领导交办批示事项、跨部门跨地区的、承办部门之间存在推诿扯皮现象、舆论媒体披露事项、办理结果不实以及重复 10 次以上等事项，列入协调督办工作范围。二是“三位一体”行政效能联合监督机制。承办单位在办理市民来电事项过程中存在推诿扯皮、不履行职责、虚报、瞒报问题，以及被热线办督办拒不改正且无正当理由等情形的，纳入市热线办、市政府督查室、市监察局"三位一体"的行政效能联合督办范围。通过会商工作机制，定期召开工作例会，梳理、分析承办单位及其工作人员在办理来电事项中存在影响行政效能以及相关政风行风问题的投诉、举报，视情况采取上门联合督办、联合派发督办单、制发专项联合通报或者分别启动政府督查程序、纠风处置或者效能监察程序。其中，市民服务热线办主要负责市政府工作要求、热线转交办事项以及跨部门、跨系统事项的办理、落实。市政府督查室主要负责领导交办、批示、市政府专题会议决定事项的办理、落实。市监察局主要负责办理热线来电事项中存在的推诿扯皮、敷衍塞责、不作为等行为的行政效能监察。三是报请市政府领导分级分工协调机制。针对监管部门职能交叉、监管边界模糊空白、缺少规范标准、牵头部门或职责难以明确以及热线办、"三位一体"督办难以解决的事项，由分管市领导协调或热线领导小组领导与分管市领导共同协调。其中，属于市领导分工联系的范围，报请相关的分管市领导协调解决。跨市领导分工联系范围的事项，报请市民服务热线领导小组领导与分管领导一起协调解决。例如，2013 年热线办会同政府督察室对商业预付卡管理、机动车检测站管理等六类疑难复杂问题进行了专题调研，根据分级分类的办理体制提交给市分管领导协调，从而推动了相关问题的解决。

（4）严密的回访工作机制。一是通过电话回访来电市民。首先是针对"1、5、15"操作规范的执行情况进行回访，主要涉及承办单位是否在一个工作日内先行联系市民情况，并纳入每月的通报和年度考核。其次是针对承办单位的办理情况进行回访，主要涉及承办单位在办结市民服务热线转交办事项后，根据市民对办理结果、办理效率和办理态度的反馈，得出综合满意率指标，办理结果占比 50%、办理效率占比 30%和办理态度占比 20%。二是市监察局专网进行满意度测评。市监察局通过专网系统对已办结工单中 15%电话回访以外的全部办结工单，通过语音或短信进行满意度测评。三是市民对热线办理事项在网上进行评价。

（5）严肃的绩效考核机制。针对市政府各委办局党政主要领导的绩效考核为 10 分 /100 分，各区县党政主要领导的绩效考核为 3 分 /100 分，对于各公用企事业单位，不进行绩效考核，仅对满意度情况进行通报。

三、上海“12345”市民服务热线与需求表达创新

市民热线紧紧围绕市政府关于“服务市民的重要平台、检验政府工作成效的重要窗口”的工作定位和“服务市民，服务政府转变作风、提高效能”的工作要求，逐步形成“双服务”模式。上海“12345”市民服务热线“双服务”模式是区别于其他城市市民热线的典型性标志。①

第一，市民热线是服务市民的重要平台。市民热线坚守“市民至上、倾心服务”的工作理念，秉持“便民、快捷、高效”的原则，整合政府资源，为市民提供了直接的、高效的和标准的政务服务，逐步地成为服务市民的重要平台。

（1）建立了方便不同群体的热线综合受理平台。经过系统升级，热线构建了电话、传真、官方网站和手机 APP 等“四位一体”受理渠道，为市民投诉、求助提供便利，初步实行了政府服务“一号通”。目前，热线座席由成立之初的 200 席、话务人员 460 人扩大到 235 席、581 人，运营中心达到日平均呼入量 9000 个的接电能力。热线网站、手机 APP、区网格化“双向转送”和市政府政务大厅受理等多渠道受理日均处理能力 400 件。

（2）准确应对社会需求，提高服务的精准度。市民热线积极研发信息服务新平台，开发上线知识库热点专题与官网同步的功能，主动向市

---

① 汤啸天、李晶：《向“双服务”迈进的上海市 12345 市民服务热线》，《检察风云 · 创新社会管理理论》2015 年第 2 期。

民推送热点政务信息，提高服务的精准度。目前，有热点专题 11 项。

（3）为民众表达利益诉求、参与城市治理提供了重要的渠道。传统的公共行政模式和公共服务模式是"自上而下"和"供给主导"型的，群众处于被动服务的地位。但在服务热线模式下，群众通过市民热线电话或网络平台，反映情况、表达意见、提出需求，主动性极大提高。同时，政府通过热线倾听民意、了解民情、集中民智，采取各种方式，对群众做出回应，形成了良好的政民沟通机制。

第二，市民热线是检验政府工作成效的重要窗口。服务政府是市民热线"双服务"模式的特色功能。服务政府是指市民热线以服务全市中心工作为主线，聚焦问题，促进政府职能转变，促进政府工作效率的提高，促进政府科学民主决策，推进服务型政府的建立以及城市治理现代化的实现。

（1）辅助政府科学决策。热线积累大量市民诉求，通过大数据分析整理出第一手信息在第一时间反馈给政府决策层，为党委政府决策提供参考依据，确保党委政府"耳聪目明"。根据市政府常务会议要求，市民热线成立了大数据分析专项工作团队，负责市民热线数据研发。热线通过对来电及办理情况的分析，重点聚焦政府管理缺失空白点、职责交叉、政策不落地等问题，有效促进政府部门相关工作机制和社会管理方式的优化调整。如针对窨井盖多头管理问题，市建委利用热线的相关数据，与相关部门建立了联合工作机制，形成了针对性的处置机制。

（2）促进政府转作风。一是热线可以记录各部门工作绩效的客观指标，纳入绩效评定体系，夯实服务市民的主体责任。二是热线可以搭建各方监督和推进政府工作平台。公众通过电话或网络平台，反映政府部门、公共服务行业工作作风、服务水平、服务效能，适时提出批评、建议、检举、揭发、申诉、控告等，并实施热线事项办理过程和结果的网上公开，实现了办理监督的常态化和透明化，促使部门和单位的工作人员增强服务意识，转变工作作风，提高工作水平。

（3）聚焦问题，提升行政效能。市民热线平台可以通过督办协调等机制，聚焦问题，不断提高行政效能。市民热线每年发现和上报市政府一批突出问题，使热点、难点问题得以解决或有效缓解。例如，2015年市民热线围绕市委“补短板”工作任务，积极配合做好交通大整治和“五违”整治两项重点工作。交通大整治工作开展以来，热线共收到有关交通管理的来电事项13.7万件，其中咨询类占71.2%，投诉举报类占15.3%，求助类占10.0%，意见建议类占3.1%。热线接到有关违法建筑的来电共计4.6万件，其中投诉举报类占90.2%，咨询类占4.2%，求助类占5.1%，意见建议类占0.2%。面对交通整治工作引发的大量咨询类来电，热线不断完善政策口径，积极做好解答工作，热情为群众答疑解惑，主动做好疏导解释工作，使热线平台成为整治行动的政策宣传员与矛盾缓冲阀。面对市民关注的“五违”投诉举报事项，针对重点区域和热点问题开展分析研判，及时向市领导和相关部门报送动态信息，为整治行动提供参考和依据。热线办还针对来电市民的“不满意”事项，聚焦政策空白、职责交叉和职责不清事项、推诿扯皮、不作为乱作为等，主动跨前协调督办了青浦区青松路夜宵广场等120多件老大难事项，帮助市民切实解决投诉难题，推进整治工作取得实效。同时，热线主动做好和市公安局等单位的对接工作，优化来电处理流程，完善考核体系，加强对恶意来电的甄别处理，为职能部门开展工作提供支撑①。

因此，可以说上海“12345”市民服务热线平台是公众服务需求表达和参与城市治理的重要渠道，也是转变政府职能，建设服务型政府，提升城市治理水平的重要路径。

① 上海市“12345”市民服务热线管理办公室：《2016年上半年12345市民服务热线工作情况报告》，2016年7月27日。

第四节　上海"12345"市民服务热线面临的问题

上海"12345"市民服务热线的工作成绩得到市民的认可和承办单位的认同，取得良好效果。在2016年"零点调查"对332个地级城市的"12345"政府综合服务热线的神秘客调查中，上海排名由2015年的第15位上升到2016年的第1位。但是，在精心服务市民诉求、精准服务政府决策等方面仍存在一些不足。

高品质的服务供给不足的矛盾。上海市民热线同样存在有效供给不足、服务不够精准的问题。

第一，热线容量不够，接电能力不足。上海"12345"市民服务热线开通以来，每日来电量(呼入量）不断攀升,2013年为3200多个/日，2014年为4200多个/日，2015年为6140多个/日，2016年上半年为9236个/日，但与其他国际大城市的市民热线来电量相比，上海市民热线仍有较大差距：香港特别行政区（人口规模700余万人）"1823"电话中心10万个/日、美国纽约市（人口规模800余万人）"311"热线6万个/日、台北市（人口规模600余万人）"1999"市民当家热线1万个/日，如表4–3所示。

表4–3　国际大城市市民热线日均呼入量（2015年数据）

城市	人口（万）	热线	日均呼入量（万个）
香港	700	"1823"电话中心	10
纽约	800	"311"热线	6
台北	600	"1999"市民当家热线	1
上海	2400	"12345"市民服务热线	0.6

从数据上来看，上海市民热线的社会知晓度在逐年上升，但与上海现代化国际大都市的城市定位是不匹配的，也远不如其他国际大城市的

市民服务热线。

第二，热线接通率反降，服务质量有待提高。2012 年，上海“12345”市民服务热线话务员有责投诉率高达 5%，有责退单率高达 10%，市民来电平均处理时长 9 分钟，经过严格培训和质量控制分别下降至 2015 年的 0.03%、7%、6 分半钟。从总体上看，市民热线的服务质量在稳步提升，但是热线接通率反降。目前，上海市民热线的接电能力 9000 个 / 日，接通（应答）率平均为 88.75%，但是随着来电数量逐年增加，接通率呈下降趋势。2012 年为 93.49 %，2013 年为 91.98 %，2014 年为 92.61 %，2015 年为 89.33%，2016 年上半年为 81.35%，[①] 如图 4–4 所示。

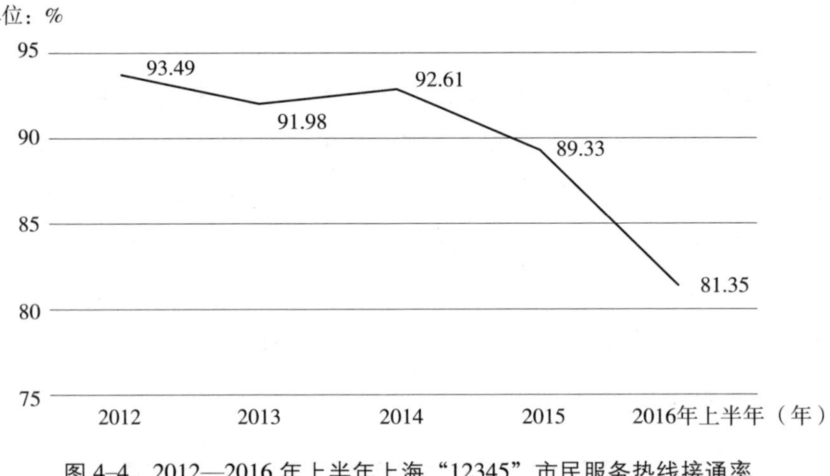

图 4–4　2012—2016 年上半年上海“12345”市民服务热线接通率

热线接通率的下降意味着市民满意率的下降。2015 年热线市民综合满意率为 91.3%，而 2016 年上半年下降为 90.2%。[②]

从近几年每日来电量呈几何级数增长、市民热线知晓度的上升趋

① 上海市“12345”市民服务热线管理办公室：《2016 年上半年 12345 市民服务热线工作情况报告》，2016 年 7 月 27 日。

② 上海市“12345”市民服务热线管理办公室：《2016 年上半年 12345 市民服务热线工作情况报告》，2016 年 7 月 27 日。

势，以及市民对公共服务的热切期待来看，可以预见热线将会迎来更高的话务量，这将给市民热线工作带来新挑战，无论是来电数量还是话务质量仍有上升空间。

第三，知识库建设滞后，与市民信息服务需求不匹配。知识库是"12345"市民服务热线解答体系的基础工程，是政府为市民提供政务咨询和服务的前提条件。目前我国各地的热线知识库建设普遍存在标准不统一、规范化程度不够，系统性欠缺、信息碎片化，检索方式落后、智能化水平不高、知识库重复建设，资源浪费严重等诸多问题，难以满足市民的信息服务需求，难以适应和支撑热线快速发展的态势，与智慧城市建设和服务型政府建设的智能化要求相距甚远。例如，2015年4月"零点调查"针对全国333个地级城市的"12345"政府综合服务热线进行了神秘客调查，发现能够"清楚解释政策法规"的热线仅占27.2%。①2015年上海"12345"市民服务热线共接听市民电话200余万个，当场解答咨询102万个，当场解答率51%。②这说明知识库建设的滞后性制约了热线精准、及时回应市民的能力。从当前实际情况来看，热线自建知识库已难以适应市民来电量的持续增长的新形势和市民服务需求标准不断提升的新要求。

第四，队伍的不稳定，影响服务质量，制约热线发展。国内特大城市的热线平台工作人员队伍通常在400—500左右，主要通过政企合作和购买服务的方式实现，个别城市平台的工作人员年均流失率已达到100%，严重影响平台服务和运行质量。平台工作人员追求个人发展，企业追求利润最大化，政府追求社会效应最大化，这是客观存在的。挑战在于政企合作模式要能在有限的财政预算下，平衡好有效监管和有效

① 《全国首次城市12345公共服务热线服务排名》，2015年4月20日，见http://news.sina.com.cn/c/2015-04-20/193431739448.shtml。

② 《2015年上海市电子政务工作报告》，2016年2月26日，见http://www.shanghai.gov.cn/nw2/nw2314/nw2319/nw11494/nw12331/nw12343/nw39416/u26aw46640.html。

激励的关系，要解决好工作高要求与员工收入不匹配，个人发展方向不清晰的问题，以稳定话务员队伍，提高话务质量。

第五，热线服务的主动性、个性化做得不够，市民体验不高。目前，热线服务方式主要是被动式的一对一的应答和工单的接转，而通过网站和手机主动向市民提供大家普遍关注的信息则不多，对市民个性化需求的回应也不够，特别是在满足特定群体如聋哑人的特殊需求方面也不充分，市民体验不高。

二、体制分割与需求回应之间的矛盾

现代服务型政府内在需要快速的回应机制和反馈机制，能够高效、精准地回应市民、社会和市场的公共服务需求。首先，要有便捷畅通的民意反映渠道。其次，主动及时回应市民的民生需求，解决实际问题，提供让市民满意的公共服务和产品。但是，我国行政管理存在“横、纵不协同”的缺陷和条块分割、条线分离、管理分段的体制机制弊端，存在着上下阻隔、信息孤岛、简单粗糙、服务不足、标准缺失、缺少制衡、体内循环等问题，往往导致政民沟通不畅、监管出现空白或交叉重叠，出现推诿扯皮。虽然，热线着力打造政民沟通的桥梁和联动治理的机制，但是，政府回应力依然不强。

第一，政务信息系统的碎片化成为民意表达的瓶颈。热线系统承载市民咨询、救助、投诉和建议的受理、办理、反馈、回访和统计等流程，承担着民意诉求表达、公众参与社会治理、监督政府等重要功能。这就要求该系统要“横向到边、竖向到底”地贯通各级政府和各部门的办公系统。但现实状况是政府各部门都有一套办公系统，且互不相连，形成信息孤岛，制约了平台答复市民的能力，导致民意表达不够畅通。如果政府对群众所表达的需求没有及时回应，不仅服务热线的权威性和有效性会大打折扣，还会引发群众对政府公信力的质疑和不满。

第二，大数据分析能力不强制约了政府科学决策的水平。服务政府决策是市民热线重要职责，但是总体上看，市民热线大数据分析团队建设和分析能力是不足的。近年来，市民热线也发现了一些政府职能部门工作中的问题，也形成和反馈了一些数据资料，但因缺少GIS地理信息系统，一些热点、难点事项无法智能标识，数据的精确性和完整性还不够，规律问题的查找和分析研究还不够，无法直接推送给各职能部门使用，也不利于问题的批量解决，制约着热线发现问题、分析问题和解决问题的能力，特别是利用大数据分析，辅助政府决策的能力有待加强。

第三，联动协调机制运作受阻，制约了解决问题的效果。市民热线平台的一大突出优势在于整合资源、联动协调，提高行政效能。但是，实际推进中障碍重重，实施效果大打折扣，制约了政府回应市民的效果，损害政府的公信力。

（1）市民热线办的机构定位不利于监督协调。国内各城市的平台管理机构从属于不同的部门，或是政府办公厅或是信访局或是监察局，管理机构的工作人员身份或是公务员或是事业编制，这都会影响平台的决策咨询辅助功能的发挥、对外协调力以及财政保障等。按照权责一致的原则，平台管理机构应该直接隶属于市政府，但受编制所限，这一问题短期内难以突破。目前，上海"12345"市民服务热线办挂靠在市信访办。

（2）市民热线平台的协调权需要制度保障。要保证正常派单，平台要做大量的协调工作，而依赖政府主要领导的重视和授权，非常态之举。缺少制度保障将使派单都无法完成、办理无法到位，久而久之会侵蚀平台和政府的权威性和公信力；而与职能相匹配的监察、考核、问责职权分散于不同的部门，如何整合是重大挑战。

（3）承办单位协调配合的力度不够。市民热线的联动协调功能取决于承办单位跨前一步、主动担当，积极配合协助。市民热线强调事中和事后监管，要求主动发现问题和解决问题，其工作触角必然延伸到政府各部门，触动了一些部门利益或地方利益，必然会产生局部利益与整体利益的冲突。主要表现是随着市民热线的实施会导致各个部门工作量的直线上升并影响其最终绩效评估，使得部分政府内部产生抵触情绪，部门配合度不高；或会导致地方利益受损，使得一些既得利益者不配合热线工作。例如，根据上海“12345”市民服务热线办公布的2014年度《“12345”市民服务热线数据分析报告》显示：2014年市民投诉举报类来电中，违法建筑的投诉总量排名靠前，由2013年的34028次上升到2014年的59998次，涨幅达76%，而且在每个区的投诉排名中居首位。来电中有许多是反复投诉同一处违法建筑的。这说明某些管理部门、管理人员“不作为”或“软作为”，并没有在第一时间对投诉的违法建筑依法处理；作为土地出租方的村委会，没有第一时间报告和劝阻，这就导致市民的满意度下降，“不认可解释”比例在上升。这些数据引起市委市政府的高度重视，成为2015年下半年全市启动区域环境综合整治的重要依据。

（4）市民热线平台与网格化平台融合力度不大。目前，市民热线接到的市民诉求，主要通过二级承办平台（所有市政府组成部门、各区政府和国有企事业单位为热线二级承办平台）承接工单，按规定办理并回复市民。这种层层“转交办”模式，效率偏低。挑战在于如何实现热线平台与网格化平台的“直通车”，推进城市管理两大平台深度融合。

由于体制机制等原因，一些职能交叉、管理空白的事项，如非市政道路管理问题、取消政府定价后物业收费上涨问题、改变房屋使用性质无证经营问题、单用途预付卡问题、医院“黄牛”拉客宰客问题等，成为市民热线推动办理的难点。

第五节　坚持需求导向，优化上海"12345"市民服务热线的对策思考

要把"12345"市民服务热线真正打造成人民满意的服务型政府建设的平台，就应该坚持需求导向，实行服务理念、服务角色、服务方式的变革。其核心是坚持以人为本理念，优化公共需求的合理表达机制以及城市治理的公民参与机制，提升服务能级，满足人民日益增长的公共服务和精神文化需求。

一、坚持需求导向的服务理念

构建价值导向型的市民服务热线已经成为政府公共事业类呼叫中心发展的基本趋势。上海市民服务热线应该从效率导向型向价值导向型转变。也就是说无论热线的对外服务还是内部管理都要体现以人为本的理念，强调公共服务需求的品质，把市民服务热线打造成为上海精神和品牌的象征。只有热线价值体系的永续积淀、企业文化的深入人心、技术的升级换代，才能走得更稳、走得更久。尽管接通率、办结率等运营效率是衡量服务水平的重要指标，但不能一味强调，因为办理过程本身就是服务，而且除了个案的处理，更重要的是批量化解决问题，从源头预防问题。这是公共服务的更高境界。

作为以全心全意为人民服务为根本宗旨的中国共产党，"服务"是其本质属性和鲜明标志，也是最重要的执政方式。党的十八大报告强调，"以人为本、执政为民是检验党一切执政活动的最高标准"①，并提出要"建设职能科学、结构优化、廉洁高效、人民满意的服务型政

① 《十八大以来重要文献选编》上，中央文献出版社2014年版，第39页。

府”。[①]2015 年 12 月 30 日，中共中央、国务院发布《关于深入推进城市执法体制改革改进城市管理工作的指导意见》（中发〔2015〕37 号）指出：要构建权责明晰、服务为先、管理优化、执法规范、安全有序的城市管理体制。上海市也明确提出到 2020 年基本建成现代化国际大都市，到 2040 年建设成为“追求卓越的全球城市”，这种高起点的城市定位，也决定了上海市必须加快建设服务型政府，把维护、实现和发展好最广大人民群众的根本利益作为一切工作的出发点和落脚点，积极回应人民的需求，为全社会提供优质高效的公共产品和服务，不断增强全体市民和国内外来沪人士的归属感、认同感和幸福感。

其实，从“12345”市长热线升级为“12345”市民热线，虽然一字之差，却凸显出政府转变职能，全心全意为人民服务的决心。因此，上海市民热线要始终坚持“市民至上、倾心服务”工作宗旨，履行“日夜倾听、有呼必应”客服承诺，真正承担着听民意、察民情、解民忧、聚民心的功能。同时，市民热线还要牢固树立“追求卓越、精心服务”的理念，把“海纳百川、追求卓越、开明睿智、大气谦和”的上海城市精神融合在热线工作中，不断提高热线的价值含金量，真正使之成为上海城市精神和城市品质的代言人。让“12345”市民热线，成为人们喜欢上海的理由。

二、探索需求双向交流机制

目前，市民热线主要是政府单方、单向为市民提供服务，往往处于被动服务的局面，缺乏普遍性的指导，公共服务成本高，效率低。因此，市民热线必须改变服务方式，向互动、联动、主动式转变，增加政府服务供给的便利性、主动性、锚向性和普遍指导性，推进“互联网 +

① 《十八大以来重要文献选编》上，中央文献出版社 2014 年版，第 22 页。

益民服务"行动，在市场失灵的地方发挥政府公信力的作用。

公共服务精准化关键是要以群众的需求为导向，准确把握和回应群众的需求，并适当提供差异化的服务，增强服务的匹配性、锚向性和主动性。根据2013年以来"12345"热线统计信息可以得知，来电内容诉求主要是咨询类，将近占据热线来电总数的50%；数量占据第二位的是求助类，大约占据热线来电总数的20%。从这些数据可以得知市民咨询需求量相当大，也反映了政府在政务信息公开方面亟待加强。因此，热线平台应该通过热线网站公开知识库的内容，便于市民"按图索骥"，找到需要了解的政策和公共服务信息，实现"自我解答"的自助化服务；或者在网站上线知识库热点专题，主动向市民推送普遍关注的热点政务信息；或者通过手机短信向有需求的来电市民进行点对点推送政务信息，开展精准定制服务；或通过热线微信公众号向不特定的人群推送重大事件、重大政策，重大紧急消息、城市临时性管制措施等即时信息，提高政务信息服务的精准度和广泛度，把市民热线打造成为政务舆情回应的平台。

利用现代科技创新热线工作方法和服务模式，打造涵盖电话、网络、移动通信一体化的综合性受理平台和全方位诉求投送渠道，满足不同年龄层次、不同文化背景市民的政务类服务需求，提高市民体验。特别要重视服务反馈渠道建设，了解市民的真实意见，进而改进服务方式。例如，可提高电话回访率或建立市民热线微信公众号，使之成为市民热线发布信息的新形式，开展政民互动的新渠道和提供公共服务的新平台。另外，针对一些聋哑人群体，开发手语视频受理平台，不断扩大热线服务的覆盖面。

市民热线是城市治理的重要一环，起到协同治理的作用。因此，市民热线不能只是将市民作为服务的"顾客"，而应该发挥市民主体作用，调动其积极性和主动性，参与城市治理，参与城市公共政策的制定中来。市民也应该提高公民意识，更多地从关注自身利益的事情转移到关心公共利益的事情上来。市民热线承办单位也应该树立“群众的事就是我的事”责任意识，发扬“热线工作就是我的工作”的协作精神，认真解决群众反映的问题，不断提高人民群众满意率。

三、完善协同治理的运行机制

当前，要加强市民热线与紧急类热线、企业热线、城市综合管理网格化平台和其他政策性平台的协调配合，加强后台监管，共享数据信息，逐步建立全市大热线工作格局。

第一，要落实“双向转送”机制，大力促进市民热线平台与网格化平台的全面融合，充分发挥联勤联动效应，加快推进“1+1+1+X”区县城市综合管理工作体系。“双向转送”机制，是指“12345”工作人员认为必须现场确认或协调处理的，可直接把工单向问题发生地的区城市网格化综合管理中心交办，并由所在网格中心办理人员直接向市民反馈处理结果；网格化平台也可以将市民向网格员反映的咨询、求助、投诉、建议类的问题，转发至“12345”服务平台受理。这就把过去单向层层“转交办”模式，改变为双向即时转送的“直通车”模式，进而破除条块分割、信息孤岛等城市管理的弊端，增强发现问题、解决问题的工作合力。

第二，要完善政务数据资源的共享与应用机制。政务数据资源应该坚持以共享为原则，不共享为例外，实现市民热线与政府各工作部门之间的数据共享，以更加便捷地回应、解决市民的要求，发现政策制定和政府工作中的瑕疵。具体而言，应该加强与市政府办公厅信息公开处、电子政务办、“中国上海”门户网站、“上海发布”等平台加强合作，推进政务资源库关键数据与热线共享；应该做好“12345”市民热线中的咨询与政府信息公开工作中咨询类申请之间的衔接和整合，分流出大量的咨询类申请，降低政府信息公开的咨询量和申请量，提升公众满意度；应该做好与上海市信用平台的合作，适时推出法人和自然人信用查询功能，助推信用体系建设。

值得注意的是，加强协同治理，一定要平衡好市民热线建设与职能部门专业性、能动性的关系。既要保障政府管理的整体性、标准的统一性、治理的系统性，又要充分尊重各单位专业性。不仅给市民以优质服务，也要打造公正的测评系统，联手合作，实现"案结事明"，严防错把手段当作目的而陷入形式主义的泥潭。

四、提高需求回应的标准性和规范性

现代性管理需要严格的规范和统一的标准。这不仅有助于提高组织内部管理的科学水平和实际绩效，还能够减少行政自由裁量权造成的随意性和人治因素，增加行政透明度，从而提升政府工作绩效和服务水平，塑造良好的服务形象，收获市民的满意度。① 作为一个越来越庞大的公共服务体系，"12345"热线必须不断提高其运行的规范化和标准化程度。

第一，建立上海市统一的标准的智能政务资源知识库，提供精准服务。精准服务、精准管理都离不开精准保障。一流热线需要一流知识库的支撑。纽约"311"热线的成绩表明，智能化政府资源知识库是提高政府服务质量和效率的基础工程。上海市民热线要达到"国内领先、国际一流"的服务水平，就应该坚持共建共享原则，整合政府资源，加快构建统一的、标准化、智能化、普惠化政务资源知识库。目前，在智能化政务资源知识库的建设上，"中国上海""上海发布"也做着类似的工作，为了避免重复建设，加强工作的权威性，当务之急是整合资源，形成明确建设方案。建议由市政府办公厅牵头建立机制，制定标准，分

① 曹现强、顾伟先：《政府服务热线标准化与整体性政府的构建——以济南市12345热线为例》，《公共管理与政策评论》2014年第3期。

步推进；市经济和信息化委员会牵头做好先进技术的推荐及安全评估工作；各级政府部门和公用企事业单位为信息提供的责任主体，并接受考核；热线平台共同参与标准制定和运营维护工作。

突破信息孤岛，实现数据共享、协同应用、智能服务是智能化政务资源知识库建设的基本原则，关键是要实现知识库系统与热线工单系统的智能融合，提供智能服务。一是要实行智能提示。对热线工单系统进行改造，使受理事项和信息一一对应，录入关键词时，系统将智能提示责任单位和相关知识点，实现模糊查询，缓解窗口服务压力，提升热线服务质量。二是要实行智能标识。整合 GIS 系统图层资源，对安全生产、城市顽症、金融欺诈等重点、热点、难点问题进行智能标识，形成热点图直观展示，并直接推送给承办部门处理，实现有效预警，提高热线发现问题的能力。三是要实行智能推送和智能导航。将市民查询的公开信息及求助、投诉的办理信息，智能推送至市民手机 APP，并提供智能导航等多种便民服务，吸引市民使用，实现话务分流，释放热线受理的潜能，使市民切实感受到便利和实惠。

第二，对标国际水平，推进热线标准化管理。当前，上海以规范化建设为抓手，既要对标《政府热线服务规范》的国家标准，还要对标先进的国际水准，推动市民热线服务标准化体系认证工作，形成具有上海特点的热线服务标准，以标准化的管理举措，保障市民热线的品牌形象和服务质量。

一是要完善服务通用基础性标准，构建完整的知识库体系。首先要确立信息入库范围和标准。实现责任清单、权力清单、法人库等全部政务服务信息的应纳入尽纳入。其次要明确信息结构要求。各部门应该完整提供承办部门、服务标准、办事指南等内容，并提供解读。最后要明确知识库更新维护标准。一方面要进一步完善热线的“查无纠错”自我成长机制(话务员在使用知识库中，把发现的信息缺漏和错误，形成“查无”和“纠错”两种工单，交由承办单位办理和更新并给予话务员奖励)，确保了在库信息的准确性、有效性，形成弹性扩展的知识库；另一方面要严格按照《上海市政务数据资源共享管理办法》的规定，当本部门资源目录要素内容发生调整或可共享的政务数据资源出现变化时，行政机构应当在两个工作日内，进行资源目录的更新操作，并与热线知识库同步更新，确保数据信息的及时性和一致性。例如，可把新闻发布会、新政策法规等内容编写成新的知识点，及时在市民热线系统及相关渠道平台更新。

二是要完善服务提供标准，形成规范的业务手册。(1) 要规范应答标准、形成"一问一答"形式的接话模板，统一诉求回复口径和标准。(2) 要规范业务目录，根据业务目录树，实现市民诉求的准确分类和快速转办，督促职能部门依职解决市民诉求。(3) 实现受理查询流程的标准化与全流程的可视化，让市民方便、快捷地查询到处理进度、处理过程和处理结果。(4) 要完善办理流程标准，形成业务受理、跟踪督办、处理反馈、市民回访、监督考核、制度改进的全过程"闭环"管理机制，做到无缝衔接。增加"制度改进"环节，有利于热线平台在大数据分析基础上，总结规律性问题，并提出制度改进的建议，促进政府体制改革，力求从源头解决问题，最终实现从发现问题、分析问题、解决问题到源头防控问题的转变。(5) 要细化办理标准。主要针对市民"不满意件"处理难的问题，一个建立不满意件分类处置标准。可将群众不满意的办理事项分为"应落实而未落实到位的""部门推诿，敷衍塞责的""当事人诉求没有政策依据的""因客观原因，目前办理条件还不具备的""要求过高，无法办理"等情况，分类再处理，务求实效，提升群众满意率。特别是针对"当事人诉求没有政策依据的"，相关部门要认真做好解释疏导工作，平衡好职责法定和服务市民的关系。(6) 建立督办案例集和案例库，加强典型案例分析，总结各级承办单位办理工作经验，建立标准化办理模板，推进全市办理一体化水平。

三是要逐步完善服务保障标准，即要明确人员、岗位、薪金、资金、设备、信息技术标准，并保持与市民热线发展同步提升的机制。

五、提高需求回应的主动性和精确性

循数管理包含三个主要环节：一是收集数据，即要建立收集网络，保证数据质量；二是分析数据，即要通过大数据分析找到真问题，研究新政策，评估政策绩效；三是公布数据，接受社会监督，鼓励公众参与，推动政策复制，调动政策竞争。① 显然，上海市民热线在数据分析和数据公布方面还有待加强。

（1）健全热线平台舆情监控和预警机制，实施精准识别，着力打造舆情资政和安全风险监测平台。一是实行大数据舆情挖掘，对市民反映的带有普遍性、超前性的问题深入系统整理，提炼出舆情动向，精准掌握社会舆情，着力打造舆情资政平台，发挥“晴雨表、检测仪”的作用。二是助力城市社会稳定风险评估，通过信息数据的整合分析，对社会热点和突发事件进行风险预警监控，特别是在重大政策出台、重点项目实施之前，开展社会风险评估，把热线建设成为城市运行安全风险监测平台，发挥“千里眼、顺风耳”的作用。

（2）健全热线平台辅助决策机制，实施精准管理，着力打造智库研究平台。一是要加强与大数据分析公司的合作，引入专业力量开发热线数据资源。市民热线与大数据分析合作成为当前趋势。纽约“311”热线与香港“1823”电话中心均与大数据分析公司进行深度合作，共同挖掘来电数据中的重要信息，在提升热线效能、发现社会热点、反应民情民意方面发挥着作用。例如，纽约“311”热线利用大数据分析技术对犬吠投诉相关数据的深度挖掘，确定了犬吠扰民的标准为犬吠 10 分钟以上即为扰民，而夜晚则为 5 分钟，帮助纽约市长对犬吠扰民进行修

① 涂子沛：《大数据：正在到来的数据革命》，广西师范大学出版社 2012 年版。

法。二是应当加强热线数据分析研究和结果运用，实现热点预测、趋势判断和深度分析，提升热线发现问题和服务决策的能力。即要有效利用大数据的相关性进行分析、预测，善于从市民诉求和办理结果等信息中找到城市管理的症结和规律，梳理出政府工作的薄弱环节以及体制机制问题和政策问题，利用大数据实施靶向治疗，精准施策，准确回应市民真实需求，聚焦城市管理的体制机制变革，批量化解决问题，实现从解决一件事向解决一类问题的转变，切实解决城市管理难题，以实际成效取信于民。三是要提升热线辅助决策的智能化水平。应拓展GIS地理位置信息系统（GIS系统可以有效地将市民拨打热线的情况记录、标记在地图上，通过地图上不断积累的信息和数据，从而实现对一些非常规事项进行预测）统计分析和应用功能，实现对大批量市民诉求的高效统计和聚类分析，建立适应上海市特点的市民诉求波动模型，通过数据中发现热点、难点问题，以文字加可视化图表的方式直观呈现，并与高校、研究院等专业机构合作，形成深度分析报告，辅助市府决策。

六、提高需求回应的监督体系

第一，健全激励和约束机制，实施精准考核，着力打造绩效考核平台。一方面，热线平台上有海量的反映各部门工作绩效的客观指标，把其纳入绩效评定体系，有助于提高各政府部门为民服务的主动性，夯实政府各部门为民服务的主体责任。应把热线办的人工回访指标、手机和网站受理事项的自动测评指标和监察局组织的满意度测评指标，纳入考核指标，确保测评来源的广泛性。

另一方面，要细化量化优化考核指标，提高考核的精准度。应进一步优化热线绩效考核加减分细则，通过加减分项目，激励认真履职和勇于创新的部门，惩戒推诿扯皮和谎报瞒报的行为，进一步完善热线考核体系；应进一步优化人工回访考核指标，把市民对热线办理事项的反馈意见，作为政府职能部门绩效考核的依据，创新政府绩效考核，推动社会治理科学化，把对政府工作的评价权交给群众，使得人民群众的意见成为评价政府工作的重要依据，倒逼政府依法行政和提高行政效能。

更加重视社会对市民热线满意度测评。作为沟通市民、服务市民的渠道，市民热线的绩效考核不是以利润为标准，市民满意度才是衡量绩效的主要指标。市民热线满意度评价，不只是对热线及其承办部门效能的评价，还是对政府整体运行状况的一个总体评价。当前要进一步优化市民满意度的考核内容，既要注重服务过程考核，考量按时办结等要素，也要注重办理结果考核，考量解决率等要素，防止事项“空转”。当然，也要避免因片面理解群众满意度考核工作而反复致电、反复询问市民等“过度服务”的现象。市民满意度主要取决于服务态度和问题的解决程度。

同时要重视考核结果运用，不断增强热线监督和促进政府效能提升的功能。应该提高市民热线工作在政府整体工作绩效考核的比例，并把考核结果充分地运用起来，发挥考核“指挥棒”作用，着力打造绩效考核平台，将热线作为监督政府绩效的有效途径和有力手段，引导领导干部把主要精力放在服务民生，加强管理上。

第二，建立“热线”+“问责”机制，实施精准问责，着力打造监督问责平台。建立市民服务热线“确责机制”是率先建成法治政府、服务型政府的必然要求。它可以有效解决行政效能低、为官不为、推诿扯皮以及市民诉求无法及时解决，市民满意度不高等问题。

固化“确责机制”，要加快出台《上海市“12345”市民服务热线工作责任追究办法》，依法明确对推诿、退办、弄虚作假、重复投诉等情况以及不作为、慢作为、乱作为等未依法履职的，进行问责。

厘清责任边界。针对目前政府服务和监管面临较多的职责交叉和管理盲区的客观情况，对于涉及部门职能交叉的诉求应及时梳理报送市编办，由市编办进行界定，进而明确“权力清单、责任清单”。2012 年以来，600多万个来电的办理，记录了行政管理的体制机制困境，记录了基层工作的艰辛与不堪，为政府推进责任清单工作积累了大数据。

强化权社会全过程监督。实施办理全过程网上实时公开制度，即利用信息化手段，依托热线网站和手机APP平台，建立"网下办理、网上流转"的电话办理程序，将涉密件之外的群众诉求件公开，并实时公布办理过程和结果，实行办理监督的常态化和透明化，为问责提供依据。加强群众监督，可以成立中立的社会评议机构，监督"12345"受理和办理过程，参与评判疑难的群众诉求件，把其评判结果作为办结依据之一。要发挥媒体监督作用，实行全媒体合作，与《解放日报》"民情12345"、《新民晚报》"来自12345的报道"和上海电视台"12345热线追踪"媒体平台形成互相监督支持的服务格局，推动热线事项及时有效解决。

强化热线督办协调机制。要深化"三位一体"工作机制，把市监察部门、市政府督查部门共同参与热线工作考核问责机制制度化、具体化，把电话催办、书面督办、现场督办、会议督办、媒体督办、批示督办等督办模式固化下来；要对办理结果、办理态度、办理效率均"不满意"工单进行专项督查，跟踪问效，提高市民满意度，使得市民服务热线更"热"。

落实问责制。问责制是法治政府、责任政府、廉洁政府、服务型政府建设的重要抓手。对于督办后仍然未办结的事项，可启动问责程序，以问责倒逼责任落实，唤醒各级政府各部门及其工作人员的责任意识。通过问责树立平台权威，理顺关系，把市民服线建设成为城市治理体系和治理能力现代化的动力源和检验窗口。

第五章
需求评估：社会医疗机构审批改革中的需求认知与制度设计

第一节　需求评估的理论与实践

需求评估也称为需求评价、需求测量，是指运用科学的方法对某类公共服务真实需求的具体内容（数量、质量、结构等）进行测量、判断和预测的过程，并将评估结果作为提供该项公共服务的决策依据和基础。

对公共政策而言，需求评估是需求导向型公共服务体系建设的核心环节和前提基础。没有科学、准确的需求评估，就无法了解和把握社会对某种公共服务的需求内容，也就无法准确了解现实状态与希望达到状态之间的差距和不足，因此就无法对公共服务的种类、数量、质量结构等内容进行前期规划，那么科学的公共政策方案也就无从谈起。正因为如此，社会政策研究者们常常将需求评估视为项目规划和设计的前导性行为和过程。①

需求评价的前提是明确“需求”到底指的什么？按照第三章的界定，现实中有个体需求，也有社会需求，前者是单个社会成员对某种公共服务的需要，后者是社会中具有共同特点的某类群体对某种公共服务的需要。因此，这两种需求的评估和预测也必然不同。个体需求评价往往针

① David Royse, et al., *Needs Assessment*, New York, Oxford: Oxford University Press, 2009, p.4.

对的是一个人的需要及其特征，如是否需要政府提供的公共住房，需要多大面积的住房，住房的位置，月租的价格等。社会需求评估主要针对的是全社会的潜在人群对某一类公共服务（产品）的需要及其特征，如一个城市范围内需要政府提供的公共住房的数量、位置和价格等。显然，个体需求评估与社会需求评估有着内在的、紧密的关联性。一般来说，前者是后者的基础和前提，只有准确的个体需求评估才能得到科学的社会需求评估。但社会需求评估并非是个体需求评估的简单加总与汇合，两者之间的关系可能非常复杂。

根据布拉德肖（Bradshaw）的观点，需求可以被分为四个类型：规范的需求、感知的需求、表达的需求以及比较的需求，如表 5–1 所示。（1）使用专家或关键信息提供者（在社区里有很好地位的人，他了解该社区及其存在的问题，有时候形成一个“蓝丝带”研究小组）是需求评估方法论或规范需求方法中一种特殊类型。举个简单易懂的例子，梅奥诊所建议 4—8 岁的男孩和女孩每天补 800 毫克的钙。这个年龄段的女孩每天至少需要 1200—1800 卡路里，男孩需要至少 1400—2000 卡路里，这也许更多取决于活动水平以及年龄。（2）个人感觉到的需求则是另一种范畴。布拉德肖将其应用于直接询问客户他们相信或是他们感觉他们需要什么。这个需求评估形式体现了顾客视角。一般而言，客户应该被调查或采访以了解他们的个人感觉需求。（3）个人表达的需求基于一种对顾客服务要求的检测。举个例子，在一个特定时间段里，避难所究竟接纳了多少无家可归的人？他们中又有多少是不到 30 岁的年轻男性？有多少是老兵？有多少人在之前参观过避难所？有多少人要求一个转诊病人去酒精治疗处？表达需求的数据将表明有多少避难所服务于从某种意义上说是可见的、已知的客户？然而，这个数据也许只是代表“冰山一角”。它并没有揭示还有多少人也许需要这项服务，但由于不晓得或者交通不便而没有获得这项服务（举个例子，他们怀疑这项服务也许有一个很长的等候名单或者需要某类证明文件）。（4）比较的需求类似于案例调查。这个需求评估工作的类型检测了那些从一个项目或机构获得服务的人群的特征，然后寻找在其他群体中的这些特征以扩大服务，并且如果没有障碍的话，估计出“真实的”需要数量。

表 5–1　Bradshaw 对需求的四种分类①

类型	定义	举例
规范的需求	在一定的状态下，专家或社会科学家们所定义的需求	英国医学会颁布的营养标准
感知的需求	欲望，需要	服务调查显示的数据
表达的需求	被感知及付诸行动的需求	医院中等待就诊（或手术）的病患
比较的需求	正接受该项服务的某类人群的需求	假设某人 X 正接受某种服务，且其具备 A-N 特征；另一人 Y 同样具备 A-N 特征，但他没有接受该项服务，因此，Y 也有此需要

Bradshaw 认为，在现实中，这四类需求可以互相排列组合产生十二类关系，这 ß 就是如图 5–1 的需求分类。②

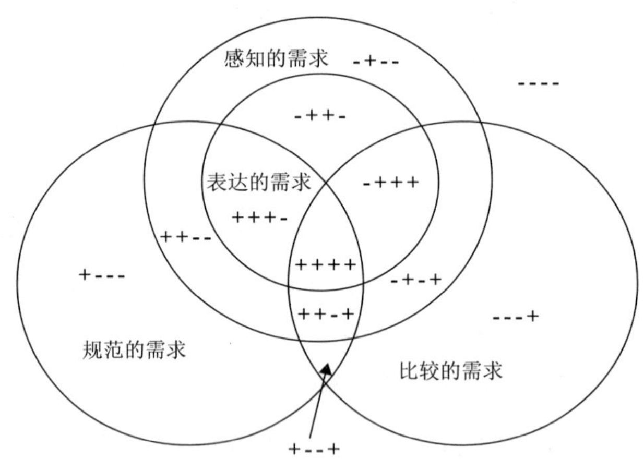

图 5–1　需求分类图

① Jonathan Bradshaw, “The Concept of Social Need”, *New Society*, Vol.19（1972）, pp.640–643.

② Jonathan Bradshaw, “The Concept of Social Need”, *New Society*, Vol.19（1972）, pp.640–643.

（1）“++++”，这是指四种需求都重叠的地方，表示既是规范的需求、感知的需求，也是表达的需求和比较的需求。这种类型的需求可能是人类最基本、最原始的需求，因此对这部分需求的争议也是最少的；（2）“++-+”，这是指虽然人们感知到这类需求，且该需求也的确是基本性需求，但人们没有能够表达出来；（3）“++--”，这是指那种被人们感知到，也被专家们所确认的需求，但人们并没有表达这种需求，因此也没有被供给；（4）“-+++”，这是指那些被感知和表达，通过类比而供给的需求，但并没有被专家认定为是重要需求的；（5）“+++-”，这是指专家所确认的，人们感知和表达出来的，但并未被提供满足的需求；（6）“+--+”，这是指已经被专家们所确认，其他同类型人群也享受着的，但人们并未感知也未表达的出来的需求；（7）“+---”，这是指仅仅被专家确认的，但人们既无感知又无表达，且并没有被提供的需求；（8）“---+”，这是一种被提供的需求，但未经专家确认，也不被人们感知和表达的需求；（9）“-++-”，这是一种被感知和表达的需求，但并未被专家们所认可，也没有被提供；（10）“-+--”，这是一种感知的需求，但尚未被表达出来，也未经专家所认可，也没有被提供；（11）“-+-+”，这是指一种被感知且提供的需求，但未经专家所确认，也未被人们所表达出来；（12）“----”这是指所有定义都不覆盖的需求，既未被感知，也未被表达，专家也不认同，也尚未提供，这种需求可能超过了一定阶段中人们的需要。

如果以老年护理、照料政策的需求评估为例，可以依照 Bradshaw 的分类方法开展有关的分析。为了构建需求分类图，首先需要确定四类定义的需求数量：

第一，规范的需求。我们可以找到老年护理方面的专家咨询专业性标准，然后基于这样的标准衡量需要这些护理服务的老年人。第二，感知的需求。问卷调查可以找到这一类需求，例如，我们询问被调查者是否满意目前的生活环境以及他们需要哪些护理服务。第三，表达的需求。公立养老院的等候名单提供了衡量表达性需求的简便方式。但是也需要注意，这是比较简单的需求评估方式，但也可能是最不完善的方式，因为还可能存在很多没有被表达出来的需求。第四，比较的需求。我们可以先详细调查和分析目前已经接受健康照料的老年人的特征，然后通过抽样调查，评估这一区域内具有同样特征的老人的数量。在现实中，这种评估方式有点像规范性需求评估。

为简化分析，我们暂时将规范性需求和比较性需求等同起来，也就是说，规范性需求和比较性需求相一致。在这个前提下，对三个维度进行排列组合，就可以得到六种不同的需求类别：

（1）“++++”，这是指四个指标都显示正向的需求，也可以简化为“+++”。这是指根据专业评估，那些健康和身体状况较差、缺乏家庭照料，个人也有获得护理或者住进公立养老院意愿，且进入了当地的公立养老院等候名单的老年人群体。为这类群体提供标准的公共服务可能并不会有较大的分歧，也就是说政府应该为他们提供照料或者让其入住公立养老院。

（2）“++−+”，这一类可以简化为“++−”，这是指健康和身体状况较差，又缺乏家庭照料的老年人，他们想要获得护理或者住进公立养老院，且根据对已经住进养老院的老年人的对比，他们应该获得同样的服务，但由于主客观原因，他们并没有进入公立养老院的等候名单。也就是说，从规范的意义和感知的层面上看，这些老年人都应该获得政府提供的护理照料，但由于没有提出申请，因此也未能接受相应的服务。这部分需求是否需要政府来回应，可能存在一定的争议。“是否表达”是公共服务需求评估中的一个重要变量。其实，“表达”（expression）包含着丰富的个体信息和社会信息。表达首先意味着“感知”，通常有感知才会有表达（当然有感知并不一定有表达）；其次，表达类似经济学意义上的 demand，即人们愿意为获得某物而付出一定代价，这个代价可能是经济成本，也可能是时间或行动成本，而成本的高低实际上可以衡量人们的渴望度；最后，不表达可能表示个体主观上对公共服务的拒绝，也可能表示个体不知道、不知晓或者没有能力表达。

（3）“-+--”，可以简化为“-+-”，这是指想入住养老院，但其居住和身体状况并不符合有关标准的人群，根据与已经入住养老院的老年人比较，他们也并不具有相关的资质。从这个意义上说，虽然这个群体有这样的需求，但政府未必需要立即回应，因为这些需求未必符合专业评估的标准。

（4）“-++-”，可以简化为“-++”，这是指想入住养老院，也进入了公立养老院的等候名单，但其居住和身体状况并不符合有关标准的人群，根据与已经入住养老院的老年群体比较，他们也并不具有相关的资质。虽然有感知和表达，但并未通过标准化评估，因此政府也未必需要立即回应。

（5）“+--+”，可以简化为“+--”，这是指根据评估标准，可以入住养老院，但个体并未有这种需求感知并表达出来的群体。例如，有的老年人居住环境和身体状况都比较差，且缺乏家庭护理，按照同样人群的类比，可以入住公立养老院，但该老年人自己并不觉得需要入住养老院，或者也不愿意入住。从政策的角度来说，并不一定要向其提供公共服务。

（6）“----”，可以简化为“---”，这是与“+++”完全相反的类型，是指四个维度的需求都是负向的，既未被感知和表达，也未通过专业性评估，类比也不具备获得服务者的特征，因此显然属于不提供服务的范畴。

从表 5-2 中我们可以看到，“规范性需求”是“供给回应”（即提供照料服务）的必要条件，也就是说，要有“供给回应”就必须有“规范性需求”，没有规范性需求，就一定没有“供给回应”（例外情况下文再讨论）。但是，“规范性需求”并非“供给回应”的充分条件，也就是说，有“规范性需求”并不一定带来供给回应。“++−+”，“+−−+”是两种复杂情况，即容易产生分歧的情况。它们的共同特点是有规范性需求，但没有表达性需求（可能有也可能没有感知性需求）。在规范意义上，这个群体应该获得某项服务，但同时他们并却明确表达这种需求。不表达有这样几种可能：一是因为他们并没有觉得有这种需求，也就是未感知这种需求（觉得生活本就该如此），这就是“+−−+”；二是并不知道可以获得这种服务（awareness of service），因此也没有表达；三是没有能力表达这种需求或获得该项服务（availability of service ），如行动障碍，养老院太远等；四是不愿意获得这种需求（acceptability of service）。一般来说，如果人们未感知（因而也未表达，“+−−+”），也就是主观上并不需要这种服务，那么政府就不需要提供该项服务。但如果感知到了这一需求，却因为信息阻隔、能力表达等原因未表达这一需求，则政府还是应该考虑向其提供该项服务的。

表 5–2　养老照料需求的分类

提供服务（供给回应）	不提供服务（不供给回应）	复杂情况
++++，++−+	−+−−，−++−，−−−−，+−−+	

根据表 5−2，“规范性需求”和“表达性需求”两个变量，我们又可以构建出一个四象限的分类图，如图 5−2、图 5−3 所示，用“是否规范”和“是否表达”区分出四个区间。其中，既规范又表达的需求只有“++++”，被视为政策性需求；规范而未表达的有“++−+”和“+−−+”两种情况，前者被视为政策性需求，而后者则可以被忽略；不规范而有表达的需求是“−++−”，可以被忽略；不规范也未被表达的有“−+−−”和“−−−−”，都被忽略。在这六种情形中，政策性需求只有“++++”和“++−+”。例外情况可能发生在“−++−”，即有明确感知和表达，却没有规范的需求。这里存在一种可能，即从客观现实来看，当地的居民要求政府提供某种公共服务，但政府体系并未将其纳入规

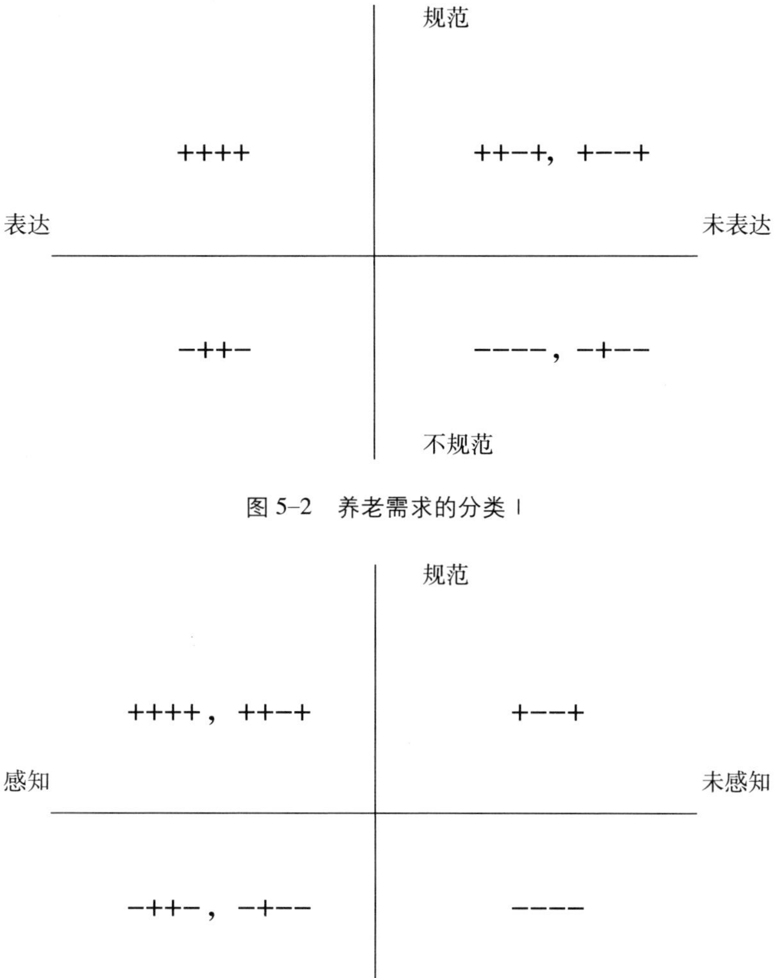

图 5–2　养老需求的分类 I

图 5–3　养老需求的分类 II

范性需求范畴之内。在这种情况下，可能需要一个公共性和政治性过程，修改规范性需求的范畴。

从以上的分类讨论中我们可以看出，“规范 + 感知”是政策性需求的充分条件，两者缺一不可。即只有当一种需求既是规范性也是被感知的，它才能成为政策性需求，获得政府的回应。除此以外，所有其他情形都不应被视为政策性需求。

那么，表达（expression）对公共服务体系建设、社会政策制定和社会工作的意义与价值何在呢？

第一，表达是了解感知的一种重要方式和途径。感知是个体性的和主观性的过程，我们无法先验地了解每个社会个体的需求感知，因此只能借助于细致的调查，如需求普查、人群访谈等（这些其实也属于“被动化”的表达）方式来认识需求。但由于现代社会人口众多，各种服务也种类繁多，政府每次提供公共服务时都对人群普查以获知需求状况，不仅成本极高且效率极低。在这种情况下，“表达出的需求”往往成为评估公共服务需求的便捷方式和路径，或者说成为“感知需求”的替代品。例如，一个地区的公立医院是否能满足当地居民的医疗卫生需求，可以通过观察其医院的等候人群及其等候时间来进行间接评估。当医院中人满为患，排队等候的时间很长，甚至有人在等待过程中发生意外时，一定程度上能够说明现有医疗资源（医护人员、病床、设备等）已经难以满足居民的医疗需求。再如，还有其他一些公共服务是为特定人群提供的，如针对失业者、低收入群体的生活救济，针对问题青少年的帮助和教育等，通常政府会设置专门的机构处理这样的事务，而有关人员必须上门登记核实以获得相关服务。在这里，登记的行为就是一个需求表达的过程，这个过程正是政府部门了解民众需求的基本方式。而最后申请者是否能获得该项服务，正是由“表达”和“规范”两个维度、标准所共同决定的。

当然，将表达等同于感知会带来一个问题，即遗漏掉有感知需求，但由于主客观原因没有表达的人们。解决这一问题，需要通过各种有效方式提高公共的知晓度、可及性和便利性。

第二，表达是修正“规范性需求”的一种重要依据。规范性需求是指基于专业性和职业性标准评估所得出的现实需要。在某种意义上，这种需求体现了较强的科学性和政策性。例如，老年人家庭护理服务的规范性需求评估，一般事先确定需要照料的老年人的身体状况和家庭状况，并基于这个标准对每个老年人个体进行评估，符合这个标准的老年人即被纳入需求范畴。在这里，“规范性需求”指的是老年人为维持基本生存状态而需要的服务和帮助。当其个体和家庭状况都无法提供这种服务和帮助时，就需要政府承担起相应的责任以确保其基本生存。可见，规范性需求中的“标准”既有科学性（老年人的基本生存）成分，也有一定的政策性（何种基本生存）成分。现实中如果存在大量表达的、但不规范的需求，实际上是给政策制定者提醒：可能是现有的“规范”过于严苛或狭隘，需要进一步修正以囊括更多的需求主体或者提供更高水平的服务。其实，当经济社会不断发展时，人们的基本生存水平也会随之不断提高。在这种情况，人们的“基本需求”同样会水涨船高，这就要求政策制定中的“规范性需求”必须适时调整。这个调整的契机往往是由大量的“表达需求”所启动和造成的。

如图 5-4 所示，需求评估过程一般来说包括 8 个环节或步骤：一是分析问题，即现实与理想之间的差距和不足，并基本确定公共政策力图实现的目标；二是成立特定的组织——委员会等，为评估活动提供组织保障；三是分析资源的多样化和时间变量以确定哪些资源可以使用，并在多长的时间段内完成目标；四是从存在的问题中发现有用的信息，明确需要哪些数据以及这些数据分析所起到的作用；五是设计数据收集模型，即通过何种方式和渠道来获得信息；六和七是收集整理数据，并在此基础上按照模型来分析数据，形成对公共服务需求的判断；八是撰写需求评估报告，并推动其对实际决策的影响。

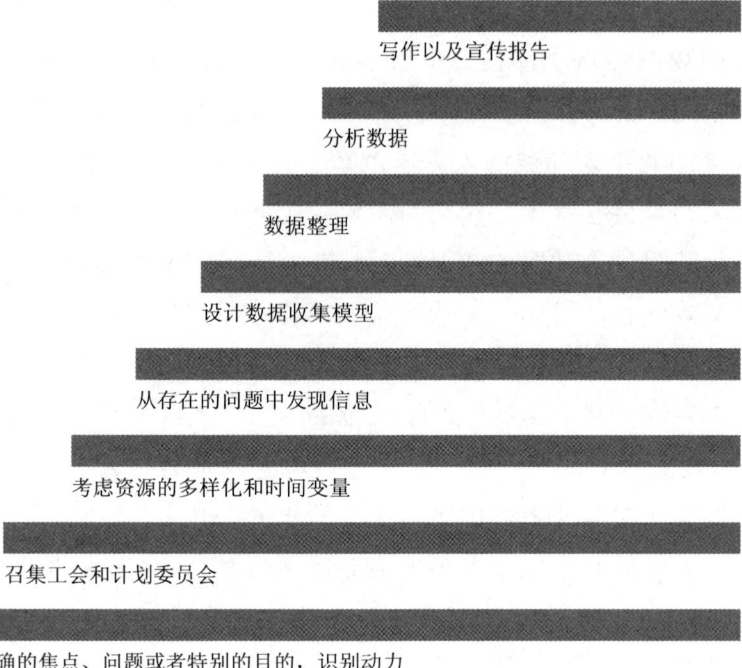

图 5–4 需求评估过程基本流程图①

第二节 社会医疗机构行政审批制度改革：文献研究

行政审批制度改革是中国近 30 年来行政体制改革的重要内容，也被视为转变政府职能的重要途径。行政审批制度改革的主要目的是改变传统计划经济条件下的政府管理方式，建立符合市场经济特点的法治化、科学化、高效化的市场准入机制，以完善市场机制，发挥市场在资源配置中的决定性作用，最终激发市场活力。这一点在李克强的讲话中

① David Royse, et al., *Needs Assessment*, New York, Oxford: Oxford University Press, 2009, p.20.

体现得非常明显："烦苛管制必然导致停滞与贫困，简约治理则带来繁荣与富裕，必须简除烦苛、禁察非法。"①

社会医疗机构又称非公立医疗机构，是指政府之外的市场主体和社会主体举办的卫生医疗机构。应该说，在社会主义市场经济条件下，社会医疗机构可以补充公立医疗机构的不足，应该是我国医疗卫生服务体系不可或缺的重要组成部分。改革开放以来，我国非公立医疗机构从无到有也在不断发展壮大。近年来中央政府也在加大推进社会办医的发展，先后出台了纲领性和指导性文件，如表 5-3 所示。2013 年《中共中央关于全面深化改革若干重大问题的决定》提出，"鼓励社会办医，优先支持举办非营利性医疗机构。社会资金可直接投向资源稀缺及满足多元需求服务领域，多种形式参与公立医院改制重组"。可以说，这是在未来一段时间内我国深化医药卫生体制改革的基本指导思想和战略部署。但不论从理论还是实践上，对于社会医疗机构的定位和发展，对中国医疗服务市场是否应该引入竞争机制，一直存在较多的争议。

表 5-3　2009 年以来中央政府关于社会办医的主要政策文件

时间	文件名称	关于提高效率的表述	关于增加供给的表述
2009 年	《中共中央国务院关于深化医药卫生体制改革的意见》	引导社会资本以多种方式参与包括国有企业所办医院在内的部分公立医院改制重组	鼓励社会资本依法兴办非营利性医疗机构
2010 年	《关于进一步鼓励和引导社会资本举办医疗机构的意见》	鼓励社会资本参与公立医院改制	放宽社会资本举办医疗机构的准入范围调整和新增医疗卫生资源，优先考虑社会资本

① 李克强：《简政放权　放管结合　优化服务　深化行政体制改革　切实转变政府职能——在全国推进简政放权放管结合职能转变工作电视电话会议上的讲话》，2016 年 5 月 9 日。

续表

时间	文件名称	关于提高效率的表述	关于增加供给的表述
2012年	《“十二五”期间深化医药卫生体制改革规划暨实施方案》	鼓励社会资本对部分公立医院进行多种形式的公益性投入	鼓励非公立医疗机构向高水平、规模化的大型医疗集团发展
2013年	《关于促进健康服务业发展的若干意见》	加快落实对非公立医疗机构和公立医疗机构在市场准入、社会保险定点、重点专科建设、职称评定、学术地位、等级评审、技术准入等方面同等对待的政策	加强政策引导，充分调动社会力量的积极性和创造性，大力引入社会资本，着力扩大供给
2013年	《中共中央关于全面深化改革若干重大问题的决定》	社会资金可直接投向资源稀缺及满足多元需求服务领域，多种形式参与公立医院改制重组。允许医师多点执业，允许民办医疗机构纳入医保定点范围	鼓励社会办医，优先支持举办非营利性医疗机构
2015年	《关于促进社会办医加快发展的若干政策措施》	清理规范医疗机构设立审批；公开区域医疗资源规划情况；减少运行审批限制；积极引入社会力量参与国有企业办医疗机构重组改制	加强财政资金扶持；丰富筹资渠道

一、关于社会办医的争论

关于社会办医问题的争论，不仅仅是一个市场准入问题，事实上还围绕资源配置效率、公共产品的公平性，卫生医疗的基本性质，甚至政府的职能定位等问题展开。持“市场论”观点的学者认为，在社会主义市场经济环境下，市场是配置资源的决定性因素，因此社会性医疗机构应该同公立性医疗机构处于平等地位，并进行公平地竞争，这种竞争不仅能够引导更多的社会资源进入医疗卫生领域，增加卫生资源总量，有助于缓解“看病难”“看病贵”等问题，[①] 而且有助于提高医疗产品的供给效率，降低医疗服务的成本。持这种观点的学者还认为，社会性医疗机构比公立医疗机构的机制更灵活，管理更严格，常常更能够适应市场、满足病人的医疗服务需求，进而提供更好的医疗产品。当社会资源进入医疗市场后，无疑产生一种“鲶鱼效应”，加强市场竞争，倒逼公立医疗机构进行管理体制改革，提高管理效率和服务水平，也有助于解决看病贵、看病难问题。[②]

持相反观点的学者并不否定市场竞争的积极作用，但他们显然更愿意在医疗体制改革的大背景下讨论这个问题。这部分学者认为，医疗卫生服务市场具有一定的特殊性，特别是“信息不对称”和专业壁垒的特点，使得市场竞争未必会提高效率和降低成本，达到“市场论”学者们的“初衷”。而且，在现代中国，社会性医疗机构的性质是市场企业，其首要目标是追求经济利润而不是提供公共服务，这种逐利的特点加上信息不对称的天然属性，就会增加患者的医疗费用，甚至形成潜在的医疗质量风险。[③] 北京大学李玲表示，中国医改的主要问题还是基层医疗体制的完善，而这显然是社会办医所无法解决的。她认为，中国的私人医疗机构数量在世界上已经是最高的，占到了医疗机构总数的 50%，北京市甚至达到了 60%。但是这些社会性医疗机构并非公共卫生的主力，主力军还是公立医院，公立医院数量占比尽管在 50%以下，但是 80%以上的门诊、近 90%的住院都是公立医院在提供。[④] 这说明，强化

---

① 刘国恩等:《中国社会办医的现状分析》,《中国卫生政策研究》2013 年第 9 期。

② 刘国恩:《鼓励社会力量办医将演绎医改新局》,《健康报》2011 年 1 月 3 日。

③ 北京大学中国经济研究中心医疗卫生改革课题组:《江苏省宿迁地区医改调研报告》, 2006 年。

④ 张墨宁:《医改是对国家治理能力的考验——专访北京大学国家发展研究院教授李玲》,《南风窗》2015 年第 7 期。

公立医疗机构以及夯实公共卫生基础才是医疗体制改革的关键，因此必须坚持公立医疗机构的主导地位，谨慎对待社会办医。

国际上对不同产权属性的医疗机构的比较研究主要集中在营利性和非营利性医疗机构之间，对公立医疗机构和非公立医疗机构之间的比较研究相对较少。关于医疗费用，沈（Shen）等人发现医院所有制结构对费用没有显著影响，即社会性医疗机构（包括营利与非营利两类）与公立医院在费用水平上并无明显差异。① 更加有趣的是，凯斯勒(Kessler)等人利用美国城镇老年心脏病患者的医疗数据分析，发现有营利性医院地区的病人住院费用比没有营利性医院地区反而更低。②

医疗机构的所有制属性与其服务水平和质量有什么关系呢？埃格尔斯顿（Eggleston）等人在综合评估患者死亡率、治疗的不良反应（如术后并发症、医疗错误）等指标后发现，美国的非公立医疗机构在服务水平方面的表现与公立医院类似，甚至比公立医院更出色。③ 沈（Shen）对美国各类医疗机构的研究，以及全球健康组织（Global Health Groups）的研究结果也支持类似的结论。④ 当然，我们知道，国际上的研究成果并不能完全套用到中国现实中来。不论从发展时间、实际规模、管理规范程度还是专业人员素质来讲，国内的民营医疗机构都还无法同英美等国家的民营医疗机构相比。

---

① Y. C. Shen，et al.，“Hospital Ownership and Financial Performance: What Explains the Different Findings in the Empirical Literature?”，*Inquiry: a Journal of Medical Care Organization*，*Provision and Financing*，Vol.44，No.1（2007），pp.41–68.

② Daniel Kessler，Mark McClellan. The Effects of Hospital Ownership on Medical Productivity. *NBER Working Paper*，No.8537，2001.

③ K. Eggleston，et al.，“Hospital Ownership and Quality of Care: What Explains the Different Results in the Literature?”，*Health Economics*，Vol.17，No.12（December 2008），pp.1345–1362.

④ The Global Health Groups，“A Comparison of Health Out comes in Public vs. Private Settings in Low- and Middle- income Countries”，2011.

不过也有一定的研究支持类似的结论。例如，有人对浙江省台州市的 17 家民营医院和 31 家公立医院进行了比较分析，发现民营医院的药品收入比例和人均住院费用都比同地区的公立医院要低。① 同时，在服务方面，如挂号的效率、位置方便程度、医生服务态度、等待时间等方面，社会性医疗机构的满意度明显高于公立医院。②

而在专业技术性方面，如临床环境、诊疗标准、自主选择医生的能力等，公立医院的满意度高于民营医院；也有研究发现社会性医疗机构与公立医疗机构在患者满意度方面无显著差异。③

二、市场准入方面的现状

就实践操作而言，虽然目前国内对社会办医的整体政策逐渐“松绑”，但相对政策层面的大力提倡和鼓励，现实层面的操作并不能令部分相关方满意。

一方面，国务院《关于进一步鼓励和引导社会资本举办医疗机构的意见》（通常被称作“38 号文”）明确规定：各地在制定和调整本地区区域卫生规划、医疗机构设置规划和其他医疗卫生资源规划时，要给非公立医疗机构留有合理空间；需要调整和新增医疗卫生资源时，在符合准入标准的条件下，优先考虑由社会资本举办医疗机构。这是因为，符合医疗机构设置规划是开办医疗机构的前提条件，也是卫生行政主管部门审批医疗机构的主要依据。因此，自从温州市被国务院列为全国首个社会办医试点城市以后，北京、上海、深圳、成都等地都相继公布了鼓励社会办医的相关政策，力求对政府办医和社会办医“一碗水端平”，享

① 沈清等：《浙江省民营医院的运行情况调查》，《中国卫生经济》2007 年第 8 期。

② M.K.Lim，et al.，“Public Perceptions of Private Health Care in Socialist China”，*Health Affairs*，Vol.23，No.6（November 2004），pp.222–234.

③ 北京大学中国卫生经济研究中心：《中国医改政策的经济学分析》，2011 年。

受同等待遇。可以说，单单从宏观政策层面来看，社会办医的准入障碍似乎已经破除，鼓励社会办医的氛围也已经形成。

但另一方面，若从政策的实际操作和现实效果来看，社会资源进入卫生医疗领域的各种“玻璃门”和“弹簧门”仍然存在。比如从空间上来说，虽然国家政策要求区域卫生规划给非公立医疗机构留有合理空间，但由于公立医疗机构有“先发优势”，往往已经“占领”了城市中心区域，在这里留给非公立医疗机构的空间已经很小，有些甚至几乎没有。在这种情况下，非公立医疗机构只有“后发劣势”，被迫到城市的边缘地区、城乡接合部或者新开发的城市区域发展，而这些地区相对中心城区来说，显然人口密度较低，医疗需要较少，不利于社会办医的健康成长和发展。①

再比如，从税务激励政策来看，虽然2010年出台的“38号文”明确规定社会办医“用电、用水、用气、用热与公立医疗机构同价”，同时还免除了营利性医疗机构的营业税，但相对国家鼓励的其他行业（如技术先进性服务企业只需缴纳15%的所得税），社会性医疗机构25%的税率显然依然较高。同时，虽然营利性非公立医疗机构在行业主管部门注册后三年之内免税，但工商部门的注册时间通常较长，使得免税期限显著“缩水”。② 同时，医疗行业是知识密集型的高科技、高风险行业，医疗机构从“出生”到“成长”需要一个较长的时间段，三年的“免税期限”很难真正促进民营医疗机构的壮大与健康成长，从而影响社会办医发挥更大作用。③

还有医疗专业人员的问题，更成为制约社会医疗机构发展的瓶颈。由于公立医疗机构发展时间长，人力资源雄厚，且由于事业单位编制管理形成的传统定势，都使得医疗专业人员的流动性较低，社会医疗机

① 刘国恩等：《中国社会办医的现状分析》，《中国卫生政策研究》2013年第9期。

② 黄明安、张露：《加快发展社会办医的理念研究》，《当代经济》2015年第31期。

③ 刘国恩等：《中国社会办医的现状分析》，《中国卫生政策研究》2013年第9期。

构缺乏大量的、高技术的专业人才。① 同时，在准入登记方面也千差万别，虽然都获得了行业主管部门发放的《医疗机构执业许可证》，但如果被核定为营利性的医疗机构，就必须到工商部门登记并将名称改变为某某医院公司；如果被核定为非营利性机构，如国有资本占三分之一以上的，由政府编制委员会办公室登记，国有资本在三分之一以下，到民政部门登记为民办非企业。因为这些部门之间信息并不能充分共享，所以登记的五花八门也造成管理的千差万别。卫生部门负责行医资质的审批，财政部门负责对非营利组织的财务制度管理，工商和民政部门负责营利性和非营利性医疗机构登记，民政部门负责对民办非企业机构的年检和审计。多头监管不仅增加了管理难度，也常使很多监管流于形式。②

还有学者发现，医改政策对公立医疗机构和社会医疗机构也存在一定的不平等。例如，针对公立医院的改革政策并未考虑社会办医院的运营状况。在医保定点机构方面，社会办医院面临准入难和进入后起付标准和报销比例低于公立医院的问题。虽然社会办营利性医院可以自主定价，但由于社会办医院受服务人群和医保等限制，多数医院执行政府指导价格，难以从自主定价中受益。③

正因为各种主客观的原因，我国社会医疗机构的规模和能力相比公立医疗机构而言还处于较低的发展阶段。截至 2012 年年底，我国公立医院 13384 个，社会性医院 9786 个。占医院总数 42.24%的社会性医院，拥有床位 58.22 万张，仅占总量的 16.27%，人员 65.5 万人，仅占

① 梁杰、王昊：《中国社会办医现状及对策》，《中国医学文摘（耳鼻喉科学）》2013 年第 4 期。

② 梁杰、王昊：《中国社会办医现状及对策》，《中国医学文摘（耳鼻喉科学）》2013 年第 4 期。

③ 黄二丹、王书平：《我国医改以来社会办医的进展与挑战》，《中国卫生政策研究》2013 年第 9 期。

总量的13.27%。从医疗服务情况看，目前社会办医院提供医疗服务的能力还远不能与公立医院相提并论。据统计，2012年全国医院总诊疗人次25.4亿，年入院人次1.27亿，其中公立医院分别是22.9亿人次、1.13亿人次，社会办医院分别是2.5亿人次、0.14亿人次，也就是说，社会办医院虽然数量占到了一半，但仅仅提供了9.8%的门急诊服务和10.97%的住院服务。①

第三节　为何改革：上海市社会医疗机构审批改革的经验

一直以来，上海市非常强调社会医疗机构的发展，把加快发展社会医疗机构作为扩大民间投资、完善医疗服务体系、深化医药卫生体制改革和建设“亚洲医学中心城市”的一项重要任务来推进。近年来，上海市在促进社会办医、发展民营医疗机构方面取得了长足进步和较大成绩。2003年上海市人民政府颁布《关于本市促进社会办医发展民办医疗机构的若干意见（试行）》（沪府发〔2003〕70号），明确提出“支持并鼓励社会捐赠资金，以及企业、基金、个人、外资等，以多种形式参与兴办医疗机构”。2005年4月，上海市医疗保险局颁布《推进民办（社会办）医疗机构纳入医保定点工作的试行意见》，医保在社会医疗机构中的覆盖面不断扩大。2007年，上海市卫生局发布《关于进一步加强本市医师外出行医管理的指导意见》，“多点执业”开始走上制度化、正规化轨道。2012年以来，《上海市卫生改革与发展“十二五”规划》《上海市区域卫生规划（2011年—2020年）》《上海市医疗机构设置规划（2011—2015年）》等相继发布。2013年2月，上海市人民政府办公厅转发市卫生局等十四部门《关于促进本市社会医疗机构发展实施意见》，

① 黄明安、张露：《加快发展社会办医的理念研究》，《当代经济》2015年第31期。

为社会资本办医营造更为有利的局面。

2013年，时任上海市卫生与计划生育委员会主任的徐建光表示，截至2012年年底，上海市共有社会医疗机构1605家，其中个体诊所730家、门诊部628家、医院147家、临床检验中心16家。非营利性社会医疗机构76家，营利性社会医疗机构1529家。社会医疗机构中，有98家纳入城镇职工基本医疗保险定点医疗机构，11家纳入新型农村合作医疗保险定点医疗机构。①2010—2013年间，上海市卫生行政部门审批的社会医疗机构超过300家，仅上海市卫生与计划生育委员会就批准设置了35家，包括6家中外合资合作机构和1家台湾独资机构，一批有规模、有影响和有技术的社会医疗机构成功落户上海。

总的来看，近年来上海市发展社会医疗机构的主要经验和举措包括：

第一，坚持区域规划的核心作用。

区域卫生规划是政府对卫生事业发展实行调控的重要手段。近年来，上海市将社会医疗机构的发展纳入《上海市区域卫生规划（2011年—2020年）》《上海市卫生改革与发展“十二五”规划》《上海市医疗机构设置规划（2011—2015年）》，明确提出社会医疗机构在基本医疗服务和高端医疗服务中的重点发展领域；上海市新增医疗卫生资源优先考虑社会资本，为社会医疗机构预留发展空间。②明确到2015年，社会医疗机构床位数和服务量占上海市总量的比例、社会医疗机构的办医质量和办医水平比2012年有明显提高，在上海市建成和发展一批有一定规模、一定社会影响、一定品牌特色的社会医疗机构。

① 朱国荣：《今后尽快简化社会办医审批》，《新闻晨报》2013年5月24日。2012年，上海市社会医疗机构医院开放床位数8400张，占上海市医疗机构实际开放床位总数的7.7%。诊疗人数1296万人次，占上海市医疗机构诊疗总人次的6.1%。

② 九三学社上海市委：《上海社会医疗机构现状、困境和发展》，《联合时报》2014年1月10日。

第二，强调市场配置资源的重要作用。

一是启动了医师多点执业试点工作，鼓励人才流动，为社会医疗机构发展提供人力资源。截至 2012 年年底，共有 703 人次医师申请并通过审批到社会医疗机构执业，占上海市医师申请多点执业总数的 70%，对于缓解社会医疗机构用人难起到了积极作用。二是支持设备技术准入，为社会医疗机构执业提供资源。对于社会医疗机构申请医疗技术临床应用和大型医用设备准入的，只要符合医疗质量和安全方面的准入标准，均予许可。三是推进社会医疗机构纳入医疗定点工作，一定程度上解决社会医疗机构的筹资难题。

第三，将优化程序作为审批制度改革的重要内容。

按照建设服务政府、法治政府的总体要求，结合行政审批制度改革，对社会医疗机构的审批流程进行不断优化。一是理顺市区两级行业主管部门的职能和权责，适当下放部分审批权力，减少审批环节，节约行政相对人的审批成本；二是梳理、再造审批环节和流程，规范时间节点，增强行政透明度，提高行政审批时效，强化社会对行政审批程序和效果的监督，减少审批障碍和壁垒，促进资源自由、高效配置。

第四，坚持以监督自律为保障。

通过建立医疗机构“一户一档”、医务人员“一人一档”、投诉举报处理系统等的信息化建设，强化对社会医疗机构的监督监管。围绕社会医疗机构的基础管理、执业范围、医务人员聘用、医疗技术应用、医疗广告、规范诊疗等内容开展日常监督检查。2012 年，上海市在全国首创了以“管理、质量、安全、服务”等为主要内容的社会医疗机构星级评审工作，加强以点带面的引领示范作用，促进社会医疗机构不断提升管理水平和服务质量。同时，成立独立的社会医疗机构专业社团——上海社会医疗机构协会，强化社会医疗机构的行业自律和管理。

特别是在 2013 年举办的上海社会医疗机构协会第四届管理学术年

会上，上海市卫生与计划生育委员会主任徐建光表示，必须要有非常清晰、深刻的认识，要坚定不移、持之以恒地把加快发展社会医疗机构作为扩大民间投资、完善医疗服务体系、深化医药卫生体制改革的一项重要任务来推进。在今后的工作中，必须坚持三个“坚定不移”：即坚定不移地把社会医疗机构作为上海市医疗服务体系的重要组成部分来发展，坚定不移地为社会医疗机构的发展营造公平公正的良好环境，坚定不移地发挥政府部门和行业协会的协同作用。这说明，一直以来上海市大力发展社会办医、深化医药卫生体制改革的方向是完全正确的，今后改革发展的方向和路径也是不会改变的。沿着既定的路径走下去，社会办医的大发展和大繁荣是可以期待的。

总的来说，近年来上海市在促进社会医疗机构的发展方面，有决心、有思路、有政策、有抓手，多策并举、标本兼治，可以说，社会资本进入医疗卫生行业的大门已经打开，多元化、多层次、多种所有制并存的医疗格局已经形成。同时也要清楚看到，作为社会主义国际化大都市，上海市的社会办医水平和现状与卫生医疗事业发展的总体目标和要求还存在较大差距。目前上海市社会医疗机构数量多，但规模小（169家医院中，200张以上床位的只有5家，30—200张床位的有80家，30张床位以下的有84家），技术水平和服务能力有待提高，发展不平衡，与公立医院开展市场竞争的态势尚未形成，也难以真正满足市民多元化的医疗需求。同时，在社会医疗机构的规划、审批和管理中还存在一些亟待破解的瓶颈和难题，社会力量参与卫生医疗事业的积极性和能动性还有待进一步提高。正如上海市卫生行政部门主要领导在上海社会医疗机构协会第四届管理学术年会上表示的：近年来，鼓励、扶持社会资本办医口头上说得多，但做得少。这说明，培育和发展与“亚洲医学中心城市”相匹配的社会医疗事业，上海市还需要下更大的努力，也还有很多工作要进一步推进。

第四节　如何改革：社会医疗机构审批改革的需求评估

李克强强调，推动简政放权向纵深发展，必须坚持问题导向、需求导向、目标导向，聚焦“痛点”、瞄准“堵点”。① 因此，多轮审批制度改革之后，需要更加强调“需求导向”，也就是社会主体和市场主体对行政审批制度改革的“需求”，对现实审批运行流程的“需求”。只有搞清楚了这些需求，才能找到现有审批体系的“痛点”和“堵点”，也才能“对症下药”“因需施策”，真正将“权”放到位，将“政”简到位。

一、政策思路层面的需求分析

由于医疗卫生行业的公益性、服务性，以及风险较大、监管成本较高，计划经济时代“全能政府”传统和惯性等客观原因，医药卫生体制改革和医疗机构改革问题一直存在较大争论和分歧。在整个医药卫生行业和格局中，社会医疗机构到底发挥什么功能、起到什么作用、占据什么地位，目前还缺乏清晰界定和统一认识。上海市《关于促进本市社会医疗机构发展实施意见》提出，加快推进形成公立医疗机构为主导，社会医疗机构共同发展的多元化办医格局。但在这个格局中，“主导”和“共同发展”之间的关系究竟如何界定？是指数量上的“八二”关系、“七三”关系或“六四”关系？还是指功能、层次上的互补关系？还是完全平等的竞争关系？“多元化办医格局”到底是一个什么样的愿景和图画？这些问题尚未有清晰和明确的答案。

另外，目前提出“着力在高端医疗服务领域和基本医疗服务中医疗

① 李克强：《深化简政放权　放管结合　优化服务　推进行政体制改革　转职能提效能——在全国推进简政放权放管结合优化服务改革电视电话会议上的讲话》，2016 年 5 月 9 日。

资源相对薄弱的领域发展社会医疗机构”，虽然确定了社会医疗机构的发展路径和重点领域，具有较强针对性和实效性，但从实践上看，一方面，对“高端医疗服务”的界定欠缺清晰、准确的标准，缺乏实际操作性，市场分类并不明确和精准。同时，着力在高端医疗服务领域发展，则势必对所谓的“非高端医疗服务”机构的市场准入造成影响，实际上阻碍了资源的自由流动和有效配置。

另一方面，在“基本医疗服务中医疗资源相对薄弱的领域发展社会医疗机构”，也容易引发讨论。从理论上说，基本医疗服务的提供本应是政府的职责，在医疗资源相对薄弱的领域中交由社会医疗机构提供基本医疗服务，政府职责如何体现？社会医疗机构承担基本医疗服务的具体生产方式、供给方式以及配套措施如何完善，也尚未有明确的思路。

认识是行动的先导。目前对社会医疗机构的定位和发展上还存在各种各样的不同认识，甚至有的意见之间互相对立，争议较大。这必然形成一些体制机制瓶颈，制约了社会资源进入医药卫生行业，参与公共卫生服务的生产和供给；也制约了医药卫生服务市场的社会化和竞争性。

二、区域规划层面的需求分析

根据我国《医疗机构管理条例实施细则》的规定，“县级以上地方卫生计生行政部门依据当地《医疗机构设置规划》及本细则审查和批准医疗机构的设置”。可见，《区域卫生规划》和《医疗机构设置规划》是医疗机构（包括社会办医疗机构）设置审批的主要依据和标准。但目前有关规划对于社会医疗机构设置和审批规定的原则度高，标准不清，指标不细，弹性较大，造成审批随意性大。

一是原则性强，落地性差。如《上海市区域卫生规划（2011 年—2020 年）》中提出：“在全市建成和发展一批有一定规模、有一定社会影响、有一定品牌特色的社会办医疗机构，实现社会办医疗机构床位数和服务量占全市总量的比例、社会办医疗机构的办医质量和办医水平明显提高。”《上海市医疗机构设置规划（2011—2015 年）》中提出，“适度开放医疗市场，促进社会办医健康发展”“鼓励社会资金举办专业康复医疗机构，与区域内市级、区域医疗中心之间建立转诊与康复护理合作模式”“鼓励社会力量举办老年医疗护理机构和社区护理站”。这些规定和要求对于促进社会资源进入公共卫生行业具有重要作用。但是，一方面，目前对“规模”“影响”和“品牌特色”都缺乏明确和详细的标准规定，而且随着经济社会发展和医疗环境的不断变化，这些标准也在动态变化之中。另一方面，“鼓励”“适度放开”“明显提高”等提法只是定性规定，缺乏清晰的量化规定和标准，落地性较差。落实到规划和审批过程中，有关工作人员还是缺乏明确的操作标准，为自由裁量权留下较大的空间和余地。

二是标准模糊，规范不清。《上海市区域卫生规划（2011 年—2020 年）》提出，“市卫生部门和各区县根据区域实际情况，合理控制营利性社会办医疗机构规模和布局”。《上海市医疗机构设置规划（2011—2015 年）》同样要求：“各区县应根据当地医疗服务供需和家庭医生制度的推进情况，合理规划并控制社会举办的诊所、门诊部的总量和布局，并严格按照规划进行设置审批。”在现实操作中，“合理控制”的原则性较强，缺乏明确、清晰的识别界限和控制标准，极容易产生主观随意性。《上海市医疗机构设置规划（2011—2015 年）》提出，“鼓励社会资金举办具有较大规模、以先进技术、优质服务和现代化管理为特征的高端医疗服务机构”。但在操作中，“较大规模”“先进技术”“优质服务”“现代化管理”等都只是抽象性、原则性描述，缺乏明确性、清晰性的标准。

这就势必造成行政许可法律依据的模糊化和原则化，增加审批过程中的行政自由裁量权，影响行政审批的依法性、科学性和严肃性，甚至引发司法诉讼等。例如，笔者在调研中发现一个较为典型的案例：2012 年上海市静安区某美容门诊部审批项目中，虽然投资规模已达 2500 万元，选址位于市中心的高端商务楼宇，但由于医务人员不多，规模不大，卫生主管部门以“不符合区域卫生规划”为名不予许可，引发投资方的行政诉讼。

三、政策体系层面的需求分析

一是医疗资源配置的政策性较强。主要表现在医疗从业人员社会化程度不高，资源流动性不大，自由配置能力较差。近年来，上海市在医师“多点执业”、人才流动等方面的改革迈出了重要步伐。但同时，从业人员的编制、职称、科研等管理环节还存在严格的行政管制和无形制约，由于目前事业单位改革尚未全面推进，事业单位身份和企业身份悬殊，社会医疗机构在人员身份、待遇保障、科研平台、学科综合支撑等方面与公立医疗机构存在差距，难以形成稳定的人才队伍体系和持续的学科发展能力，限制了资源和人员的自由流动和合理配置。虽然上海市卫生局在2011年发布了《关于在本市开展医师多点执业试点工作的通知》，医生比以往有了更多执业地点选择的权利，但文件规定的医师多点执业“必须取得第一执业点医疗机构的书面同意”，增加了文件初衷本意实施的难度。相比起庞大的公立医院医务人员人数，真正能实现多点执业的凤毛麟角。

二是社会医疗机构的筹资体系有待健全。目前上海市已经形成由城镇职工基本医疗保险、城镇居民基本医疗保险、新型农村合作医疗等为主的基本医疗保障制度体系。但有限的基本医疗保险资金尚未向社会医疗机构提供充足的资金支持。目前1605家社会医疗机构中，只有98家纳入城镇职工基本医疗保险，11家纳入新型农村合作医疗保险，医疗保险在社会医疗机构中的覆盖面只有6.8%。同时，政策层面阻碍了营利性社会医疗机构进入医保体系，进一步提高了其筹资难度。虽然从法规制度上，《城镇职工基本医疗保险定点医疗机构管理暂行办法》

并不排斥营利性医院和民营医院，只要服务质量、收费标准达到基本医疗保险条件，经医疗保险部门审核合格就可成为定点医院，但实际执行时歧视现象普遍存在。另一方面，我国商业保险市场起步较晚，保险专业复合型人才短缺，保险种类少，医疗付费透明度不高，发展较为迟缓。

三是金融政策瓶颈还明显存在。目前医疗机构融资的担保方式单一、现实操作难度大。我国《担保法》和《物权法》都明确规定：禁止“学校、幼儿园、医院等以公益为目的的事业单位、社会团体的教育设施、医疗卫生设施和其他社会公益设施”做抵押。这一规定实际上就束缚了民营医院利用固定资产进行抵押、质押贷款的途径，为了融资需要，该机构不得不寻找新的担保人，无形中增加了融资成本。同时，医疗机构的准入门槛和社会壁垒一直较高，融资主要用于固定资产投资、购买土地、机器设备以及人员培训、技术研发等，在短时间内难以收回成本，投资的收益期间较长，且信贷风险较高。

四是财政税收政策有待进一步优化。目前社会医疗机构发展的税收政策还不够优惠，如营利性医疗机构的税率、税种等同于企业，负担较重。对老年护理、康复、儿科、精神卫生等领域和其他基本公共卫生领域内的社会医疗机构缺乏必要的政策扶持和税收减免。

五是土地规划、审批政策缺乏保证和衔接。目前，非公立医疗机构用地需求尚未纳入城镇土地利用总体规划和年度用地计划，部分大型项目在城市中心地区无法落地。另外，土地使用性质变更与医疗机构设置审批之间先后顺序不清，造成“先有鸡还是先有蛋”式的“循环审批”。例如，2013 年，某外资企业计划在上海市漕河泾开发区建设全资医院，所用土地需从工业用地转变性质为卫生用地。按照现有规定，上海市规划和国土资源管理局需要卫生行政部门先行进行医疗机构设置审批，而卫生部门进行审批的前提又是具有土地使用权证，由此形成“循环审批”。出于引进高端医疗机构的考虑，卫生行政部门先行出具了审批意向说明书才解决了难题，使该项目顺利落地。

六是准入评审存在困难。从政策上看，本市社会医疗机构在医疗技术准入、大型设备配置、技术职称评审等方面均已实现了与公立医疗机构同等标准、公平对待。但在实际操作中，客观上由于相关标准中对机构及学科的规模、医务人员水平能级、辅助支撑条件、教学科研水平等方面均有一定的要求，与公立医疗机构相比，部分社会医疗机构在实际申报和评审中仍存在很大困难。例如母婴技术中的人工流产，对社会医疗机构的控制较严，在"堵"的政策之下产生一定的非法、违规行为。

四、审批流程层面的需求分析

一是信息公开程度不高，行政透明度还需增强。在调查中发现，多数社会医疗机构负责人能够理解和接受必要的行政审批，但普遍认为现有管理过程信息公开程度不高。首先社会医疗机构设置审批的法定依据和标准公开程度不高。作为审批基本依据的《上海市区域卫生规划(2011年—2020年)》已经公开发布，但《上海市医疗机构设置规划（2011—2015年)》尚处于保密状态。医疗机构选址的具体要求、标准和规范还不明确，申请方无法准确获得相关标准。同时，审批过程中的时限、流程、节点等信息未能及时公开，造成行政相对人对审批过程有关信息不能及时获知和了解。

二是审批环节多，周期长。多数受访者表示，目前的"三级审批"制度造成审批环节多、周期长。上海市卫生行政主管部门审批的项目也需要区县卫生行政主管部门接收和盖章，存在隐性"玻璃门"。同时，医疗保险要先期介入社会医疗机构的审批过程，进一步拉长审批周期。审批周期过长，不仅妨碍了行政效率提高，同时也增加了申请人的等待成本和前期投入成本。

三是附加条件多，申请成本高。例如，私人诊所的设置中，“离退休的卫生技术人员须经原工作单位同意”，无形增加申请人成本。“提交设置可行性研究报告”等附件条件的实际意义不大。

四是区别对待的情况较为普遍。现实中过多审批小规模医疗机构，造成小型私营医疗机构较多，监管成本上升。而同时对“高端医疗服务”界定不清，因此对介于“小规模”和“高端”两者之间的大量医疗机构审批控制过严，自由裁量空间较大。

五是违规现象不同程度存在。部分区县卫生行政主管部门不按有关报批程序办理，不受理社会办医的设置申请；或者对上海市卫生行政主管部门审批权限内的申请者不履行相关程序，造成部分属于上海市卫生与计划生育委员会审批权限的项目无法报上海市卫生与计划生育委员会审批。

造成这些问题和瓶颈的原因是多方面的。从客观上说，长期以来，上海市医疗资源配置在国内一直处于较高水平，公立医疗机构的布局相对比较完善，社会医疗机构发展空间相对有限。同时，医疗卫生资源长期依靠行政、政策方式配置，医疗卫生体制的行政化程度较高，编制、职称、评级、定价等方法依然起到重要配置作用，不利于核心资源的自由流动，这就使得社会医疗机构的准入和发展必然是一个长期和渐进的过程。

从主观上说，目前对于社会医疗机构的功能定位、发展路径、重点领域、分类指导等问题尚存在一定分歧；社会医疗机构的行业自律和监管体系尚不完善，医疗事故和风险依然存在；同时，社会医疗机构的发展势必与公立医疗机构形成一定的竞争关系，因此对社会医疗机构的审批也存在一定顾虑和犹豫。

正视和破解这些难题，正是上海市进一步发展社会办医、深化医疗卫生体制改革、推动卫生事业大发展和建设“亚洲一流医学中心城市”的重要支撑和契机。

第五节　基于需求评估的对策建议

经过上文的分析我们可以看到：制约当前上海市社会医疗机构发展和社会办医水平的主要瓶颈和关键问题不在于医疗机构的设置审批；社会医疗机构设置审批环节中存在的主要瓶颈和关键问题也不在于行政作风和流程繁琐。“批”和“管”都只是表象、症状，体制和环境才是问题和病源。造成社会医疗机构申请难、审批难、发展难的关键还是在于当前的医疗卫生体制及资源配置机制。在现有体制、环境和资源的情况下，仅仅放开审批关卡，无助于问题的根本解决。正如有民营医院管理者忧虑地表示：“批了也活不了”“批了也活不下来”。要真正打破制约资源配置和行业准入的“玻璃门”和“弹簧门”，推动社会办医大发展、良性发展，必须从顶层设计的角度，进一步明晰医疗卫生体制改革的整体思路，特别是社会医疗机构的功能定位和发展思路。也就是说，需要处理好医疗卫生领域中的“政府与市场”“政府与社会”的关系问题。

党的十八大报告提出，“深化行政审批制度改革，继续简政放权，推动政府职能向创造良好发展环境、提供优质公共服务、维护社会公平正义转变”。[①] 李克强在 2013 年 5 月 13 日国务院机构职能转变动员电视电话会议上的讲话中也指出，“转变政府职能，就是要解决好政府与市场、政府与社会的关系问题，通过简政放权，进一步发挥市场在资源配置中的基础性作用，激发市场主体的创造活力，增强经济发展的内生动力”。[②] 他同时强调，“这次改革，就是要坚持市场化改革取向，做到最大限度减少对生产经营活动和产品物品的许可，最大限度缩小投资项目审批、核准、备案的范围，最大可能减少对各类机构及其活动的

① 《十八大以来重要文献选编》上，中央文献出版社 2014 年版，第 22 页。

② 李克强：《李克强在国务院机构职能转变动员电视电话会议上的讲话》，2013 年 5 月 13 日。

认定”。①

党的十八届三中全会通过的《中共中央关于全面深化改革若干重大问题的决定》（以下简称《决定》）明确提出建立公平竞争的市场规则和体系。对非公有制经济发展提出了坚持权利平等、机会平等、规则平等，废除对非公有制经济各种形式的不合理规定，消除各种隐性壁垒。而壁垒消除的必要条件是行政部门要逐步从医疗服务部门退出，对公立医院进行去行政化。将医疗服务的资格审查交中立的非政府非营利机构，让更多的民间医疗服务资源进入医疗服务领域，发展多层次的医疗服务，公办和民办医院要实现权责的对等。因此，比不断提出鼓励社会办医更重要的是建立和维持一个公平的竞争秩序。

这就为上海市进一步推进行政体制改革以及社会医疗机构审批管理制度改革指明了基本方向、提出了基本要求。改革中，要按照党中央、国务院和上海市委市政府关于行政审批制度改革、转变政府职能的总体要求和部署，积极落实《关于促进本市社会医疗机构发展实施意见》，理顺政府与市场、政府与社会、市与区县、政府部门之间的关系，突破行政壁垒，打破隐性的“玻璃门”“弹簧门”，促进医疗资源和要素自由、有序、合理流动，增强市场和社会活力，推动社会医疗机构在数量、质量和水平上有大的发展。整体思路和具体举措可以概括为“一个核心、两大关键、三项抓手和四类保障”。

一、政策导向和思路层面的建议

深化医疗机构审批制度改革的核心是转变政府职能，理顺政府与市场、政府与社会的关系，准确定位医疗卫生体制中政府、市场和社会这

① 李克强：《李克强在国务院机构职能转变动员电视电话会议上的讲话》，2013 年 5 月 13 日。

三方的职责、功能，准确定位公立和社会医疗机构的地位、作用，实现各归其位、各行其道、互相搭配、并行不悖。

《决定》提出来，建设统一开放、竞争有序的市场体系，是使市场在资源配置中起决定性作用的基础。必须加快形成企业自主经营、公平竞争，消费者自由选择、自主消费，商品和要素自由流动、平等交换的现代市场体系，着力清除市场壁垒，提高资源配置效率和公平性。另一方面，要全面正确履行政府职能。进一步简政放权，深化行政审批制度改革，市场机制能有效调节的经济活动，一律取消审批，对保留的行政审批事项要规范管理，提高效率。同时，加快事业单位分类改革，加大政府购买公共服务力度，推动公办事业单位与主管部门理顺关系和去行政化，创造条件，逐步取消学校、科研院所、医院等单位的行政级别。建立事业单位法人治理结构，推进有条件的事业单位转为企业或社会组织。

如何更好地提供公共服务，满足人民日益增长的公共服务需求，努力办好人民满意的医疗卫生事业？李克强在 2013 年 5 月 13 日国务院机构职能转变动员电视电话会议上的讲话做出了明确回答。他指出："增加服务供给，满足社会需求，必须把政府的作用与市场和社会的力量结合起来。要把政府的工作重点放到'保基本'上来，加快织就织好一张覆盖全民的社会保障'安全网'，特别是要'补短板''兜底线'，为人民基本生活提供保障。同时，在非基本的公共服务领域，要更多更好发挥市场和社会的作用。""大力引入社会资本，增加竞争，满足多样化需求。即使是基本公共服务，也要深化改革、利用市场机制、创新供给方式，更多地利用社会力量，加大购买基本公共服务的力度。""凡适合市场、社会组织承担的，都可以通过委托、承包、采购等方式交给市场和社会组织承担。"这就说明：

其一，就职能定位来说，公共卫生事业的发展必须充分发挥政府、市场和社会三个方面的积极性和创造性。如图 5–5 所示。在社会主义市场经济条件下，要发挥政府进行行业规范、行业监管以及提供基本、基础和基层性医疗卫生服务的作用；发挥公立医疗机构示范、培训，以及提供基本医疗卫生服务的作用；发挥社会公益性组织举办非营利性医疗机构、参与基本卫生服务生产的作用；发挥市场在资源配置中的基础性作用，引导社会资本进入非基本、非基础和非基层性的卫生领域，形成对公立医疗机构的有力补充、配套和竞争。

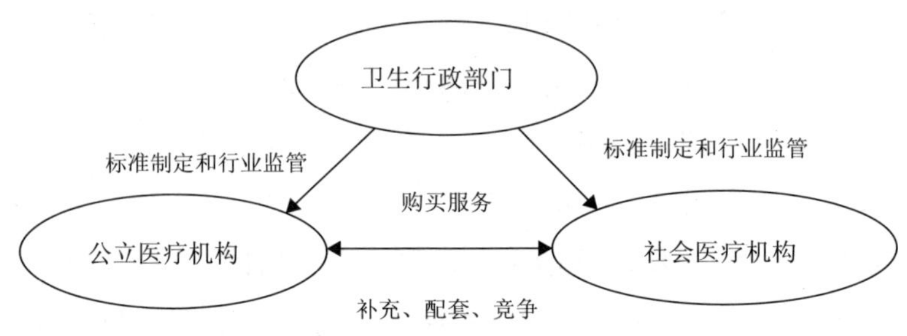

图 5–5　公共服务体系中的“三角形”

只有逐步打破所有制、单位制对医疗卫生资源流动的制约和藩篱，提高人才、资金、技术、设备等生产资源的市场化、社会化配置水平，才能为社会医疗机构发展提供良好、公平的环境和氛围。在此基础上，逐步打破准入门槛、隐性门槛和无形门槛，减少政府对微观经济活动的行政干预，减少对行业准入的过度干预和管制，增强社会资源和市场资源参与医疗卫生事业的积极性和创新性，最终达到优化医疗资源配置结构，促进有序竞争，提高医疗服务整体效率的目的。

其二，就实际供给来说，即使是基本医疗卫生产品，也可以引入多种生产方式和供给方式，而并非由政府全部包揽、单打独斗。一方面，要加快公立医院改革，改变现有盲目“铺摊子”“上项目”的发展思路，引导公立医院退出特需、商业化服务和项目，引导公益基金和社会资本参与公立医院改制，便于政府收紧“拳头”，集中资源办好基础性、示范性公立医疗机构，并相应提高医生的福利待遇；另一方面，在医疗资源相对不足的区域，大力加强政府购买服务试点，将社会医疗机构引入基本公共服务的生产和供给中来，既能减少编制、机构，又能提供基本公共服务，还能在不同所有制性质的医疗机构中实现良性互动和竞争，并不断提高服务效率。

二、突破政策瓶颈的建议

“人从哪里来?”“钱从哪里来?”是制约社会医疗机构审批、管理和发展的关键问题。不解决这两大问题，就不能破除行业竞争的“玻璃门”和“弹簧门”，真正促进资源的自由流动和高效配置。

《中共中央关于全面深化改革若干重大问题的决定》中提出，鼓励社会办医，优先支持举办非营利性医疗机构。社会资金可直接投向资源稀缺及满足多元需求服务领域，多种形式参与公立医院改制重组。允许医师多点执业，允许民办医疗机构纳入医保定点范围。这其实从“资源”和“人员”两个角度对社会办医的关键问题进行了论述，也为今后的改革指明了方向。

在人力资源方面，一是结合国家事业单位体制改革以及事业编制改革的大背景，社会医疗机构的医务人员按照国家规定参加社会保险，鼓励有条件的社会医疗机构推行企业年金制度，吸引医疗人才进入并留在社会医疗机构。二是鼓励医务人员在公立和社会医疗机构间合理流动，简化办理有关劳动、保险、档案等转接手续和流程。逐步实行社会第三方机构进行专业技术职称评定，实现专业技术职称评定与所在医疗机构的脱钩。三是完善医师多点执业管理制度，鼓励医师到社会医疗机构多点执业，不得限制符合规定的公立医疗机构医师到社会医疗机构执业，原单位不得因此降低其政策规定的相关待遇。对于在职医师的休息日执业和离退休人员的多点执业，在原单位实行“备案制”，不再实行审批制。

在资金资源方面，医保政策和商业保险政策要齐头并进，双管齐下，健全和完善社会医疗机构的筹资体系。首先，逐步扩大医保定点对社会医疗机构的覆盖面，医保定点医疗机构的审核条件中不再包括医疗机构性质，而应将专业技术、服务水平、管理成本和用户满意评价等作为医保定点评估标准。其次，对社会资本在城乡接合部、郊区或者新城等偏远地区举办医疗机构，或者举办专业性较强的老年医疗护理、康复、精神卫生、儿科、产科等专科医疗机构给予支持，优先纳入医保定点。再次，对原已纳入医保定点的公立医疗机构改制为社会医疗机构的，原则上保留其医保定点资格。最后，鼓励商业保险机构与社会医疗机构的合作，进一步拓展社会医疗机构的保险筹资渠道。

三、行政审批流程再造的建议

一是抓住“规划”这个抓手，优化《区域卫生规划》和《医疗机构设置规划》，细化审批依据、标准和要求。《区域卫生规划》和《医疗机构设置规划》对医疗机构设立和发展的引导、规范要体现分层、分类、清晰、透明的原则。

就公立和社会医疗机构而言，《区域卫生规划》和《医疗机构设置规划》中要明确社会医疗机构在规划期内的增长速度和量化目标，并根据现有情况和基本公共卫生需求等多种因素，确定区域内公立、社会医疗机构的目标比例和结构。在规划的总量范围内，合理设置基础性资质要求和标准，进行依法审批。在特定领域中，同等资质和技术条件下，要优先考虑社会资本进入医疗卫生行业。

就社会医疗机构本身而言，坚持“需求导向，分类指导”的原则，引导和鼓励社会资本在高端医疗服务领域和医疗资源配置薄弱的基本医疗服务领域举办医疗机构。鼓励社团的慈善、捐赠和举办非营利性医疗机构行为，倡导卫生工作的公益性属性。从服务需求角度，在高端需求旺盛的发达地区，重点支持境内外资本和知名专家开设满足高端需求的特色医疗机构、康复、护理及分散在社区的私人诊所；在基本需求没有满足的欠发达地区，重点支持弥补基本医疗资源欠缺的领域。

鼓励社会资本在医疗资源配置相对薄弱的区域、有床位增量额度的区域以及需要设置医疗机构的人口导入区域举办医疗机构。鼓励社会资本举办老年医疗护理、康复、精神卫生、儿科、产科等医疗服务供给不足的专科医疗机构。就上海市来说，以“国际医学园区”和“高科技生物制药园区”为主要平台，鼓励和吸引社会资本以多种形式举办具有一定规模，以先进技术、优质服务和先进管理为特征的高端医疗机构和特色专科医疗机构。严格控制公立医疗机构开设特需医疗服务，已开设特需床位的公立医疗机构要逐步缩小特需床位规模，有条件的要进行逐步剥离，以人员、品牌、技术等形式在两个园区与社会资本合资合作办医。

就规划标准而言，进一步明确两个园区内“高端医疗机构”和“特色医疗机构”的标准，从规模、技术、面积、人员、管理等各个方面详细规定审批标准和资质，提高规划的可操作性。同时，制定、细化在医疗资源配置相对薄弱的区域举办社会医疗机构的鼓励措施、标准和配套政策。

大力发展新健康产业，允许社会资源进入新健康产业，拓展和提升产业能级。① 预防保健、健康管理、医疗服务、医疗保险、老年护理和

---

① “新健康产业”是指呼应社会发展阶段的新需求、依托生命科学、生物医药以及其他领域的技术创新，形成的与修复、维护、促进健康相关的产业链和产业集群。包括医疗服务类健康产业：顺应社会新需求建成和改造的新兴医疗机构，更多依赖生命科学新技术、新方法提供的多样化、多形式医疗服务；生产制造类健康产业：依托技术创新，生产诊断试剂、医用耗材、生物医药、医用诊断治疗仪器、制药装备等；新兴健康服务业：健康管理、健康体检、康复护理、健康咨询、美容养生、健康文化、心理疏导、体育健身等；以及由此带动的一批新兴辅助性健康服务业：健康信息流、健康产品物流、健康保险资金流等。随着社会的发展，科技的进步以及人们对健康生活品质的不断追求，还会有新的经济活动方式和产业组织形态应运而生，健康经济和健康产业的内涵和外延也将不断扩大和延伸。

康复市场等领域要向社会资本充分开放。压缩公立医疗机构规模，逐步剥离公立医疗机构的特需服务，进一步放开市场准入，鼓励社会资本提供基本医疗以及之外的个性化健康服务。

同时，将“月子会所”等母婴护理机构纳入医疗机构中的护理服务机构管理，上海市卫生部门组织制定配套的地方标准、行业规范；有关母婴保健护理机构基本标准制定后应当报国家卫生健康委员会备案。明确未经卫生部门批准，不得擅自开办“月子会所”等母婴护理机构。

二是抓住“流程”这个抓手，进一步优化、简化社会医疗机构设置审批程序和流程。首先，规范社会办医审批程序，提高行政信息公开程度和行政审批透明度。卫生行政部门制定的《区域卫生规划》和《区域医疗机构设置规划》，特别是社会资本的准入条件和审批程序，都要定期向全社会公布。医保部门应公开医保定点准入条件和审批程序，保障社会资本举办医疗机构在政策知情、信息和数据等公共资源共享方面的合法利益。其次，进一步简政放权，提高审批时效和效率。减少审批环节，在国务院下放外资医疗机构审批权限的基础上，将部分市审批权限下放给区县。通过多部门的并联审批改革，提高审批效率。

三是抓住“责任”这个抓手，提高政府法治水平和行业监管水平。在明确标准、细化依据和公开信息的基础上，建立社会医疗机构行政审批“问责制”，对于违反规定、暗箱操作、“吃拿卡要”的行政行为和公职人员，追究其行政责任，确保政令畅通、执行有力和行为规范。

同时，加强行业监管，完善退出机制，依法追究违法违规医疗行为的责任。李克强 2013 年 5 月 13 日在国务院机构职能转变动员电视电话会议上的讲话指出，“我们这次改革绝不是一放了之，在放权的同时必须加强市场监管。”“大量减少行政审批后，政府管理要由事前审批更多地转为事中事后监管，实行‘宽进严管’”。因此，政府对审批通过的社会医疗机构必须加强监管，规范发展。对老百姓顾虑较多的问题，包括无资质人员行医、乱收费、过度检查、违规发布医疗广告等，要发挥行业监督自律的作用，利用信息化、大数据等方式，进行重点监督并依法严肃查处，维护规范、有序的医疗卫生环境，改善和提高社会医疗机构的社会形象。

因此，“宽进严管”应该成为行政审批制度改革的必然方向和着力点。要进一步强化社会医疗机构协会这样的社会组织和行业组织在行业规范和管理中的作用。通过行业民主选举、星级医院评比、同行检查等方式规范医院内部管理，提高技术水平，更好地为患者服务。

第六章
需求整合：社区建筑垃圾清运机制创新的经验与启示

近年来，随着经济社会快速发展和城市化进程不断深入，我国城市垃圾日均产生数量激增，垃圾处理需求快速增加，由此而来的环境污染等问题逐渐引起社会各界的广泛关注。尤其是城市社区内的垃圾清运，直接关系到居民生活质量和社区环境整洁，已经成为一种重要的、不可或缺的公共服务。是否能及时、快速、规范化清运社区内的生活垃圾，保持良好的社会环境和氛围，考验着现代政府的治理体系和治理能力。

2015年下半年开始，上海市静安区集全区之力推进"美丽家园"建设。"美丽家园"建设强调"补短板、破难题"，紧紧抓住住宅小区中的"老大难"问题，通过查找原因，打通阻滞，解决问题来增强基层活力、让群众得实惠。在"美丽家园"建设中，临汾路街道办事处主动回应居民对小区内建筑垃圾清运不及时问题的关切，变革现有清运方式，吸纳社会力量积极参与，提高了社区内建筑垃圾、大型家具垃圾的转运效率，创新了社区垃圾管理模式，取得了良好的经济和社会效果，受到居民、物业和环卫公司多方的高度赞誉，为创新社会治理方式提供诸多有益经验和启示。

第一节　社区垃圾清运机制现状

一、垃圾与社区垃圾

垃圾是指不需要或者无用的固体或者流体物质。人类活动以及人类社会的运行时刻都会产生垃圾，垃圾是人类生存的自然衍生品。一般来说，垃圾可以分为生活垃圾和生产垃圾。前者是在人类生活过程中产生的废弃物，后者则是在工农业生产过程中产生的废弃物。① 这两类垃圾的分类、清运和处理都有着不同的方式和渠道。

我国社区内产生的垃圾主要以生活垃圾为主，是社区居民在社区生活中产生的不需要和无用的固体、流体废弃物。按照不同的标准，生活垃圾可以被分为不同的种类，如表 6–1 所示。

表 6–1　社区生活垃圾的分类 ②

类型	具体内容
厨余果皮（湿垃圾）	即居民家庭产生的剩菜剩饭、菜皮果皮、茶叶渣、过期食品等
干垃圾	即除厨余果皮、专项收运、废品回收以外的日常生活垃圾，如废弃餐巾纸、尿不湿、灰土、污染较严重的纸、塑料袋等
玻璃	即玻璃瓶罐、平板玻璃、镜子等
有害垃圾	即电池、灯管、油漆桶、墨盒、硒鼓等

① 从国内外各城市对生活垃圾分类的方法来看，大致都是根据垃圾的成分构成、产生量，结合本地垃圾的资源利用和处理方式来进行分类。如德国一般分为纸、玻璃、金属和塑料等；澳大利亚一般分为可堆肥垃圾、可回收垃圾和不可回收垃圾；日本一般分为塑料瓶类、可回收塑料、其他塑料、资源垃圾、大型垃圾、可燃垃圾、不可燃垃圾和有害垃圾等。

② 方圆：《城市生活垃圾的分类和处理研究》，复旦大学硕士学位论文，2012 年。

续表

类型	具体内容
废旧衣物	即废旧的衣服、地毯、毛巾、床单等织物，废旧的包、鞋等皮革制品
可回收物	即较清洁的报纸、信封、账单、纸质包装盒等废纸及纸板，饮料纸包装、塑料瓶罐、塑料玩具、塑料包装袋等塑料制品，废金属等

除了生活垃圾以外，城市社区内还存在另一类垃圾，即建筑垃圾。社区建筑垃圾也称居民区“二次装修垃圾”，主要是居民个体在修缮、改造和装修房屋过程中产生的渣土、砖石、木块等固体废弃物，常常还混有废弃家具等其他物品。这些废弃物的处理与一般的生活垃圾存在很大差异，对这一类垃圾的处理问题，将成为本章讨论的主要内容。

二、社区垃圾清运链条及其多元主体

广义上讲，社区垃圾处理共包含三个阶段：垃圾投放、垃圾清运和垃圾处理。投放主要是居民的行为，而清运和处理都是专业性部门和公司的行为。

第一阶段是垃圾的投放。城市社区垃圾的投放大致可分为混合投放和分类投放两种，我国目前以混合投放为主，有些地区已经开始推进分类投放。[①] 分类投放主要是在政府主导下，居民按照垃圾的不同类别将其放入指定的垃圾箱或者垃圾房。20 个世纪 90 年代以来，许多城市对原有社区居民楼的内部垃圾箱进行了重修和改建，每个社区基本上都有了专门的垃圾房。这是居民投放生活垃圾的主要地点。

---

① 其实，早在 2000 年，北京、上海、南京、杭州、桂林、广州、深圳、厦门就被确定为全国 8 个垃圾分类收集试点城市，但实际效果并不能令人满意，市民的参与率和正确投放率不尽如人意。据调查，2010 年左右，上海市除了几个示范小区外，大多数小区的正确投放率仅有 10%—20%，广州市约有 30%，南京市也仅有 20%。见宋祥凯：《我国生活垃圾分类管理的现状与发展建设》，《天津科技》2017 年第 3 期。

垃圾处理的第二阶段是垃圾的清运，即将垃圾从社区内运至更大的中转站或者处理厂。当居民将生活垃圾放入垃圾桶或者垃圾房以后，一般由具有专业资质的清运主体派出清运车辆沿一定路线收集社区垃圾房或其他储存设施中的垃圾，将其送至垃圾转运站，或者就近送至垃圾处理厂或处置场。具体来说，这个过程也可以由几种不同的模式完成：

（1）上门收集。这种方式是指居民先将垃圾分类为可回收垃圾和不可回收垃圾，然后放入不同的垃圾袋，堆放在自己房屋门口。之后，社区保洁人员上门收集垃圾，并将其送至定点的垃圾站（房），再经专门的清运车辆送至更大的垃圾收集站。① 这种收集方式可以防止垃圾被遗漏或运送过程中被洒掉的情况发生。

（2）定点收集。这种方式是指居民自己将分类袋装后的垃圾送至分类收集容器内。这里的容器既可以是专门放置的垃圾桶，也可以是专门的垃圾房。专业的清运人员将垃圾桶内的分类垃圾送至垃圾房，然后经专门的清运车辆送至不同收购点或综合处理场所处置。② 定点分类收集方式不需要专业人员的上门清理，所以其成本相对于上门收集更为低廉。定点收集的效果因社区的具体情况而存在较大的差异。当小区内居民的环保意识和责任意识较强时，定点收集的效果较好，否则就可能会出现居民乱丢垃圾的情况，结果是影响了小区的环境卫生。

（3）流动收集。这种模式是指采用流动垃圾车进行垃圾收集和清运。③ 此种方式的特点是不须建垃圾房，但也因此需要保持一定的清运频率，如果频率过低，就会导致垃圾在社区内的大量堆积，且清运过程

---

① 赵丽君：《城市生活垃圾减量与资源化管理研究》，天津大学博士学位论文，2009 年。

② 赵丽君：《城市生活垃圾减量与资源化管理研究》，天津大学博士学位论文，2009 年。

③ 赵丽君：《城市生活垃圾减量与资源化管理研究》，天津大学博士学位论文，2009 年。

因路线较长，成本也较高。

第三阶段就是垃圾的最终处理，即在一定期限内将垃圾迅速清除，并进行无害化处理，最后加以合理的利用。垃圾被送至中转站以后，将根据具体情况被采取几种不同方式处置：一是填埋，即对不能进行回收利用（包括物质利用和能量利用）的无用垃圾直接用土壤填埋。我国通常在城市郊区或农村地区建有专门的垃圾填埋场。填埋是使用最多且最广泛的处理方法，也是成本最低的方法。但缺点在于占地面积大，二次污染风险较高（例如，垃圾的渗出液体会污染土壤及地下水，垃圾堆放产生的臭气也会污染周边的空气），另外，垃圾堆放过程中发酵产生的甲烷气体可能引发火灾甚至爆炸，排放到大气中还产生温室效应。二是焚烧，即将生活垃圾破碎后以高温装置焚烧掉，或通过焚烧发电，以重新利用其能源。这种方式比简单的填埋更能实现垃圾的减量化和无害化，发电也可能实现资源利用。但如果对焚烧条件控制不当也会产生烟气污染问题，且焚烧及其环保设备的投资较大。三是回收，即将可回收利用的塑料、金属、纸张、硬纸板、人造合成材料、布料、玻璃等进行回收利用。四是堆肥，即将有机物较多的垃圾破碎后做堆肥或发酵。这种方式处理相同质量的垃圾投资比单纯的焚烧处理要低一些，但由于无法处理不可腐烂的有机物和无机物，因此其减量化和无害化的程度并不高。

总结起来，目前我国社区垃圾的清理方式按照投放和清运方式的不同，可以分为四种不同的方式，如表 6–2 所示。

表 6–2　社区垃圾清运方式分类

	混合投放	分类投放
固定点收集	混合投放 + 固定点收集	分类投放 + 固定点收集
流动车收集	混合投放 + 流动车收集	分类投放 + 流动车收集

第一种类型是“混合投放 + 固定点收集”模式，是指生活垃圾没有经过居民分类，被整体投入社区的垃圾箱，然后由社区工作人员或物业

工作人员将垃圾桶内的垃圾运输到社区内的垃圾站或垃圾房，再由专业的运输车统一运输到区域性的垃圾中转站或综合处理中心。显然，由于垃圾没有分类，所以不利于回收利用和焚烧处理。

第二种类型是“分类投放＋固定点收集”模式。这一模式中，居民对生活垃圾进行了分类，然后按照要求投放到不同的垃圾桶中，社区工作人员或物业工作人员再将分类过的垃圾运输到垃圾站或者垃圾房，再由专业的运输车统一运输到区域性的中转站或综合处理中心。

第三种类型是“混合投放＋流动车收集”模式。这一模式与第一种模式的差别在于，社区内不设置指定的垃圾站或者垃圾房，而是由清洁工人直接定时开车在居民区道路旁的垃圾桶收取垃圾，然后运输到区域性的中转站或者综合处理中心。

最后一种类型是“分类投放＋流动车收集”模式。相比较第三种类型，这一种的优势在于居民在垃圾处理之前进行了分类，因此，便于后期的垃圾回收和利用。

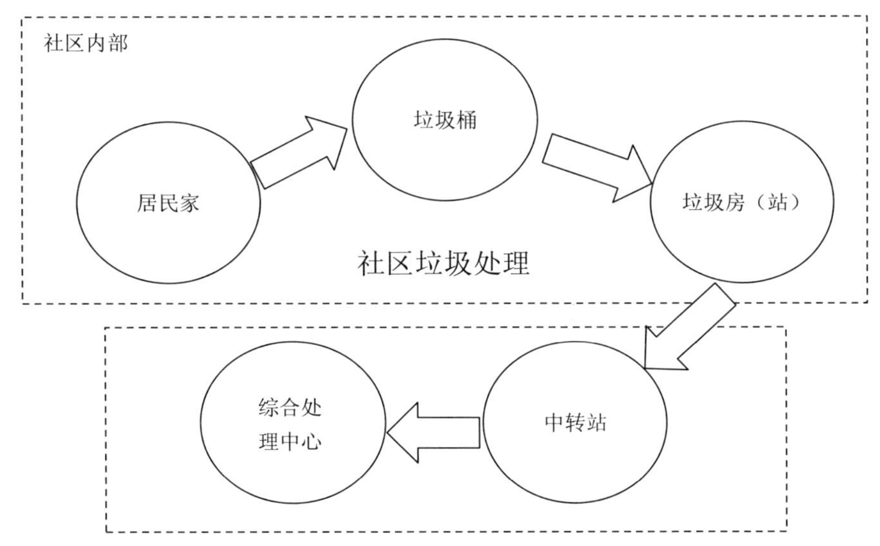

图 6–1　社区生活垃圾处理链条

从四种垃圾清运方式可以看出，在城市社区，生活垃圾的处理一般要经过居民家、垃圾桶、垃圾房（站）、中转站以及综合处理中心这几个场所，形成一个垃圾清理的链条，如图 6–1 所示。在链条之中，前三个场所都处于社区之内，后面两者处于社区之外。正因为这个链条的存在，使得社区垃圾处理涉及居民、小区物业、环境卫生管理所（以下简称“环卫所”）[①]、居委会、街道办事处等多个主体。所以社区垃圾清运看起来是意见不起眼的小事，但实际上是一个系统工程，需要多方主体的协调、配合，当协调不顺畅时，就会出现链条“断裂”问题，则清运就会成为头疼的问题。这一点在社区建筑垃圾清运过程中表现得非常明显。

三、社区建筑垃圾清运困境

由于性质不同，社区内的生活垃圾清运同建筑垃圾清运存在较大的差异。上文已经描述，生活垃圾的清运主要由“居民 + 物业 + 环卫所”三方共同完成。首先是居民将垃圾投放到定点的垃圾桶，然后物业人员将其运输至垃圾房或集中至特定地点，最后，环卫所的垃圾清运车每日定时来清运。

而建筑垃圾属于特殊垃圾，必须采取专门方式，单独收集，并送往指定的专门垃圾处理处置场进行处理处置，不能混同于生活垃圾。例如，《江苏省城市市容和环境卫生管理条例》就明确规定，“因建设施工、拆除产生的建筑垃圾、工程渣土等废弃物应当单独堆放，不得倒入城市生活垃圾收集站。居民房屋修缮、装修等产生的垃圾，也应当堆放在指

① 在上海，街道层面设有“环境卫生管理所”（简称“环卫所”），是隶属于区市容绿化管理局的事业单位。环卫所管理“垃圾清运大队”，大队的性质是企业，政府向其购买服务，让其承担日常的垃圾清运、分拣工作。这里用“环卫所”统称环卫所和垃圾清运大队，下同。

定的地点”。根据《上海市市容环境卫生管理条例》规定，“居民产生的装修垃圾，应当在物业公司或者居民委员会指定的地点堆放，并承担清运的费用”。因此，任何单位和个人不得擅自倾倒、堆放或者处置建筑垃圾、工程渣土。

从理论上说，建筑垃圾由居民个体行为产生，也应该由居民本人清运，这是与生活垃圾清运的最大不同之处。但由于居民个体力量有限，且分散化处理的成本太高，故现实中往往通过缴费的方式委托物业公司联系清运。一般流程是：居民首先按照物业公司要求将建筑垃圾堆放在物业公司指定的地点（如楼前小道、绿化带等），物业公司随后联系有资质的环卫所进行清运，然后向居民收取一定的清运费。这一点也得到了相关政府条例的认可，如《上海市市容环境卫生管理条例》不仅明确了由居民“承担清运费用”的原则，而且其第四十三条还明确规定：“对居民装修房屋产生的垃圾，物业管理企业或者居民委员会应当及时委托市容环境卫生作业服务单位，运至市容环境卫生管理部门指定的场所处置。”

因此，社区建筑垃圾的清运链条相比生活垃圾就有一定的差异。图6–2将这个链条直观地展现出来。在这里，垃圾清运过程也存在“社区

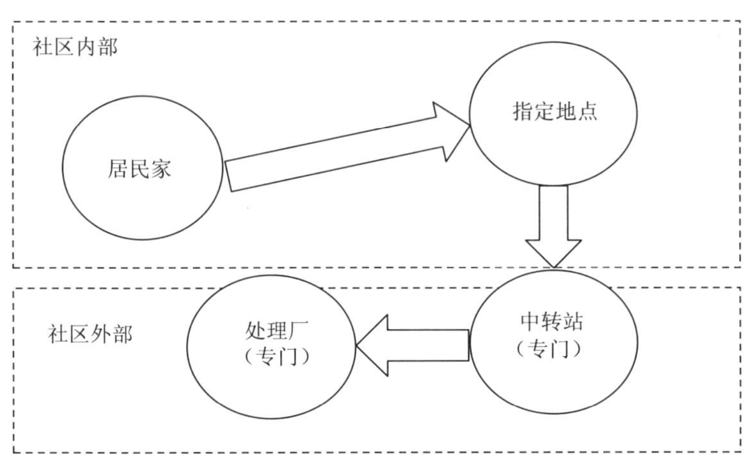

图6–2　社区建筑垃圾清运链条

内”和“社区外”两个部分，社区内主要是居民家中和指定地点，社区外主要是专门的中转站和处理厂（与生活垃圾相分离）。与生活垃圾相同之处在于，从社区内运输到社区外的主体都是具有专业资质的环卫所。而且，这个链条同样涉及居民、物业公司、居委会、环卫所等多个主体，是一个协调共治的过程。

从理论上说，社区建筑垃圾的清运同生活垃圾一样，能够构成一个完整的链条，各方主体的责任、义务和利益也非常清晰，清理工作应该及时有效。但在实际中，根据观察的结果发现，这种清理模式存在多种管理问题，造成清运效率低下，多方关系不顺的现状，常常为居民所投诉和诟病，主要表现在以下几个方面：

第一，建筑垃圾清运不及时。一般来说，单个居民家中的建筑垃圾数量有限，不具有规模效应，因此居民区通常并无特定建筑垃圾堆放点。而目前有资质的清运主体——环卫所又多按照车次而非垃圾重量收费，① 故物业公司出于经济利益考虑，一般会等小区里的建筑垃圾堆积到一定数量之后（即达到整车的规模），才会联系环卫所前来清运。等待时间长短往往视小区情况而定，有的甚至长达几个月。堆放时间一长，建筑垃圾既挤占道路、绿化带等公共空间，形成一定的安全隐患，又影响社区环境整洁美观，如果居民再倾倒生活垃圾，还会造成废弃物腐败变质，尤其在盛夏引来苍蝇、蚊虫，影响社区卫生，距离近的居民往往苦不堪言。据市民热线统计，每年有关小区建筑垃圾清运不及时的投诉都较多。

第二，建筑垃圾处理不规范。根据有关规定，建筑垃圾必须由具有专业资质的企业进行封闭式清理运输，防止对城市环境造成破坏。但在居民投诉增多，社会压力增大的情况下，部分物业公司既想加快清运周期，又力图节约成本，故有时私下联系没有任何资质的运输队，以较

① 根据对上海市的调查，2016 年每车收费标准一般是 460 元。

低的费用清理建筑垃圾。这种非规范化处理，一方面违反了国家有关规定，降低了建筑垃圾无害化处理水平以及回收利用效率；另一方面，随意处置引发的偷倒到江河湖泊等行为时有发生，进一步危害生态环境，引发环境问题。

第三，多方主体协调不顺畅。在现有分散化的处理机制下，居民、物业公司和环卫所这三方之间的关系时有龃龉，并不顺畅。一是居民与物业公司之间的矛盾。部分居民不愿意付费，想通过搭便车的方式处理自己产生的建筑垃圾，往往造成垃圾长期堆积，与物业公司和其他居民之间形成矛盾。其他居民在不堪其扰的情况下，往往一概归咎于物业公司不作为，不愿及时缴纳物业费，又增加新的社会治理冲突。二是物业公司与环卫所之间的矛盾。相对生活垃圾而言，建筑垃圾清运一般要求更高，更为繁重，还要受到堆放形态、小区道路等细节的影响，环卫所清运激励不足，与物业公司之间的协调配合不顺，常常互相指责。

第四，建筑垃圾清运不彻底。目前的清运机制还存在一些盲点，造成清理不能全覆盖。如有的居民不将废弃家具视为垃圾，不愿意缴纳清理费，长期堆积在小区；有的将建筑垃圾偷放到小区院墙之外，物业鞭长莫及，也就是变成了无主垃圾。这些情况都会影响社区环境。

第二节 需求整合与机制创新

一、需求分散与供给失灵

从某种意义上说，社区垃圾清运是一种公共产品。因为按照定义，公共产品是指具有非竞争性和非排他性的物品。这种物品的外部性很强，所以大家都想“搭便车”，结果导致供给不足，需要政府集中供给。显然，垃圾清运的正外部性很高。虽然每家每户都会产生垃圾，但是垃圾清运具有成本，而带来的好处——良好的环境却被社区的所有住户都享受到。并且也没有机制能够排除一部分人享受，即一部分人享受了，也不影响其他人享受。如果由市场机制自发供给这类产品，显然会出现搭便车现象以及供给不足的问题。所以，对于社区垃圾清运，一般由政府成立专门的机构环卫所，由其按照规范化要求清运所有社区的生活垃圾。然后每户居民通过物业费的方式上交垃圾清运费用。

建筑垃圾却不同于生活垃圾。第一，并非所有家庭都会产生建筑垃圾。建筑垃圾不是生活的自然衍生品，而是房屋居住功能的衍生品；虽然从理论上说，所有房屋在居住过程中都会经历装修而产生建筑垃圾，但毕竟次数有限，不会经常发生。第二，正因为这个原因，在特定的居住区内，建筑垃圾没有形成规模效应。虽然所有社区都会有清运建筑垃圾的需求，但具体到每个社区来说，这个需求量比较有限。换句话说，从整体来看，这种清运需求相对生活垃圾来说非常分散。第三，正因为这种分散性，使得建筑垃圾的清运成本会高于普通的生活垃圾。由于生活垃圾的清运需求大，因此，环卫所的运输车辆可以逐个进入社区进行清运，而不会有空载的情况；但建筑垃圾分散在不同社区，建筑垃圾数量的信息是分散的，环卫所并不知道每个小区有多少建筑垃圾。

正因为这三个原因，如果在社区内像生活垃圾那样专门开辟出堆放建筑垃圾的垃圾房、垃圾站，其“成本收益比”会非常低。正因为社区建筑垃圾难以形成规模效应，也没有固定堆放点，分散化清运成本较高，所以只能靠延长堆放时间来节约运输成本，这是造成清运效率低下的主要原因。

可以说，传统模式之所以低效，主要原因在于垃圾清运服务的需求与供给之间的“对接失灵”。相比之下，生活垃圾清运能够实现无缝隙对接：每个居民区都有固定的生活垃圾收集站，环卫所每天都要进行定时定点清运，这就保证了生活垃圾清理的及时性和有效性。但由于在纯粹市场化的环境下，建筑垃圾的非规模性、需求分散和信息不对称的问题，很难通过市场自发机制予以解决，故常常成为“老大难”问题。

也正因为如此，我们可以看到，社区建筑垃圾清运困难并由此影响社区生活环境的案例屡见不鲜。例如，据《钱江晚报》报道，金华市双龙南街的永盛新阳光小区虽然是高档排屋，但小区空地被大量装修垃圾堆满，“不仅有废旧的床板、旧沙发、马桶和碎玻璃，当中还混合着枯枝烂叶和杂土堆，靠近之后就闻到一阵臭味，苍蝇蚊子也到处乱飞”。① 这种状况严重影响了小区的环境，其中的业主感觉苦不堪言。无独有偶，《北京晚报》也报道，朝阳区牡丹园西里的建筑垃圾已经堆放了一两个月却无人清理。“这种现象不仅‘有碍观瞻’，更有不小的安全隐患。记者了解到，这种问题并非个例，在很多小区，建筑垃圾的清运工作仍无专人负责。”②

二、需求整合与垃圾清运模式创新

针对“分散式”清运模式的弊端，2016 年上半年，上海市静安区临汾路街道办事处坚持“问题导向、需求导向和社会导向”的原则，通过政府购买服务的方式，委托社会组织——“和宜业主委员会事务所”承接住宅小区建筑垃圾的清运统筹管理工作，探索以社会化、项目化、专业化的方式解决小区物业管理瓶颈难题，创造出了一种新的拼车式、市场化的清运模式，找到了市场机制与社会机制有效衔接点。主要做法是：

第一，搭建平台，统筹协调。在街道物业管理中心的支持下，社会组织——“和宜业主委员会事务所”发起构建了街道辖区内的建筑垃圾清运“三方联合体”，“三方”是指和宜业主委员会事务所、自愿参加

① 傅颖杰：《房子 300 万，装修 300 万，每天却和垃圾作伴》，《钱江晚报》2015 年 5 月 21 日。

② 《小区楼下建筑垃圾成堆　为何难清理?》，《北京晚报》2016 年 8 月 15 日。

的小区物业服务企业以及环卫所。三方联合体就建筑垃圾清运事务达成“契约”：和宜业主委员会事务所负责统筹安排，联系环卫运输公司，统一组织小区零星建筑垃圾的清运动作；参与联合体的小区物业服务企业及时向和宜业主委员会事务所报告建筑垃圾信息，便于后者统筹安排，同时享有先清运后结算的权利；环卫所为建筑垃圾清运的实施主体，仅与和宜业主委员会事务所对接，每周至少保证两次调度车辆满足临汾路街道建筑垃圾清运需求。

第二，化零为整，统一对接。从操作流程看，居民小区一旦产生建筑垃圾，该小区的物业服务企业就立刻上报数量信息，和宜业主委员会事务所在整合这些信息的基础上，形成覆盖全街道的建筑垃圾清运表，然后统一与环卫所对接，并负责清运作业现场调度指挥。环卫所接到任务后，按照清运表对小区逐个收集建筑垃圾。各小区的实际运量由以上三方在现场共同确认，并根据“按实结算”的原则，由和宜业主委员会事务所与环卫所按整车结算。和宜业主委员会事务所再以月为单位与各小区物业服务企业按实际清运量进行核算。这就改变了从前物业服务企业独自、分散与环卫所联系的机制，一举克服了信息碎片化、协调成本高、监管不严、私自偷运等问题。

图 6–3 和图 6–4 分别显示了改革前后的清运模式。改革前，每个居

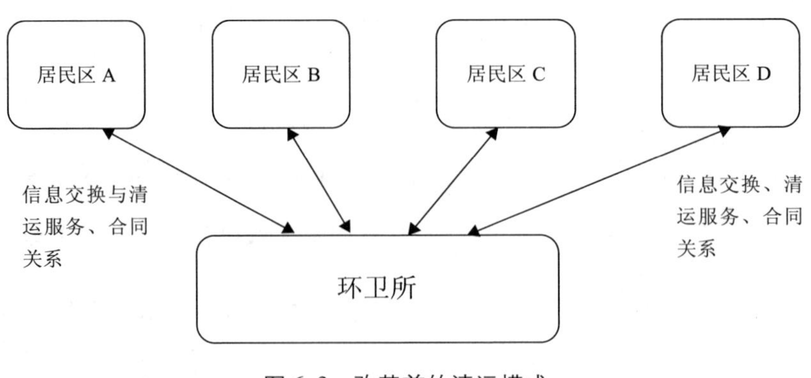

图 6–3　改革前的清运模式

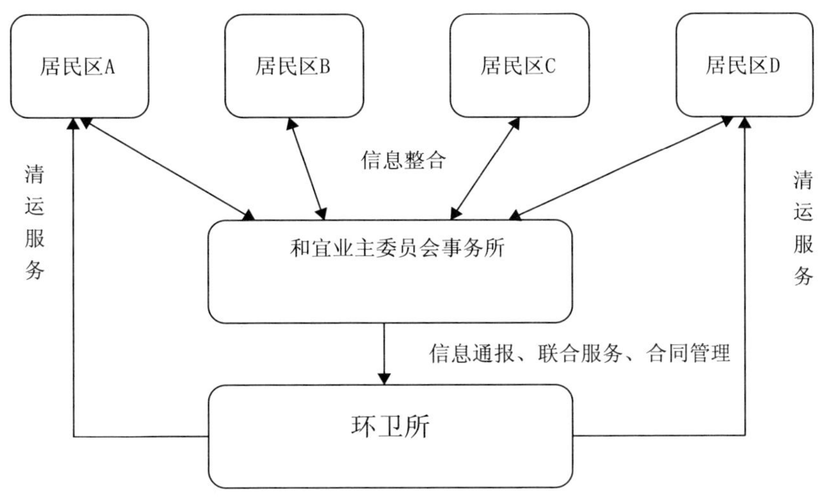

图 6-4　改革后的清运模式

民区各自与区环卫所联系，签订清运合同，完成“告知—清运—付费”的全过程。建筑垃圾清运需求分散在各个居民区之中，没有一个相关主体(居民区、环卫所）能知道整体的情况。因此，需求是高度分散化的。

与之相对应，供给过程（垃圾清运）也是高度分散化的。环卫所与每个居民区都是“一对一”“点对点”式的联络关系，决定环卫所是否派出清运车辆的唯一因素就是某个小区是否有整车的垃圾。① 分散化的需求表达以及分散化的需求供给，共同决定了传统清运模式的低效。

改革以后，和宜业主委员会事务所起到了信息整合与需求整合的作用。各个居民区不再与环卫所单线联系，而是统一与和宜业主委员会事务所打交道。一旦有建筑垃圾（即清运需求），居民区将信息报给和宜业主委员会事务所，和宜业主委员会事务所将散落在不同居民区的建筑垃圾清运需求“化零为整”，然后与区环卫所对接。这里，和宜业主委

① 因为环卫所也知道，居民区物业服务企业会将垃圾积攒到整车的量才会电话联系。

员会事务所实际上起到了“指挥中枢”的作用。这个“中枢”虽然没有任何行政级别，与利益相关方也没有任何隶属关系，但由于能够整合需求，完善“需求—供给”机制，所以被各方所承认。

第三，全程管理，全域覆盖。一是和宜业主委员会事务所统筹管理联合体内所有小区的建筑垃圾清运，并据此形成了社区建筑垃圾的“一本账”。每个小区的建筑垃圾数量、堆放时间、清运时间以及街道整体清运情况全部一目了然。每次清运时，和宜业主委员会事务所人员到场核实，确保整个清运过程清晰可控。二是成立“蓝猫特种部队微信群”，“三方联合体”成员通过统一平台传递信息，确保整个管理过程公开透明，避免信息不对称引起的误解和矛盾，也便于加深理解，分享经验，促进合作。三是对物业服务企业建立激励机制，如支付押金承诺不再联系“黑车”私运；按照“先报知先清运”原则确定清运顺序，以提高其积极性。四是对少量无主的建筑垃圾，也可以通过这个机制兜底，一并清运，实现了建筑垃圾清运的全过程管理和全街道覆盖。

第四，理顺关系，形成合力。为了协调好居民、物业服务企业、环卫所、和宜业主委员会事务所之间的关系，提高合作效率，还建立了几项机制：一是每月例会，三方联合体定时开一次沙龙，交流工作经验，讨论突出问题，争取早发现、早解决，也利于联络感情、沟通信息。二是免费就餐，为保证清运效率，清运日环卫工人午餐在临汾路街道就餐，餐费及饮水由和宜业主委员会事务所承担，既提高了环卫工人福利，也没有增加物业服务企业的经济负担，这两方都同声叫好。三是奖励激励，街道每季度开展物业服务企业达标奖励工作，把小区建筑垃圾清运效率作为重要考核指标，“倒逼”物业服务企业主动要求清运建筑垃圾，为和宜业主委员会事务所顺利推进项目创造环境。

实践证明，这种化零为整的创新，彻底改变了从前物业服务企业与环卫所“一对一”单线联系方式，通过平台整合，把“需求”与“供给”无缝隙对接起来，将分散在各个小区的建筑垃圾以“拼车”的方式集中、快速清运，从而有效降低单次出车成本，大幅提升物业服务企业快速清运建筑垃圾的能动性和积极性，最大限度缩短建筑垃圾在小区的堆放时间。自 2016 年 6 月 1 日实施以来，临汾路街道 37 个居民小区中已有 30 个小区自愿参加“三方联合体”平台，每月共清运建筑垃圾（包括废弃家具等）1000 吨左右，较以往增加近 50%；环卫所每周两次的定时排班，保证了 72 小时快速清运，并向最终“日产日清”目标迈进。

不仅建筑垃圾清运效率明显大幅提升，多方主体还在这个“共治”过程中实现了利益平衡、沟通顺畅。对和宜业主委员会事务所来说，通过政府让渡空间和资源，壮大了力量，提升了影响力；对物业服务企业来说，组团式的规模效应、拼车清运的模式有效降低了其清运成本，缩短了堆放时间，获得居民的认可与好评；对环卫所来说，由和宜业主委员会事务所进行调度指挥，作业更加顺畅，也减少了“黑车”的不正当竞争，经济效益同步提升；对居民来说，建筑垃圾实现快清快运，居住环境得到改善，生活质量进一步提升。可以说，这个基层治理创新实现了“多方共治、多方共赢”的可喜局面。

第三节　整合需求：临汾路街道案例的启示与思考

居民小区建筑垃圾的清运，既是小事也是大事。因为建筑垃圾并不是日常生活垃圾，规模效应小，零星堆放散，常常不受重视，看起来似乎是个“小事”。但另一方面，这样一个影响居住环境质量的小事却长期得不到解决，人们虽然觉得不满，往往也无可奈何，甚至见怪不怪，正说明小区物业管理存在着短板，基层治理过程中存在一定的机制失灵，是件不折不扣的大事。临汾路街道办事处主动靠前一步，抓住这个短板，通过机制创新，在激发多方资源的前提下，以较低的成本和代价解决居民群众关系的问题，收到良好的效果，为基层治理创新提供了鲜活案例和有益启示。

第一，通过机制创新解决基层难题。创新发展是“十三五”规划乃至更长一段时间内我国经济社会发展的一个总纲要和总指针，贯穿在党和国家一切工作之中。从根本上说，创新发展所要求的制度创新和机制创新首先指向的是政府治理体系和社会治理体系，没有政府治理理念、形态和方式的创新，其他领域的创新就没有基础和条件。放到基层来说，就需要通过基层治理理念和治理方式的创新，对不能适应新形势和新要求的工作流程和机制进行再造和重塑，不断提升基层治理体系和治理能力。社区建筑垃圾清运滞后是个普遍现象，困扰居民社区多年，如果仅从市场失灵和体制不顺角度看，可能会成为一个“无解”的难题。临汾路街道办事处巧妙借鉴“滴答拼车”等软件灵活、高效、低成本的运作思路，将“拼车”理念嫁接到小区建筑垃圾清运工作中来，大胆创新，勇于探索，取得很大的成功。这一实践说明，办法总会比困难多，通过机制创新，发挥政府主导作用，充分调动市场、社会和居民的力量，往往能够产生意想不到的效果，甚至根治多年的“顽症”。

第二，通过整合资源提高生产效率。创新不是简单的改变，也不是简单的投入，而是针对既有问题的关键，用新的理念和方式来解决问题。临汾路街道办事处的实践并没有简单依靠增加投入，或者由政府“买单”来提高市场主体的清运频率，而是抓住信息不对称、资源分散这一核心问题，通过“三方联合体”“社会组织搭平台”的方式进行信息整合和资源整合，弥补了公共服务的“供”（清运主体）“需”（物业主体）之间的对接缝隙和机制失灵，创造性地解决了分散化运输建筑垃圾成本较高的问题，既没有增加成本，又收获明显的经济和社会效益，一举数得，多方共赢。现实中很多公共服务效率不高的主要原因，往往在于服务主体与需求主体，服务主体之间的信息壁垒、条块分割和碎片机制，人为割裂了需求与供给的有效对接。通过搭建平台、整合资源，弥补这些潜在的沟壑与缝隙，就能够提升和创造新的生产力，提高公共服务的便捷度和有效性，并最终提高居民群众的满意度。

第三，通过正确引导撬动社会资源。党的十八届三中全会将“社会管理”改为“社会治理”，标志着社会建设思路的重大创新和变革。社会治理现代化首先表现为治理主体的多元化、协调化，也就是在加强党委领导，发挥政府主导作用的基础上，鼓励和支持社会各方面参与，实现政府治理和社会自我调节、居民自治良性互动。本案例中，和宜业主委员会事务所这一社会组织，有比较专业的物业管理经验和长期的小区治理实践，主要负责人又热心公益事业，在社区中有较好的口碑和影响。通过长期观察和思考，他们设计出了建筑垃圾清运的新机制，并愿意承担协调调度工作，助力社区解决“老大难”问题，为美丽家园建设做出贡献。充分尊重基层创造，充分发挥社会组织的积极性和能动性，正是“垃圾拼车”的一大亮点和特色，也是其能够灵活机动、持续运行的重要保证。事实说明，放手发动群众，撬动社会资源，基层治理的新思路和新创造就会如源头活水般不断涌现。

第四，通过职能转变形成社会共治。受到计划经济惯性思维的影响，基层治理实践中重政府包揽、轻多方参与的现象还较为普遍，社会治理创新还是习惯看政府做什么，怎么做，容易成为政府的“独角戏”而非“协奏曲”。在建筑垃圾清运机制创新中，临汾路街道办事处及其有关部门（如物业管理中心）并没有亲自上阵、大包大揽，而是变“划桨”为“掌舵”，做好搭平台、建网络、创环境、优保障的“外围”工作，以“润物细无声”的方式推进了社会共治。“搭平台”即构建联合载体，囊括政府、市场、社会、居民等多方主体，充分尊重他们的积极性和创造性；“建网络”则是进行流程再造和机制创新，在多元主体之间建立新的链接方式和沟通渠道；“创环境”是为整个共治和自治营造良好氛围，如优秀物业评比机制、美丽家园建设工程等，确保多方得益、互利共赢；“优保障”则是提供一定的资金和人员支持，推动自治形态走上自我持续发展之路。

本案例说明，在坚持党委领导的基础上，科学发挥政府主导作用，充分尊重基层创新和群众创造，充分调动多方的积极性，通过整合资源、创新方式、理顺机制，形成多赢共治的局面，基层治理就能走上良性发展之路。

第四节　需求整合的逻辑与路径

在传统的“需求-供给”分析框架中，从需求到供给的过程是一个简单的线性过程，或者说是一个可以完全量化的过程。在这个过程中，作为决策者，需要首先知道需求的数量（也包括质量），然后决定需要去回应的数量（以及质量），然后按照这个数量标准供给相应的产品即可。需求的评估和供给过程可以更多依靠统计学的方法予以解决。

但现实可能并非如此简单。正如第三章的理论分析中所表述的，需求不仅具有数量和质量属性，也具有结构属性。也就是说，人们的需求并不仅仅只是生理状态的反映，也与经济状况、社会阶层、家庭状况、社会文化、历史传统等多种社会因素紧密相关。因此，对需求的满足也同样需要考虑这些社会结构性因素，在具体的社会背景中，通过复杂多样的政府网络和社会网络进行。此时，“需求-供给”过程就不再是一个简单的数量匹配的过程，而是被社会网络和结构所重新构造，并根据“成本-收益”状况进行优化选择的过程。

临汾路街道社区建筑垃圾清运机制创新案例中，并没有惊天动地的体制改革，也没有政府承担责任的豪言壮语，相反，主要依靠流程调整和机制创新。这种流程再造的奥秘很多时候就是一种资源的整合。在这个案例中，我们看到了三个层面的整合：

一是需求信息的整合。如前文所述，建筑垃圾清运需求散落在不同的居民区之内，处于高度分散状态，又由于专业性，所以必须由环卫所统一清运。如果要保证清运的及时性（即有即清），那么点对点清运的成本较高，普通居民不愿意承担；如果要节省成本，只有以居民区为单位进行长时间堆积，以降低每次清运的成本，但居民必须忍受环境成本。案例中的机制创新首先在街道层面整合了这些分散的需求信息，让它们汇集起来，使得建筑垃圾具有了“规模效应”，这就降低了集中清运的成本，从而使得整个过程顺畅起来。

二是需求相关方的整合。在社区建筑垃圾清运过程中，存在居民（产生垃圾的住户及其他）、物业服务企业、环卫所、居民委员会、街道办事处等若干主体。清运过程实际上是这些多元主体之间的互动协作的过程。多元主体之间的关系是复杂的，有契约合同关系，如“居民-物业服务企业”“物业服务企业-环卫所”；也有自治关系，如“居民-居委会”，还有合作关系，如“居委会-物业”；甚至还有指导管理关系，如“街道办事处-居委会”“街道办事处-居民”。在这种多元主体、多种关系的复杂环境中，要理顺机制，形成共同协作的局面，需要进行必要的整合。整合的基础是共同的目标——及时将建筑垃圾清运掉。居民、物业服务企业和环卫所、居委会、街道办事处在这个目标上可以达成高度的一致。整合的“第一行动者”是街道办事处，它能够搭建多元主体进行协作和信息交换的平台，这个作用是其他任何主体所不能代替的。整合的表现形式就是“和宜业主委员会事务所”与居民区物业服务企业和清运公司的“两头合约”。一头是“和宜业主委员会事务所-居民区”，主要是信息汇总、押金管理、定期结算；另一头是“和宜业主委员会事务所-环卫所”，主要是清运指令、费用结算。和宜业主委员会事务所通过一头连接分散的居民区（居民区背后实际就是居民），一头连接环卫所，实现了多元主体之间的整合。

三是市场、社会机制的整合。在现代社会的公共服务体系中，不仅存在政府这个最重要的主体，还包括市场和社会组织。主体背后其实是连接主体之间的机制。这就意味着，在现代社会中，公共服务体系的建设和完善，政府更需要学会整合多种机制，利用机制的无缝隙对接，创造一种激励相融的环境，使利益相关方围绕共同的目的来创造价值，满足公共服务需求。在临汾路街道这个案例中，既有行政机制——“街道办事处”、环卫所，又有市场机制——“居民与物业服务企业”“物业服务企业与环卫所”，还有社会机制——“居民与居委会”“居委会与物业服务企业”“和宜业主委员会事务所”。更为复杂的是，建筑垃圾清运既有私人物品属性（按次数付费），也有部分的公共物品的属性（由政府指定的环卫所进行清理），处于两者之间的模糊地带。这就使得市场机制和行政机制在这个领域发生了重叠。如果完全由市场机制解决，那么居民的费用就要增高；如果完全由社会机制解决，那么政府就需要补贴环卫所。现实的困境在于，这两个路径暂时都难以走通。但在案例中我们看到，通过行政机制整合需求、资源和主体，并引入社会机制来承接专门的服务，对接市场机制的运作，非常有效地将三类机制统筹起来，最终创新了清运机制，取得了良好的效果，满足了现实需求。这种机制的整合在其他公共服务体系的构建中无疑是同样存在的。

第七章

需求供给：城市社区公共服务“组团式走访”案例研究

随着我国社会经济的快速发展，人民的生活水平日益提高，社区居民的需求层次也不断提升。“温饱型”阶段已经开始让渡于“发展型”阶段。在这种时代背景下，传统的计划经济条件下所形成的“供给主导”型服务体系，越来越不能满足于城市居民的生活发展需要，“需求导向”的公共服务方式及体系呼之欲出。① 尤其是在经济发达的国际化大都市，“顾客导向”的现实要求更为明显，这就给传统的公共服务系统提出了挑战，社区建设和发展随之出现了一系列新矛盾和新问题。政府作为城市社区公共产品供给的重要主体，其供给机制越来越不能适应社区需求的变化。本章通过对上海市徐汇区社区公共服务“组团式走访”活动的案例研究，从城市社区公共产品需求的积极响应机制、供给决策机制、资源筹措机制和监管机制四个方面剖析了政府跨部门、跨层级协同供给城市社区公共产品的现有问题和成功经验，并在此基础上进行了反思，进而提出优化社区公共服务需求供给机制的意见和建议。

① 拉塞尔·M. 林登：《无缝隙政府：公共部门再造指南》，汪大海等译，中国人民大学出版社2013年版，第3—10页。

第一节　我国城市公共服务供给机制的历史演变

城市公共服务供给机制的建立不是一蹴而就，也不是一朝一夕的事情，必然是同国家的经济社会发展紧密相连的长时间的过程。在分析“组团式走访”模式之前，有必要对我国城市公共服务供给机制的建立和发展历程进行简单梳理。我们认为，1949 年以来，我国城市社区公共产品供给大致划分为两个阶段和时期。

一、计划经济时代的社区公共服务供给机制

中华人民共和国成立，不仅是一个新政权的诞生，也标志着社会组织结构的再造。传统封建时代，基层社会的自治功能较为强大，所谓“皇权不下县”，正说明国家政权对基层社会的有限介入和较长距离。近代资产阶级革命以后，传统农村经济及以宗族为核心的治理结构开始解体，现代化的车轮推动国家机器开始向下延伸，特别是税收体系的拓展，力图将基层社会囊括进国家体系之中，并提高国家的整体动员能力。但这一努力遭到了失败。直到中华人民共和国成立，社会主义改造完成以后，不论是城市还是农村的基层治理结构才发生真正的变化。在城市，由于绝大多数市民都被整合进了国家直接管理的“单位”之中，“单位制”就成为城市基层治理结构的核心。

单位制既是适应高度集权的计划经济体制的一种生产组织形式，也是适应高度集中的社会管理体制的一种社会组织形式。在计划经济条件下，单位不仅仅是一种为发展经济进行生产的组织，它还有政治、

社会等多方面的功能。[①] 由于是单一公有制经济体制，几乎所有的资源都属于国家，单位的建立及其组织资源都依赖于国家。国家当时急于证明社会主义的优越性，希望尽早进入共产主义社会，急切地超英赶美，国家把大量的资源投入生产性领域，无暇顾及城市公共服务的提供，而是赋予单位行政权力，落实社会管理，通过单位办社会来填补政府空位。[②]

所以单位制在路径依赖的作用下沿袭了战争时期党和军队建设的公家人供给模式，每个单位向本单位职工及其家属提供从衣食住行到生老病死的各种产品和服务，例如提供食堂、住房、医院等公共产品和服务，浴室、理发店、电影院等私人产品和服务也在单位提供之列。中国单位社会中单位既是职工的工作场所也是生活场所，生产空间和生活空间具有重叠性，因而单位几乎取代了社区服务的功能，成为计划经济时期我国城市社区公共产品供给的主要形式。而街道办事处和居委会作为单位制的剩余体制，绝大部分资源垄断在“政府—单位—职工”这条线上，“街道—居委—居民”这条线的资源非常少，只能作为辅助性管理组织，处于拾遗补阙的配角地位。

计划经济时期城市社区公共产品供给的特点有：

第一，居民对自身所需物品没有表达偏好的权利。对于职工来说，单位是其获得生活必需品的唯一来源，单位职工的身份就是他们获得生活资源的唯一渠道，如若离开单位，不再是单位职工，就意味着不再拥有一切。在生存和发展资源以及生活空间都完全被单位控制着，职工对单位除了依附别无选择，故而职工和单位之间的地位从来就不是平等

---

① 郝彦辉、刘威：《制度变迁与社区公共物品生产——从“单位制”到“社区制”》，《城市社会》2006 年第 5 期。

② 郝彦辉、刘威：《制度变迁与社区公共物品生产——从“单位制”到“社区制”》，《城市社会》2006 年第 5 期。

的，职工对单位提供的公共产品和服务不可能有议价和博弈的余地。①

第二，公共服务体系的供给导向。在当时中国社会条件下，一方面我国各种资源极其匮乏，不能满足居民的各种需求，政府供给是唯一渠道，单方面决定公共产品供给内容，只能按照统一规划和供给，国家供给什么，居民就享用什么。而且政府掌握所有的社会资源，居民所享有的各种产品和服务都是政府统筹、配置和管理，通过单位逐级或“街道—居委会”自上而下地垂直供给，属于大包大揽式的供给方式。

第三，行政性资源占支配地位。单位组建和资源均由国家统一安排和调配，其向职工提供公共产品的能力取决于政府分配资源的多少，单位资源获取数量与行政级别成正比，级别越高，掌握的资源也就越多。单位职工同样也是按照个人身份、职务以及资历领取不同标准的公共产品。② 街道办事处和居委会向体制外无劳动能力人员供给公共产品的资源受到政府控制，需要在政府的指导下进行公共产品的供给和生产。单位、街道办事处、居委会三者作为公共产品供给主体都具有非常明显的行政特征。

第四，监管主体缺位。当时的国家迫切需要发展经济，于是将其掌握的社会资源几乎全部投入直接生产部门，忽视了对民生问题的关注和投入。这是导致国家单位化的主要原因，单位职工很大程度上依赖单位提供生活服务及用品，政府各个层级和职能部门对关系居民日常生活的公共产品供给权力和责任完全交给了单位，至于单位如何运用该权力、如何承担供给责任亦不再过问。

① 揭爱花：《单位：一种特殊的社会生活空间》，《浙江大学学报（人文社会科学版）》2000 年第 5 期。

② 何海兵：《我国城市基层社会管理体制的变迁：从单位制、街居制到社区制》，《管理世界》2003 年第 6 期。

二、市场经济时期的社区制供给

随着改革开放的不断深入，我国的所有制结构不再是单一公有制经济，非公有制经济逐渐发展起来，社会主义市场经济体制取代了计划经济体制，单位制的运行基础不复存在。加之社会人员得到前所未有的自由活动的权利，单位制逐渐走向崩溃和解体。原来的单位不再根据政府指令性计划进行生产，而是转变为按照市场规律自主经营的市场主体，原来承担为单位职工提供公共产品的职责开始外溢，并最终落在一直处于配角地位的街居制肩上，街居制逐步地恢复并承担起开展公共服务活动的功能。

但是伴随着社会的转型以及市场经济的发展，街居制无力继续应对城市基层管理中新出现的各种问题，导致公共产品供给短缺，无法满足居民越来越多的公共物品需求。

1985 年，民政部开始积极推动社区服务工作并在 1986 年第一次将社区服务的概念引入基层活动中。①1993 年，民政部等下发了《关于加快发展社区服务业的意见》，目的是发展社区服务业，加大社区设施建设投入并扩展服务项目，建立起以社区为载体的向社区居民提供各种公共服务的社区服务网络。② 促进了全国社区服务的发展。2000 年，中共中央办公厅、国务院办公厅转发《民政部关于在全国推进城市社区建设的意见》，鼓励各大城市积极开展社区建设活动。至今，社区建设成果显著，涌现出许多与传统模式不一样的社区治理模式，如盐田模式、江汉模式等。③ 当然，这时的社区服务供给机制也存在一定问题：

---

① 吴群刚、孙志祥：《中国式社区治理——基层社会服务管理创新的探索与实践》，中国社会出版社 2011 年版，第 57 页。

② 杨团：《社区公共服务论析》，华夏出版社 2002 年版，第 13 页。

③ 吴群刚、孙志祥：《中国式社区治理：基层社会服务管理创新的探索与实践》，中国社会出版社 2011 年版，第 60—61 页。

第一，民意收集渠道分散，通道窄化。改革开放以来，我国经济体制、社会结构发生重大改变，伴随着发生变化的还有社会民众对公共产品需求的呼声不断高涨。为缓解社会矛盾日益尖锐的现状，政府在提供制度化的渠道方面做了一些努力，让民众表达意见和诉求，畅通民意表达通道。按照沟通的向度划分，分别有自上而下和自下而上两种沟通渠道。例如，领导干部联系基层制度、人大代表基层联系点制度、党代表基层联系点制度、政协委员基层联系点制度、党组织结对共建制度等是政府制定制度要求政府系统内领导干部、党员干部主动到基层了解民众诉求，为民众排忧解难的自上而下的沟通方式；自下而上收集民意的渠道，其中较为传统的方式就是信访，随着信息技术的不断创新和发展，热线电话、网民意见征集、领导信箱等利用当今时代传播工具和新兴媒体作为载体的方式已经成为政府知晓民情的常用手段。

然而，政府设置了如此之多的民意收集渠道，动用了体制内几乎所有的资源，在方式上亦有所创新，为什么依然有众多的民众诉求被忽视，民众对公共服务的需求得不到有效的供给？其中包括资源有限性的原因，但是还存在另外较为重要的两点原因。

一是民意收集渠道还不畅通。一些领导干部只是根据制度要求定期到基层调研，在意的是去了与否，至于去了之后是否解决了居民的诉求、解决了什么诉求因为不是考核内容则无须关心。如机关党组织与社区党组织结对共建的主要形式是帮贫帮困、开展讲座活动或者组织党员到景点参观学习等；党代表、人大代表和政协委员的代表功能发挥有限，这三种制度作为与社会的连通渠道被虚化，被民众轻视和不信任。① 这些沟通渠道对民众公共服务需求的满足仅限于小范围群体受益，

① 林雪霏：《社会再组织化与代表制度的重塑——垫江“两代表一委员”联系群众制度探析》，《甘肃行政学院学报》2015 年第 1 期。

自下而上民意表达也多为与表达者自我利益相关①，对问题的解决局限于个别事件，多以领导直接关注和批示为主，出现“会哭的孩子有奶吃”的现象。偏重于解决民众日常生活中较为简单的需求，对其他较为难以解决的需求则极少给予回应，注重形式，忽视实质。二是政府与民众间沟通通道狭窄。关于政府与民众间沟通渠道现状已有不少学者做了研究，王长江认为随着市场经济、公民社会、信息技术的发展，民众的诉求不断增长，政治流通量急剧增多，却缺乏足够的沟通渠道，致使政治流通不畅；②李月军通过对政治系统和社会系统间单向沟通为主，存在沟通渠道闲置和超载现象、渠道狭窄冗长且有效渠道少，社会组织无法承担表达民众诉求的责任等问题分析，认为现有沟通渠道难以容纳越来越多的诉求表达，政社信息沟通不畅和低效；③薛忠义等认为日益多样化的政治沟通渠道作用的发挥依附于执政党的信息渠道，缺乏独立性，无法消化与日递增的信息输入。④民意收集渠道虽然多，但是分散且缺乏整合，致使政社沟通通道狭窄和堵塞，民意难以上传到政府系统，诉求的处理情况同样无法及时有效地反馈给政府决策层，不利于政府化解社会矛盾与冲突。

第二，自上而下以供给主体为本位。虽然在单位制、街居制到社区制的变革过程中，城市社区公共产品供给逐渐脱离政府大包大揽模式，市场、社会和社区等主体相继加入到公共产品供给的行列中。国内诸多学者推崇多主体供给机制，认为可以提高社区公共产品供给效率，但

---

① 张华等：《“选择性回应”：网络条件下的政策参与——基于留言版型网络问政的个案研究》，《公共行政评论》2013 年第 3 期。

② 王长江：《论政治流通——建立一种研究政党体制的新视角》，《马克思主义与现实》2009 年第 4 期。

③ 李月军：《中国地方政治沟通模式的变革、绩效与限度——以辽宁民心网为例》，《中国行政管理》2014 年第 1 期。

④ 薛忠义等：《完善党的政治沟通的路径探讨》，《中共中央党校学报》2012 年第 6 期。

前提是要以政府供给为主导。李雪萍提出行政机制、准市场机制、志愿机制、自治机制的运用应视不同的公共产品单独或混合运用不同供给机制。[①]然而，我国社区公共产品供给依然是供给导向的模式，政府提供公共产品坚持着单向度的“一刀切”的供给方式，政府的供给决策习惯于职能部门、街道、居委会（社区）、居民从上往下的逐级供给，忽视了居民对公共产品的个性化需求，常常按照统一标准进行供给，这种供给决策以便利政府而非居民为原则。

政府作为社区公共产品的供给主体，政府系统内部坚持“职能分工、分级负责、属地管理”的原则划分职责边界。可是，在政府内部，各部门作为公共产品供给责任主体，职责模糊，缺位、空位现象严重。从纵向上来看，在区/县范围内，则有三级行政组织：居委会—街道办事处—区/县职能部门。[②]纵向上三者职责不分，街道办事处承担了许多上级部门以行政目标方式分派下来的任务，这些任务本不应该由街道办事处执行，于是街道办事处再向下委派给居委会，居委会终日为行政事务奔波，为居民服务的功能反而没有时间和精力实现，导致我国社区治理中行政化现象严重，居委会作为直接联系居民的自治组织，承担了过多的行政事务，充当了政府伸进基层的“腿”，具有准政府的特征。从横向上来看，政府机构按照职能分工设计，公共产品的供给也是按照政府职责范围进行划分的。我国政府权力运行是只对上负责，更看重纵向权力的上下协调，横向沟通如非必要则很少顾及。基于部门利益最大化的目标导向，其他部门的利益得失并不在本部门的考虑范围内，居民的利益能推诿就推诿。因而形成各部门在社区分头提供公共服务，造成社区公共服务效率低下和碎片

① 李雪萍：《城市社区公共产品供给机制论析》，《社会科学研究》2009 年第 3 期。

② 基于我国基层管理现状，将居委会作为准政府看待为最底层的政府，且在理论上街道办事处与职能部门属于同级，此处根据事务处理实际进行划分。

化。[①] 而在一些主体界定模糊、需要政府部门合作供给的公共产品领域则会使得各部门互相推诿、扯皮，处于信息劣势的居民无法确定责任主体，产生社区公共产品供给“缝隙”。不管是基于政府的无心忽视还是有意漠视，居民最终得不到公共产品或者对得到公共产品产生困惑。

第三，资源动员能力不足。社区公共产品供给资源多依赖于政府，且来源多为街道办事处。街道办事处多是以资金形式向社区提供帮助，例如专项维修资金、财政拨款。但是社区居委会的办公经费和活动经费划拨标准普遍较低，办公经费、活动经费严重缺乏，难以支持居委会日常工作的资源需要，假若社区需要开展某项集体活动，也因为要节省办公经费或活动经费不足等原因难以为继。[②] 由于我国中间组织发展程度低，动员资源能力弱；社区自治水平不高，社区事务的公共性特征，社区居民对此投入程度不够且周围资源较少，所以二者对提供社区公共产品所需资源的筹集和利用能力十分有限。居委会（社区）在资源缺乏的情况下，只能发动相关居民筹集资金提供社区公共产品，组织志愿服务人员供给公共服务，绝大多数情况下是社区的活动积极分子，如社区党员、楼组长和驻区单位等，但这些人员处于一种被动志愿服务的状态，在与自身利益关系不大的情况下为社区服务的动力不足，难以组织起来。况且，以上组织和动员的资源多以解决资金不足的问题为主，对于其他需要政策、技术等支持才能提供的公共物品大多数时候处于“孤立无援”的境地。

第四，社区公共产品供给多头监管，监管信息不对称。城市社区公共产品供给中政府部门间、层级间职责模糊，存在多头供给问题，当

---

① 孔娜娜：《社区公共服务碎片化的整体性治理》，《华中师范大学学报（人文社会科学版）》2014 年第 5 期。

② 吴群刚、孙志祥：《中国式社区治理：基层社会服务管理创新的探索与实践》，中国社会出版社 2011 年版，第 101—102 页。

社区公共事务介于几个责任主体之间时，就出现多个部门负责提供和监管，政府各部门间互相推诿乃常有之事，最后导致谁都不管的监管漏洞和难以确定违规供给主体并追究责任。① 例如，拥有众多外来人口的上海市，群租现象严重，2014 年上海市人民政府修改了《上海市居住房屋租赁管理办法》，加大群租整治力度，但群租涉及治安、卫生、环境、消防等问题，牵涉的部门众多且对群租现象监管的目的即向居民提供安全、舒适的居住环境，可是因为各个部门对群租问题的监管职责交叉，部门各自为政或不作为，因此，群租出现的问题也就逐渐增多了。

社区公共产品供给过程的监管不足，以监管客体提供的信息作为考核依据。我国目前公共产品供给以垂直管理为主，监督考核以目标责任制方式为主，下级通过向上级汇报和总结材料，上级以下级"自己总结自己"的信息进行监督考核，缺乏供给过程的调研和结果的考察。② 因为下级供给行为失误或违规，对自身绩效考核亦会产生影响且民众表达公共产品需求渠道不畅等原因造成"集体失语"，如此上级政府就没有动力对供给情况进行了解，只要不出"大乱子"都好商量，偏离了公共产品供给的价值取向。

第二节　上海市徐汇区"组团式走访"的案例剖析

徐汇区位于上海市西南部，属于中心城区之一。辖区面积 54.93 平方公里，共有 13 个街镇，308 个社区居委会。到 2014 年末，徐汇区共有户籍人口数约为 91.81 万人，与 2000 年相比增加了 5 万多人，其

① 孙彩虹：《政府及行政人员责任缺失的现实原因解析》，《行政论坛》2007 年第 5 期。

② 李月军：《中国地方政治沟通模式的变革、绩效与限度——以辽宁民心网为例》，《中国行政管理》2014 年第 1 期。

中老年人口约26.95万人，占户籍人口总数29.35%，未成年人口数约10.9万，占比为11.87%，劳动力人口占58.78%，只占户籍人口总数的一半多；外来常住人口28.55万人，比2000年增加了10万多人。近年来，随着人口老龄化及外来人口迅速增加，徐汇区在社区公共事务治理方面面临着新的挑战，亟须转变公共产品供给方式，提高供给能力。①

一、徐汇区“组团式走访”的基本内容及其发展变迁

“组团式走访”（以下简称“走访”）是在群众路线教育成功经验的基础上，徐汇区以机关党支部与居民区党支部“结对”活动为依托建立起来的，即“1+（1+3+1）”模式。以区委、区政府有关规范性文件为依据，“走访”主要由两个“板块”组成，即：定期到基层走访——机关党支部及其处级干部（领队）、党代表、人大代表、政协委员、律师组成团队定期到居民区听取意见；网络平台——履行居民诉求上报、明确责任单位、责任单位回复等职责。

徐汇区的“走访”其实有着较长的历史传统，是徐汇区“满意”活动的延续。“满意”活动始于1991年，1994年正式形成，以服务为民、解决需求、惠及群众为出发点和落脚点，是徐汇区的一项长期的民心工程。2014年，“满意”活动走过了20年，徐汇区作为上海市的中心城区，面对建设“一流的中心城区，领先的发展水平”的目标，徐汇区政府结合上级要求在全党上下开展群众路线教育实践活动，打造“满意”活动的升级版——“满意”行动。

（一）初始阶段（2014年3月—2014年9月）

在初始阶段，“满意”行动只是徐汇区开展群众路线教育实践活动

① 上海市徐汇区统计局编：《徐汇统计年鉴2015》，上海市徐汇区统计局2015版。

的载体，主要集中于区领导机关等的作风建设，以反对“四风”（形式主义、官僚主义、享乐主义和奢靡之风）为重点，转变党员干部作风问题，建设服务型政府，着眼点应放在群众身上，要扩大群众参与政府活动的广度和深度，多给群众便利、多予群众所需和多解群众所困，加强与群众真诚沟通，积极回应群众，畅通群众诉求表达渠道，着力解决与群众密切相关的各种公共问题。

2014 年 2 月，徐汇区政府制定了《中共徐汇区委关于开展“满意”行动的实施意见》，要求在 2011 年徐汇区机关党组织与居民区党组织开展“双结对”工作全覆盖的基础上，处级以上领导班子和领导干部在每单月的第一周集中走访结对居民区，坚持“访民情、听民意，解民忧、惠民生，聚民心、集民智”，采取多种形式收集群众意见和建议，并及时将社区问题上报至网络信息平台，建立民情数据库，对民众诉求的收集、梳理、督办和反馈进行集约化管理。全区党政机关党组织在领导班子成员的带领下分别于 2014 年的 3 月、5 月和 7 月走访结对居民区，共收集诉求 1947 件，能够解决的 1520 件，暂不具备条件解决的 339 件，不能解决的 88 件，所有居民诉求都得到督办和反馈，如图 7-1 所示。

（二）形成阶段（2014 年 10 月以后）

2014 年 10 月，徐汇区委继续出台深化走访活动的实施意见，要求

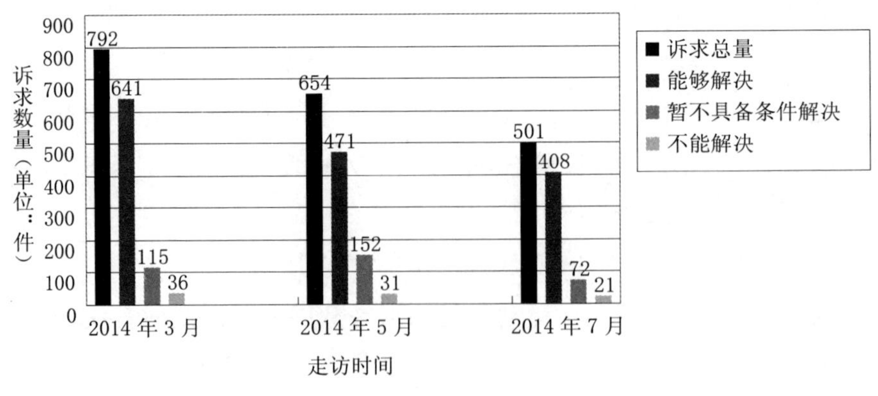

图 7-1　走访行动诉求汇总

在前期开展“满意”行动联系走访群众的基础上，进一步充实和优化调整走访人员队伍，充实组建“1+（1+3+1）”走访工作小组（“1”是结对机关党组织；“1+3+1”分别是1名处级干部、1名区党代表、1名区人大代表、1名区政协委员和1名律师），对全区居民区进行结对走访，将联系服务群众走访行动巩固为一项政府了解社情民意和处置反馈的走访机制。自此，“走访”正式形成。

“走访”实施一年之中，共集中走访了居民区5次，已经形成了一支人员稳定的“走访”团队，在定期走访的基础上，努力拓宽联系服务基层的内容和效果，深入掌握社情民意，了解基层急、难、愁问题，依托网络工作平台协调帮助基层予以逐步解决。

二、“组团式走访”行动：制度及其运作

（一）“走访”团队：定期走访基层的地面行动网络

徐汇区开展的“走访”，是群众路线教育实践的延伸，以民众满意为出发点，在原来机关党支部与居民区党支部结对基础上覆盖全区，并扩充走访队伍，纳入了区处级干部、区人大代表、区党代表、区政协委员和部分律师。每一支“1+（1+3+1）”模式“走访”团队对应一个居民区，其中，“1”即结对机关党支部；“1+3+1”即为上述新纳入的5名成员。全区共组建了308个工作小组，覆盖所有的居委会，并在每个季度第一个月的前半个月①开展到居民区的“走访”。

在“走访”团队中，处级干部作为团队领队，须以身作则，全权负责本团队的走访任务。一般情况下，处级领导干部是与居民区党支部结对的机关党支部中的党员，即属于“1+（1+3+1）”工作小组外面的“1”，由区组织部归口管理，同时机关结对党支部安排一名支部成员作为联络

---

① 文件规定是上旬完成走访，实践以后将时间延长为前半个月。

员，协调团队走访工中的各项工作，保障走访顺利进行。其他成员则分别由区组织部、区人大办、区政协办、区司法局归口管理，代表、委员根据各自选区分派到各个居民区参与走访，充分发挥桥梁纽带的作用，律师则在同一调配下，充分发挥法律专业优势，为社区居民答疑解惑，做好法律咨询与服务工作。整个“走访”是在区委（区政府）的组织领导下开展工作的，走访行动办公室负责具体走访事项的组织、协调工作，如图 7–2 所示。

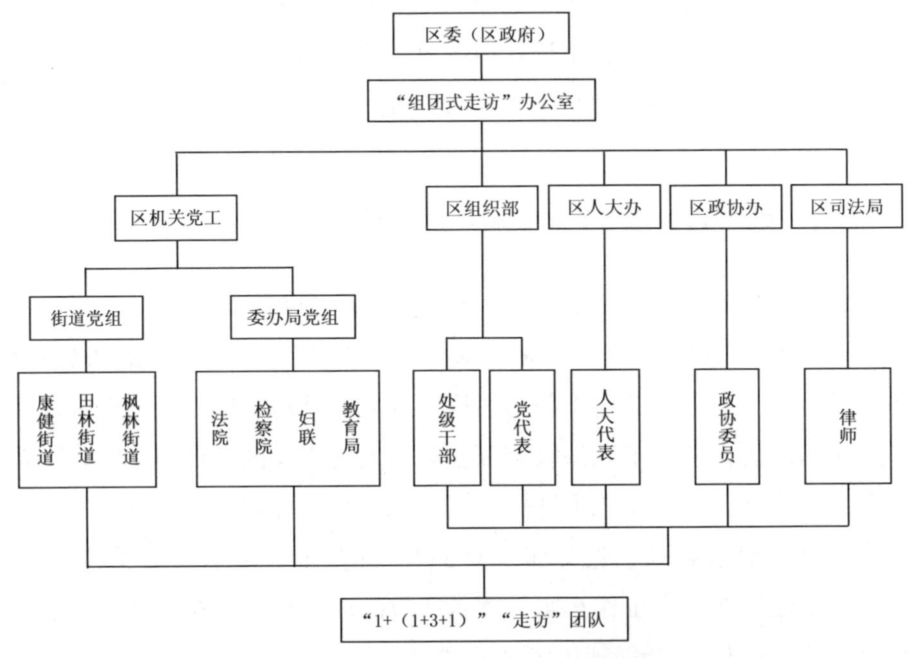

图 7–2　徐汇区“走访”团队结构示意图

“走访”团队定期走访联系结对居民区，以座谈会的形式听取居委会、居民代表诉求，调动居民广泛参与和表达诉求的积极性，收集汇总居民意见建议，建立了直接、有效的民意调查机制。针对居民提出的问题和建议，“走访”团队不但要收集和梳理，还需充分利用本团队所有资源，全面负责、跟踪落实，不论诉求解决与否，皆须向居民反馈办理情况。在每一次走访中，团队的另一项任务就是将涉及居民切身利益的政策向居民解释，听取居民建议，将居民吸纳为政府决策的重要群体，形成下情上达，上情下达，渠道畅通，反馈及时的互动模式。

（二）信息平台：联通政府内上下左右的虚拟行动网络

从 2014 年 10 月到 2015 年 10 月，“走访”实施了一年多的时间，以往政府与居民在一些公共服务方面的想法总是碰不拢的情况逐步得到改善。

许多居民认为：“走访”活动很好，是真心实意为小区排忧解难，感到很亲切。

居民区书记都一致认为：“走访”给居民区带来了很多资源，帮助居民区解决了很多社区难以解决的疑难杂症，“走访”这个平台非常好。

居民区书记和居民的“点赞”源于“走访”积极解决居民实际生活中遇到的各种诉求，坚持以问题为导向，以需求为核心，严抓问题的落实整改。面对全区 308 个居民区中的各类问题，仅靠“走访”的团队成员也无法有效解决，事实上，在“走访”团队背后有着诸多的机制支持，其中“走访”网络信息平台发挥了重要作用。

在走访居民区时，“走访”团队能够当场解答的，即时给予回应；不能当场解答的，“走访”团队在走访结束之后会认真梳理分析，将各类诉求上传到网络信息平台，形成结对单位、街镇或区职能部门解决的三级联动解决制度，根据不同需求流转给相关责任部门处理。其运作原则是一级部门能解决的问题由该级部门解决，不能解决的，由上一级部门介入解决。

网络工作平台由区委办下辖的综合科室区委督查室负责日常运作，“走访”团队在每次走访后要在规定时间内将收集到的诉求录入网络平台，网络工作平台解决诉求有以下三个流程，如图 7–3 所示。

首先，当诉求能够在居民区和“走访”团队层面解决的，“走访”团队应在规定的时间内解决并将解决方案录入平台。

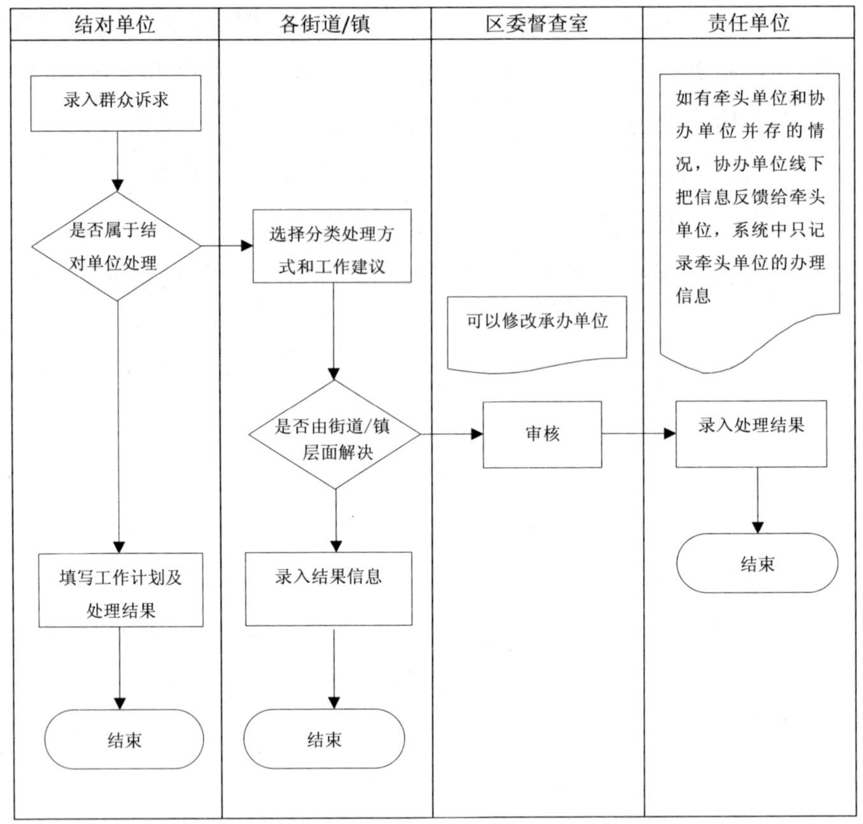

图 7–3 “走访”信息平台诉求处理工作流程图

其次，假若依靠整个“走访”团队及其单位力量，依然无法解决的问题，则通过走访平台流转到街道 / 镇，街道 / 镇分管领导召开专题会议，分析研判街道能够解决的问题，确定相关责任部门并限时办结；街道不能解决的，分析讨论应属于哪个区职能部门的职责，提出建议职能部门，录入平台。

最后，区委督查室将需要区职能部门解决的诉求进行流转，根据问题导向与职能部门的职责边界判断是否属于街道 / 镇建议的责任部门，属于则流转至该职能部门限期解决，不属于则需重新确认责任部门。若无法明确是否属于某职能部门，通过电话、邮件等方式向该职能部门核实是否在其职责范围，是则流转，不是再重复上述步骤直到确定为止。

区委督查室将问题流转给有关责任单位后，责任单位走访总联络员会收到提醒邮件，同时也会邮件告知居民区和“走访”团队诉求已交由哪个职能部门办理。责任单位限时办理后，系统邮件同时会自动提醒居民区和“走访”团队已办理完毕。居民区可以进入满意行动平台，对已经办理完毕的诉求，对“走访”团队和责任部门进行评价，分四个等次：满意、较满意、一般、不满意。此评价计入走访行动年终考核，占比15%。

自此，诉求才算是完全办结，对于超期没有给予答复、办理的诉求，主抓领导每个季度召开办公室会议，进行诉求审读，对诉求办理方案的表述、办理情况在解释角度和准确度上是否合理，提出修改意见。走访办公室向有关单位分管部门发出《诉求审读修改意见告知单》，要求责任单位及时进行诉求办理，对已有的办理情况、办理方案进行修改。形成了线上、线下互相支持，快速回应民众诉求的问题解决机制。

（三）领导小组办公室：开展“走访”的原动力

为推进“走访”的有效开展，在区委的领导下，成立了“走访”领导小组办公室。区委副书记担任领导小组组长，区委副巡视员担任副组长，负责协调包括街道/镇、国有企业等在内的71个部门单位的走访工作，督促工作机制的完善和加强对“走访”的组织实施。各街道/镇也纷纷成立了“大走访办公室”，专门推动和配合走访工作的开展。2015年9月，领导小组办公室配备专职人员3人，负责日常工作和具体工作。按照“统一领导，分工合作”原则，做好走访活动的日常督促检查和基本服务，确保每次“走访”的顺利进行。

在“走访”前，工作领导小组召开各归口部门（区人大、区政协、区组织部、区司法局）联席会议和领导小组办公室会议推动“走访”工作。各单位分别总结上一季度“走访”活动调研情况，汇报下一季度走访行动计划，讨论研究下一轮走访的工作要求和任务，明确责任单位及完成时限，推动各项工作有序进行。在“走访”前半个月左右，办公室制定并发布本季度走访行动《工作提示》，明确走访要求，诉求收集和办理情况是走访的重要内容。区人大办、区政协办、区司法局也会向代表、委员和律师发出提示，区委组织部向党代表下发社区在职党员作用发挥信息收集表，给“走访”团队的组成成员施以动力或压力，让各位成员在走访中发挥作用。

在走访前，明确时间要求，各“走访”团队利用微信、电话等方式和结对居民区协商走访时间并将之上报至“走访”办公室汇总，并于走访行动开始前一周，在该区党报、区委党建网、各街道 / 镇网站、居民区网站以及小区公告栏内公布，“走访”团队须严格按照公布时间进行走访，自觉维护走访行动公信力。

工作领导小组办公室对走访程序有严格的规定，要求“走访”形式为座谈会，以听取居民意见为主，且对全体居民公开，要热情回应自主参加座谈会的居民。座谈过程中，政策宣讲、上一季度“走访”诉求办理情况反馈、听取居民意见是每次“走访”不可缺少的环节。

机关结对单位联络员必须与“走访”团队一同参加座谈会，会上详细记录居民诉求，并如实填写《走访工作记录表》和《民情诉求登记表》，会后由居民区党组织保管。“走访”团队需在座谈会后将结对居民区的详细情况及诉求处理办法等认真记录在《民情日记》中，形成纸质档案。

“走访”结束后，“走访”团队就居民提出的诉求和意见，及时梳理分析。在规定的时间节点，录入网络信息平台，通过网络平台流转，责任部门在规定时限内给出明确答复，并依托网络信息平台将处理情况反馈给“走访”团队和居民区。

（四）督查考核制度：“走访”的关键要素

“走访”能否取得实效，能否对落实“走访”工作及其人员从严监督是关键。我们通过调研了解到，“走访”在监督考核方面做了相关安排。

第一，将“走访”纳入“满意”活动暗查项目，徐汇区政府机关一年开展四次暗查活动，涉及“走访”的具体内容包括组建工作队伍、开展走访联系、问题整改落实、拓宽走访途径情况，每项内容对应具体分值，暗查时发现不合规定则扣分，该结果是党政机关年终考核的依据之一。

第二，每季度“走访”过程中，抽调部分居民区书记组成若干调研组（2人一组）现场观察，实地参加“走访”。“走访”活动结束之后，“走访”工作小组召开调研员监督总结会议，及时反馈走访情况和效果，对好经验、好做法以“热风吹雨”形式在微信群进行表扬；对存在的突出问题和相关当事人，以“打招呼”形式在微信群提出批评并由主抓领导约谈相关人员或单位分管领导。

第三，优化网络工作平台的满意度评价功能，诉求办结后，居民区工作人员进入网络工作平台对“走访”团队和责任单位进行评价。在第四季度“走访”结束后，领导小组办公室进行满意度测评，邀请每个居民区的居民代表填写《“组团式走访”行动满意度测评表》，对“走访”团队的表现打分和提出改进意见，考评结果将会纳入“走访”团队成员特别是处级干部及其所在单位的年度考核范畴。

第三节　“组团式走访”的绩效分析

“走访”以回应居民诉求为旨归，通过组团走访、网络平台等形成集成优势，构建了一种协同政府内上、下、左、右各部门（即合“纵”连“横”）提供公共服务的新机制。该机制包括直面基层的宽通道的响应机制、有效激活责任主体的决策机制、组织下沉多方筹集资源机制、多途径信息来源的督促机制等。实践中，这一机制基本达到了制度设计者的初衷，如发挥了意见听取、解决问题、锻炼干部、密切干群关系、提升满意度等功能。2015 年 9—11 月间，我们对徐汇区的三个社区（分别是 N、G、L）的“走访”活动进行了调研。①

一、直面居民，宽通道的响应机制

不可否认，随着体制创新、技术发展等，党群、政民、政社之间的沟通渠道越来越多，既有政府着力建设的各种听取民意的机制，也有居民自行采取的各种表达方式。但渠道多，不代表通道宽。多年来，舆论与理论界对政府回应力不足的批评，揭示了渠道虽多但通道较窄的尴尬。

“走访”的两个机制，一是“1+3+1”即“处级干部 + 党代表 + 人大代表 + 政协委员 + 律师”，直接到社区、直面居民代表，即使是简单的物理组合，实质上也起到了把多个小渠道整合为一个大通道的作用。二是联通政府内上下左右的网络平台是一个技术上几乎不受限的宽通道，在确定相应诉求的责任部门后，对认领、处置又规定了时限。通道的一端是居民诉求，另一端是区委区政府部门、街道 / 镇、人大、政协机关等；而限时办理等保证了责任单位快速响应。因此，“走访”在吸纳居民需求表达方面实现了直面基层、宽通道传递、快速响应。

“走访”坚持以社区居民为本，围绕居民诉求定期到社区联系居民，服务居民，注重公共利益的实现。为获得真实的民情和民意，“走访”团队每季度走访一次结对居民区，由居委会安排与社区居民的座谈会。在“走访”座谈会上“走访”团队与居民零距离、面对面交流，倾听居民诉求和意见，为增加居民代表的广泛性，领导小组规定居民区党支部至少安排六名居民参与座谈会，且最好是挑选党员骨干、楼组长等对社区更加了解的人员作为代表，要求居委会事先汇总社区难点、热点

① 此处对调研的街道、社区名称及访谈对象姓名均做了技术处理。

问题，确保集中、准确地反映居民诉求，以有效向居民提供各种公共产品。且在“走访”前一周，“走访”办公室会通过报纸、网站等媒体公布各“走访”团队的走访时间，原则上居民可以自由参加座谈会并自由发言。我们调研的四个居民区，在座谈会上居民代表所表达诉求皆关乎社区公共利益，希望得到“走访”团队的支持和解决。“走访”团队能否按时走访与居民对走访行动的评价密切相关，尤其是自主参加座谈会的居民。为防止社区居民通过公开渠道获知消息前往居委会参加座谈会而扑空的现象发生，“走访”办公室严格要求各“走访”团队必须按照公布的时间下访社区，不得随意更改。2015 年该区就发生过一次因“走访”团队更换时间而致使居民普遍不满的事件。

城市社区公共产品供给方式的转变，表现在政府对民众意见的积极回应。“走访”不断地吸收居民意见，按照居民满意的方式做出回应和调整，居民对该行动的态度也发生了变化，由之前认为是政府的一项“形象工程”，肯定会流于形式，不了了之的看法转变为现在居民普遍满意并对其抱有期待。

“走访”不仅通过定期走访居民区，变居民上访为政府下访，积极听取居民意见，畅通了民意表达渠道，而且还通过组建由不同人员参与的团队模式，将原有的“双结对”活动、领导干部联系基层制度、代表/委员联系点制度等多种民意征集渠道综合并充分利用社会资源，拓宽了政社沟通通道。

2015 年 10 月 15 日在 N 居委会走访座谈会上，领队王处长（J 街道武装部部长）就他自己对团队的理解向居民代表做了解释：“处级干部是区里统一调派的，代表区政府，所以不要把我和 J 街道联系起来……在我们团队中，各方力量都有①，彼此的工作并没有很大关联性，组成

① 党代表是 J 街道组织科科长，人大代表和政协委员分别是中国农业银行支行行长和副行长、律师。

团队以后，彼此工作轨迹产生了交集，工作方式从单打独斗变成团队协作，利用各自的资源优势跨界组合，物理组合产生了化学反应，形成社会各方共同参与社会治理的良好局面。”

在调研过程中，我们发现街道领导担任领队的两个“走访”团队在调动团队内各方力量，运用各自优势为结对居民区解决问题是非常值得肯定的。

N 居民区周边一家饭店的违章建筑被街道拆除后，经常发生污水外溢，影响居民行走，但饭店对居委会、街道的整治要求置之不理。走访座谈会后，领队王处长向该居民区书记详细了解情况，并与团队中的党代表（某国有企业领导）商量，认为该国有企业领导在这方面是有资源优势的，党代表也积极表示愿意帮忙。于是很快商议出解决办法，由该国有企业派出施工队修了一条水渠，解决了问题。

另一居民区 G 则主要是老旧售后公房，基础设施、公共设施等基础薄弱，物业管理水平低。在座谈会上，居民提出希望在小区门口安装无障碍设施，人大代表当场将此任务认领。原来，该人大代表是居民区附近某中职院校的工会主席，可以趁寒假期间学校进行修整时，一并为社区修建。在平时，该人大代表也会利用学校资源，为社区居民上党课，组织学生志愿者服务社区，提供一些便民、利民服务。

与 N 居民区和 G 居民区结对的两个“走访”团队成员在座谈会后通常会就居民反映的诉求进行交流，主动分担责任，集思广益、汇集资源，快速回应、合力解决问题。围绕居民提出的诉求和意见，在“走访”团队职责范围内的，能够当场解答的即时予以解答，对于不能当场解答的，座谈会之后督促相关部门落实并做好反馈工作，即使是不能解决的问题，也要向居民做好解释工作，得到居民的理解。在居民看来，他们是作为一个整体发挥排忧解难的作用。这种将多个分散的窄渠道整合成一个宽通道的模式，增强了政府回应力，有助于高效解决社区难题。

然而，“走访”团队的力量毕竟有限，无法处理社区所有诉求。网络信息平台通过信息共享，不但将诉求直达责任部门，还要求限时办理。在信息透明公开的情况下，责任部门亦处在上级部门和民众的双重压力下，社区诉求成为他们关注的重点之一。

在G居民区，由于历史原因，居委会所辖小区小学生分属两个学区，2015年8月走访时，一个居民提出希望能并入另一个学区。“走访”团队在会后调查了相关情况，在规定的时限内将此诉求上传至网络信息平台，教育局是受理单位，教育局接到诉求后也在相应的时限内给出了答复，一方面表明目前的学区划分是有根据的，另一方面又表示在2016学年会考虑居民提出的意见进行适当的学区调整。另外，“走访”团队的领队与教育局党办主任进行了沟通，鉴于涉及学生人数很少（每年2—5人），领队和居民区书记都对此问题的解决充满信心。

信息平台的作用在于将由于各种原因处于政府视线外的社情民意直接移到了政府“眼睛”下，让政府内上下左右的职能部门履行职责，按照时限要求做出答复和处理，快速响应居民诉求。

所有团队与结对居民区还建立了微信群，除了“走访”团队成员外，“走访”联络员、街道联络员和居民区书记等居委会工作人员。通过微信群，社区与“走访”团队的互动交流不仅仅局限于每季度走访的半天时间，可以全天候实时在线交流且内容更加丰富。这系列做法对于增强政府回应力，化解社会矛盾能力成效凸显，在2015年上半年，徐汇区信访量同比下降24%，为居民解决急难愁问题1800多件，得到了居民的充分肯定。①

二、激活责任单位的决策机制

公共物品或公共服务供给的决策机制，实质是解决责任单位问题，

① 数据来源于徐汇区“组团式走访”办公室内部资料。

即谁提供、提供多少、以何种机制督促责任主体采取行动等。社区事务或问题，责任单位包括（但不限于）居委会、业主委员会、物业公司、街道（职能部门）、政府职能部门等。有时，诉求提出者并不清楚责任单位；有时，责任涉及多个主体。因此，如果政府部门秉持“多一事不如少一事”，那么可能发生居民求告无门的情况。“走访”中的团队负责机制、网络平台责任确定机制等，有效地激活了公共服务的供给主体。

第一，建立“走访”团队的责任包干机制。全区共组建了308个“走访”团队，团队成员来自各个部门、不同领域。在300多个团队中领队又有三种来源：区职能部门、街道办事处或镇政府、以及区国有企业；其他成员则是按照选区和就近两个原则进行分配，组建“走访”团队的目的即保证社区问题有更有效的反映和解决渠道。

按照要求，“走访”团队需对“走访、落实（追踪）、反馈”全过程负责。在“走访”环节负责对居民诉求的收集。社区公共产品提供者的确定依赖于民意调查的准确性，居民诉求信息整理和归纳的目的是为了总结居民真实需求，其前提要求政府的民意收集工作应采用“从群众中来到群众中去”的方式，与群众面对面进行民主协商和对话。建立起覆盖全区所有社区的走访机制，“走访”团队广泛收集群众诉求，对于能当场回应的即时回应，必要时可以采取现场查看的方式调查核实。不能当场解答的，“走访”团队在与街道联络员、居民区工作人员以及居民充分了解后，共同协商居民诉求的录入问题，确保进入网络信息工作平台的诉求能够准确表达居民所思、所想。“落实（追踪）”环节针对居民提出的问题充分调动团队资源解决，在无法解决时做到“全程追踪，一跟到底”，对于需要街道/镇或区职能部门处理的，“走访”团队也需要担负起协调沟通的责任。“反馈”环节则是告知社区居委会及居民代表诉求处理方案、进度和结果，既有日常工作反馈也有定期反馈。

从社区问题的输入到输出，居民不用再为此奔波，“走访”团队全程负责社区居民提出的所有诉求，为社区治理探索出了一条新的道路。

第二，建立网络平台确定机制。网络信息工作平台的管理由专人负责，形成覆盖全区的“民情库”，涵盖区、街道 / 镇和社区。授权“走访”团队所属党组织将收集到的结对居民区诉求输入平台，按照网络信息工作平台的流程进行流转和限时办理，居民区工作人员可以随时进入平台查看诉求办理情况并对已办结诉求进行网络评价。通过社区、“走访”团队、街道办事处、镇政府和区职能部门等参与者通力合作，将分散的居民诉求信息进行归纳和汇总，形成全面、系统的网络信息平台。“走访”领导小组每次走访后召开专题会，对回应诉求、解决问题各种情况梳理分析，将民众反映强烈、涉及区级层面的难题提交区委、区政府进行调查研究并落实。例如，在 2015 年 8 月的第四次走访时，根据前三次“走访”中居民提出的问题中较多涉及老年人看病问题以及社区内楼栋防盗门维修问题，这一次走访时“满意”领导小组下发《8 月工作提示（八）》，要求各“走访”团队按照统一出台的关于慢性病长处方和小区电子防盗门的惠民政策进行宣讲，为保证居民能够清楚和明白，要求必须用通俗易懂的“群众语言”而不能照本宣科。我们在 8 月份分别实地调研了两个社区走访座谈会，从当时群众对惠民政策宣讲的反应看出在场的居民代表对这一政策是十分拥护和感谢的，纷纷表示政府是想着百姓的。

只有在综合整个辖区范围内的民情信息，政府作为决策层才能把握住大多数居民的普遍需求的公共产品，进而做出符合居民真实意图的政策决策，提高决策效率。

“走访”坚持“让群众满意、让基层满意、让社会满意”的走访任务，针对社区疑难杂症开展协调落实工作，加强条块协同，整合所需资源，形成解决具体问题的合力。调动全区 50 个职能部门、13 个街道 / 镇和 8 家区国有企业参与“走访”，要使各部门、各层级间有效运转共同为城市社区提供公共产品，依赖于强有力的组织协调机制。首先，网络信息工作平台的建立有助于整合全区诉求信息，按照逐级解决问题的原则，构建了社区/“走访”团队级、街道/镇级、区级的三级联动管理系统，围绕社区居民诉求，从下往上，能够解决的自行解决，无法解决的则流转到更高一级，确保“社区问题有人管”。

例如，在一次走访时，L社区居民代表要求有关部门为社区老年活动室安装东方有线电视。刚开始，问题被划给社区居委会自行解决，但是由于历史遗留问题，经过几个月努力，L社区依然无法安装东方有线。在第五次“走访”时居民再次提出该问题，当天出席座谈会的街道工作人员了解前因后果后主动认领了该问题，经过街道与东方有线电视站的沟通，这一问题在一个月内予以解决。①

在横向协同方面，“走访”团队各成员之间的协作是不同工作领域的协同。但是还突出表现在“走访”团队全程负责的基础上与公共产品供给责任主体的沟通协调方面，对于属于其他部门的职能范围内的诉求，“走访”团队担负着督促诉求落实整改的责任，必要时还需要与其共同协作完成社区公共产品的供给，尤其重要的是作为处级领导的领队通常具备影响街道、职能部门等同级的能量，可以发挥撬动作用。

一个职能部门撬动另一个同级别职能部门采取实质行动的典型案例也发生在L社区。该居民区附近拟建学校配置中学或小学问题由来已久，居民希望建小学，区教育局规划为中学。2015年8月后，区规划局的一位李姓副局长被指定为该居民区走访行动的领队后，意识到该问题是居民反映强烈的问题之一。在10月走访前，这位副局长想尽办法邀请区教育局领导参加座谈会，希望他们实地听取、感受居民意见——先电话邀请，后发出邀请与会的公函；10月走访行动座谈会上，在居民代表提交了数百居民签名的意见书后，这位副局长就居民意见的合理性等进行了更深入的调研，并向所在局领导班子汇报了应该支持居民意见的建议，几天后会同街道负责人亲往区教育局提出意见、进行协商；座

① 根据2015年9月的访谈记录（XF20150901）整理。

谈会后还向“走访”行动办公室打了专项报告。8月至10月间，这位副局长还在“十三五”规划编制等正式场合以及通过非官方途径，试图说服区教育局。区教育局一改之前网络平台三次“官样”答复的做法，进行了积极响应：先是委派基建站站长等出席了10月的走访行动座谈会，现场感受到居民的强烈呼吁；几天后，在李副局长、街道负责人登门协商时，区教育局负责人初步提出将中学规划改为九年一贯制学校的意见；此后，局领导班子讨论做出了正式决定。如此便解决了L社区居民多年来“求告无人理”的大难题。

可以说，“走访”克服了现有官僚制组织“职能分工、分级管理、属地管理”的运作下导致分工过细、粗放管理和缺乏沟通等导致协同失灵①问题。通过打破职能、层级的边界，实现纵横向部门联动向社区供给公共产品。许多社区问题、居民诉求的责任单位是官方半官方机构或组织。走访行动起到了明确责任单位、紧盯责任落实等作用，是一种“有效激活”责任单位的公共服务供给决策机制。

三、“精英下沉”式资源筹措机制

在已有的研究中，虽然研究者们认同社区公共产品供给应包括人、财、物等资源的筹措，但往往仅限于政府、社会、社区等各主体相互协调进行资金筹集的分析，忽视了利用其他资源提供社区公共产品。庞娟从利益相关者的角度把地方政府、市场、社区居民和自治组织纳入社区公共产品供给活动，建立资金筹集分担模式是保证有效供给的可持续机制。②且现有资源筹集方式渠道单一，需要建立以政府为主的

① 周志忍、蒋梅娟：《中国政府跨部门协同机制探析——一个叙事与诊断框架》，《公共行政评论》2013年第1期。

② 庞娟：《城市社区公共产品供给机制研究——基于利益相关者理论的视角》，《城市发展研究》2010年第8期。

多元供给模式，拓宽资金来源渠道。[①] 但是，经济、社会环境已经发生了极大的变化，城市社区居民公共产品需求日益复杂，有些公共品须投入资金才能完成供给，但有些公共品的提供必须得筹措其他资源方能有效，不局限于资金分担，如责任共担亦是供给公共产品所需资源之一。

“精英下沉”是精英流动的方式之一，有利于改善基层治理。[②] 我们认为走访行动中“走访”团队定期“下访”社区，倾听基层诉求，参与社区公共事务治理，为居民出谋划策，起到上传下达的作用，也是“精英下沉”的一种表现。要求结对党支部、“走访”团队要从居民最急于解决的困难着手，推动人、财、物各种资源下沉至社区，最大程度上帮助居民。在日常工作和生活中，政府官员与社区居民接触偏少，制定的公共政策难免与社区居民需求相左。通过走访行动，于公，可以帮助官员做出符合社区居民需求偏好的决策；于私，“走访”团队成员来自社会各界精英，自身所附带的资源有助于社区公共问题的解决。因此，走访行动中“走访”团队成员带给社区的资源可以分为体制内正式资源和体制外的非正式资源。

（一）正式资源

在政府职能缺位的背景下，社区公共产品供给资源不足导致社区公共产品缺失。“组团式走访”为社区居民需求表达提供了渠道，“走访”团队成为社区与政府之间的桥梁，将社情民意向政府传达并将政府决策向社区居民反馈。对于社区中涉及公共政策制定等公共事务，“走访”团队及时将诉求录入登记在网络信息工作平台，激活相关责任主体及时做出政策调整或重新做出决策。“走访”团队成员利用自身体制内的身份，

---

① 姜德琪：《关于构建城市社区公共服务供给平台的思考》，《湖北社会科学》2009年第3期。

② 吴新叶：《“精英下沉”有利于优化人才结构和基层治理》，《探索与争鸣》2015年第10期。

依照其职责参与社区公共服务治理。

“走访”团队中的领队身份是徐汇区政府中处级单位的处级以上领导干部，他们根据自身所在单位职责，在走访中充分发挥自身力量，为老百姓解决疑难杂症。

到C街道G社区进行“走访”的领队老杨，是C街道的副书记，在2014年10月份第一次走访时，G社区居民提出由于社区内工厂众多，重型车辆进出频繁，小区主干道坑坑洼洼，以前小区居民自己筹资整修过，可时间不长又破烂不堪，居委会在前期和驻区单位商量共同出资再次翻修，然而驻区单位没有答应，小区居民抱着希望街道出面协调、敦促企业承担部分资金的目的，提出了诉求。街道领导考虑到老旧小区的实际情况，他推动道路维修工程纳入街道预算项目，不到半年的时间即修建了一条高质量的道路，并顺带解决了无障碍设施问题，工程耗资80万元。G社区全体居民因此事十分感谢“走访”团队，老杨成为他们首要感谢之人。G社区党支部书记通过此事深刻体会到走访行动的效率之高，她表示“C街道是为我们小区的，对我们的工作也是蛮支持的，但是以前事情的解决跨度太大，一年又一年地盯着，这个去年讲今年就弄好了，这个就是效率”。“在座谈会上，你们也都听见了，我们都是感谢他的，现在微信不是都点赞吗？我们也为他点赞!”①

“两代表一委员”则充分履行建言献策、民主协商的职责，就社区治理过程中出现的各项问题，充分发挥作为代表或委员具有较大影响力的优势，为社区居民服务，维护社会和谐。如人大代表在联系社区时，选民提出公共交通不便的问题，代表依托街道、居委会摸清了区域内人口、公交现状等情况，进行充分论证，向区人大常委会提交方案意见书，经过多方协调，终于得到相关责任部门做出改善居民出行的答

① 根据2015年9月的访谈记录（XF20150901）整理。

复。[①] 代表、委员充当民众与政府联系的桥梁和枢纽，发挥联系服务群众的作用，以群众的满意度为工作目标，呼吁相关责任单位关心群众诉求，解决涉及体制、机制的问题。

（二）非正式资源

"走访"团队所拥有的非正式资源是指团队成员除了自身职责以外的所附带的资源，即他们自己的资源动员能力，如凭借私人关系促使问题解决，凭借所属行业提供资源帮助等。全区 308 个团队，涉及机关、企事业单位各个领域，所能动员的资源十分丰富。在上文所列举的案例中，几乎所有的问题在解决过程中都或多或少与动用了"走访"团队成员的非正式资源。如"走访"团队在遇到结对居民区诉求涉及其他责任单位时，有的"走访"团队会利用与责任单位中成员的私人关系与之进行沟通，争取保质保量地高效率解决问题。C 街道副书记在解决社区中学区划分问题时需要协调区教育局，领队老杨就与区教育局相关人员联系并得到肯定答复，持续跟进学区划分问题的解决。"两代表一委员"中有很多是国有企业、事业单位的领导，可以利用自身所属单位的资源帮助社区解决一些看起来很小，但长期未能得到解决的问题。针对 J 街道 N 社区旁饭店污水排放影响居民出行安全和环境卫生，走访 N 社区的团队中的党代表是某集团总经理，出资为 N 社区在马路旁修建明沟，还 N 社区居民整洁和安全的出行。G 社区人大代表是某中职学校的工会主席，是该学校领导班子成员之一，组织学校老师到 N 社区为居民上党课，安排学生到社区提供志愿服务等。

通过安排"走访"团队定期集中走访社区，充分调动团队各成员所附带的正式与非正式资源，参与社区公共服务供给，不仅为政府了解社情民意和制定政策提供渠道、依据，加强社区治理。还在一定程度

① 内容来自徐汇区"热风吹雨"栏目，专门宣传走访活动好的做法和典型案例，以供全区走访行动参与人员学习。

上满足了社区中个性化需求，帮助弱势群体，缓解了政府供给公共产品不足的矛盾。

四、信息来源多元化的单头监管机制

针对公共产品供给多头监管致使无人负责的现状，走访行动中，领导小组及其办公室是唯一全权负责走访事务的主体，协调各部门参与走访，对走访过程中民意调查、处理和回应社区居民诉求各个环节进行监督管理。与过去被动依靠供给责任主体提供信息进行考核的方式不同，领导小组及其办公室主动获取供给信息，掌握一手资料，深入调查研究走访情况，通过多种渠道了解社区诉求处理信息，加强对走访活动及其效果的监管。

（一）依托暗访，了解走访信息

每季度一次的走访活动是至关重要的一环，社区需要哪种公共产品及其数量都与走访活动的开展效果有关。每次走访，领导小组及其办公室从每个街道 / 镇安排 1 组（每组 2 人，共 13 组）调研员暗访 2 个居民区的走访活动。暗访实行不事先告知的方式，到居民区观察是否有公告、是否按时开展走访、走访成员是否出席、是否按照程序开展、“走访”团队态度如何等面上问题。所有走访结束后领导小组成员及调研员召开调研员总结会议，针对观察到的问题进行汇报。会议后，对做得好的团队进行表扬，做得不好的团队进行批评甚至约谈相关责任人。通过随机暗访，注重走访形式，加强对走访现场的监督，以达到调查民意的效果。

（二）依托网络信息工作平台，掌握诉求处理情况

网络信息工作平台按照分层解决的原则对诉求进行流转，要求各责任主体限时答复和办理。领导小组办公室召开专题会议，对每季度诉求处理办法、答复表述、是否答复处理等情况进行审读，根据不同问题向

责任单位发放《诉求审读修改意见告知单》，限期修改和答复。除了“走访”团队反馈办理信息，社区依托网络信息工作平台可以全程了解诉求办理情况，如诉求由哪个单位处理、处理结果如何等信息，可以发挥居民区的全程监督作用，并在工作平台上对已办结诉求分别对“走访”团队和责任单位进行满意度测评，此评价纳入各单位年终考核体系。从诉求录入到办结，领导小组对诉求进行全程监控，实时监督诉求处理状态，督促各单位积极参与社区公共事务治理。

（三）依托居民代表满意度测评，把握走访效果

领导小组办公室在每年的最后一次走访活动中，要求“走访”团队向居民代表进行以一年走访总结，在走访结束时，“走访”团队人员退出，居民区书记给居民代表发放《居民满意度测评表》并填写，评价内容包括对“走访”团队的评分、最满意的事、最不满意的事。填写完毕交给街道联络员带回，统一汇总后交给领导小组办公室。居民代表对“走访”团队的评价，是领导小组办公室了解走访效果的最直接和可靠的依据，有助于督促“走访”团队真心实意参与走访，为社区做好事，为居民谋福利。

（四）组织关键人物座谈会，深入剖析走访工作

在非走访时间，主抓领导每周召开领队座谈会和居民区书记座谈会，在他看来，领队和居民区书记是走访活动的关键人物，发挥着组织协调作用，是最熟悉走访工作的，对二者进行座谈十分必要。每次座谈会安排 5 名领队或居民区书记，按照座谈提纲分别介绍各走访情况，诉求处理情况，各成员发挥作用情况等。在 2015 年，已召开座谈会 100 余场，主抓领导通过与关键人物进行交流，对走访工作有更清晰的了解，制定出更契合社区公共产品需求偏好的政策。

走访行动通过领导小组及其办公室对走访活动的指挥、协调，全区民众对走访行动是否满意直接关系领导小组及其办公室的工作成绩，促使其有动力对各团队和单位进行监管。领导小组及其办公室通过暗访、

信息工作平台、居民满意度测评和座谈会了解走访情况对各单位进行考核，而不是单独以各单位提供的汇报为考核依据，全面获取走访工作信息，对走访工作进行全方位监管。

总的来说，组团式走访，是国际化大都市快速发展的形势下，继承我国党政体制以党领政、群众路线等传统优势，面向社区居民需求，依托组团走访活动、网络平台信息技术等，调动体制内上下左右各方面力量（合“纵”连“横”），协同解决问题、提供服务的一种新机制。在实践中，已经发挥了快速响应、激活责任主体、资源下沉等功效。这一机制，在政府管理实践上，是一种重要补充机制；在公共管理理论上，是一种“类”无缝隙政府模式。

需要强调的是，公共服务供给机制中，响应机制、决策机制、资源筹集机制互为一体，督促机制提供保障。走访行动实现了几种机制的创新、优化，因此具有集成优势。实践将证明，组团式走访这一有效的合“纵”连“横”机制不仅具有可持续性，而且可复制、可推广，成为中国特色政府管理体制的重要组成部分。

第四节　“组团式走访”中需求供给机制存在问题与对策

一、“组团式走访”存在的问题

第一，民意调查过程规定模糊，造成响应偏见。政府对社区居民需求信息的调查是基于所有社区居民能够自由参与需求信息表达，完全显示居民需求偏好。在本个案中，由于民意调查机制存在不完善之处，造成了需求表达和信息数据的双重响应偏见。

在诉求收集阶段，走访行动为准确反映群众诉求，要求社区居委会在会前要认真汇总社区内疑难问题，为凸显居民代表的广泛性，有选择性地邀请社区党员、楼组长参加且至少有6名居民代表。但是，这一要求却成为社区居委会操纵社区居民需求表达的依据。首先，有的社区居委会座谈时，以社区居委会干部充当居民代表。L社区书记同时还是暗访调研员，她说到“有的小区开座谈会居民代表都没有的。就是几个居委会干部在那座谈，都没有居民代表来反映问题”。① 其次，居委会为防止居民代表提出的问题脱离控制，在会前对自发参加座谈会的居民劝离。N社区书记表示除了自己邀请的居民代表外，还有很多居民是通过看报纸等其他途径得知并自发参加的，“来了以后我就说这次我们讨论的是上一次的问题，这一次您有什么事情先跟我反映，这次您不参加，如果下次您这个问题变成主要问题的话，您再来”。② 再次，社区居委会控制座谈会话题，例如，N社区书记认为小区中有一个问题到了该解决的时刻，事先安排脾气温和的居民代表提出，借助“走访”团队的力量解决问题。最后，居民代表几乎全部是退休人员，代表性不足。2015年10月调研的4场座谈会，全部是老年人，平均年龄在60岁左右。我们在8月份调研时，居民区书记提出会议时间不能太长，有一些年纪大的代表坐不了太长时间，因而座谈会草草结束。

社区居委会利用对代表及话题的控制，操纵着社区居民诉求表达，然而政府面对的民众复杂多样，其需求必然各有不同，社区居委会虽然对社区更为了解但绝不能代替居民表达，其操纵的结果是导致政府调查的民众需求信息只是居委会想要传递出去的信息，居委会如同“筛子”将民众需求过滤掉，造成需求表达的响应偏见（responsiveness bias）。③

在诉求进入网络平台阶段，座谈会上收集的居民诉求必须登记录入网络信息工作平台，到此才是政府完成民意调查环节。具体操作由结

① 根据2015年10月的访谈记录（XF2015001）整理。

② 根据2015年10月的访谈记录（XF2015001）整理。

③ Paul D. Schumaker，“Responsiveness Bias in 51 American Communities”，*American Journal of Political Science*，Vol.21，No.2（May 1977），pp.247–281.

对机关党组织的联络员完成，但是诉求如何取舍、如何撰写、谁做主是“走访”团队需要斟酌的。通常是“走访”团队成员、街道和居民区协商后进行录入，然而有的“走访”团队因为领队及其成员对此环节的忽视，出现问题反映上去无单位受理的情况。D社区的一条登记诉求“我们这里的小学在上学、访学高峰时，家长、学生都往我们小区进出，车辆、人员进出量大，有安全隐患”，该问题从2015年1月反映至10月，重复反映三次依然没有得到解决。后来梳理才得知，主要原因在于，登记这条诉求时将其责任单位归为区教育局，而区教育局实在“无法处理车辆进出小区”这一问题。应该说，领队作为“走访”的牵头人员，需要发挥居中协调作用，为“问题”找到准确的责任单位，并督促其认真解决。然而现实中，部分领队重视程度不够，或者直接放权给联络员，限于经验等原因联络员尚不足以做好准确界定和识别问题工作，故诉求总是得不到回应，造成信息数据的响应偏见。

第二，决策信息不完整和缺乏约束力，降低了决策效率。政府决定供给什么、供给多少及如何供给需要责任单位在收集诉求的基础上对居民需求信息进行甄别，分析哪些公共产品是民众真正需要的，避免出现供给决策失误、供需脱节。[①]“走访”团队仅停留在诉求表面，没有深入思考诉求背后的深层次问题。例如L社区要求建公共厕所，团队虽诧异此诉求但依然想办法满足，但建公共厕所是因为有人借小区门口公交站旁废弃书报亭随地小便致环境污染，“走访”团队若不了解来龙去脉，即使公共厕所建成，也可能无益于根本问题的解决，反而浪费公共资源。进入决策体系的诉求信息，因其有限性极容易让供给主体决策失误。

“走访”在决策方面的另一个问题是部分决策不具有约束力，“走访”团队是整个活动的重要组成部分，既要发挥团队力量为社区提供公共产

① 陈水生：《城市公共服务需求表达机制研究：一个分析框架》，《复旦公共行政评论》2014年第2期。

品，又要协调各责任主体进行诉求办理，全程跟踪直至诉求办结。然而，在上述两个方面都存在约束力不足的问题。网络平台上诉求的运行是走访行动发挥功能和作用的前提条件，“走访”团队具有决定可上平台诉求的权力，可是有的“走访”团队基于不给其他部门找麻烦、防止满意度下降等原因只是选择性地将诉求录入平台，造成有些民意不能被上层知晓，影响决策。当诉求流转时，相关部门受理后出现懒政、惰政现象，没有以居民需求为出发点，依照以前的处理方法例行公事答复。例如，一些职能部门的答复，让作为领队的职能部门负责人都觉得啼笑皆非。这说明，居民诉求、区委区政府的要求等，未对相关部门产生足够的压力。信息数据流转的决策机制对相关职能部门具有弱约束力，反而造成社区居民不满意。

第三，资源来源不稳定，具有不可持续性。走访行动中居民诉求的解决需要“走访”团队发挥各成员自身资源优势，因为各个团队成员身份的不同，所能动员资源多少有别，帮助基层治理程度也不一样。调研发现，领队调动资源从多到少的排序是街道/镇领导、区职能部门领导、国有企业单位领导，综合部门比专业分工部门具有资源优势。且社区公共产品的供给更多是依赖各成员附带资源，具有偶然性和特殊性，没有制度化资源筹措渠道。经过一年多的走访，逐步形成“走访”团队与社区对接共同治理的局面，但是政府忽视了发挥社区自治的作用且对社会组织等其他供给渠道具有挤压效应，长此以往，必将弱化社会组织和社区的供给能力，又回到了政府大包大揽提供社区公共产品的传统模式。

第四，监督考核运用程度低，逐渐走向形式化。监管要发挥实效，关键在于监督考核的运用，若严格按照监管结果完善问责机制，必然对各走访主体具有正负激励功能。走访行动的问题恰恰就在于监管有余，考核不足。在监管方面，通过暗访、信息数据分析、满意度测评和座谈会，加强对走访过程的管理和诉求处理的督促。但是鉴于监管主体领导小组及其办公室只是非常设机构，主抓领导是副巡视员，属于非领导职务，权威性不足。在监管中有时会“看菜下碟”，遇到强势部门只能选择回避，不能完全贯彻监督管理功能。考核结果的运用只是在年终单位考核时占有一定比例，处级领导干部问责功能缺失，逐渐走向形式化。

二、完善“组团式走访”中需求供给机制的建议

“组团式走访”作为大都市上海社区公共产品供给模式的尝试，经过一年多的走访，在2015年10月发放给262个社区[①]居民代表的满意度测评中，发出2620份，回收2620份，满意度满分的社区共有218个，占总体83.2%，平均分为99.18，得到绝大多数居民的好评，[②]证明了这种模式的意义和价值。我们认为，“走访”继续施行需要在两个方面进行完善。

（一）形成制度化的民意调查机制

民意调查是现代社会中了解民众需求、观点和意愿的重要方法和渠道。在社区层面，建立制度化的民意调查机制，主要是建构社区问题直达政府网络信息平台，居民可以随时随地向政府传递需求，民意表达不再受到居委会或“走访”团队的局限，意见表达群体也不再局限于社区老年人群体，而是覆盖到所有社区居民，进一步拓宽了政府和居民间的沟通通道。这一调查机制可以作为现有走访行动的补充机制，称作“信息收集”平台，现有的网络信息平台则是“诉求流转”平台。“走访”团队在每次走访前需把该阶段内结对居民区传递到平台上的所有诉求进行整理和了解，“走访”团队应注重与反映诉求的居民、居委会干部、街道干部等协商，深入听取意见、了解诉求背景、商量回应或上报事宜等，提高团队对社情民意的诊断水平。在走访时逐一解答和回应，座谈

① 共11个街道/镇，2015年8月走访时另外两个街道作为试点已参与测评。

② 数据来源于徐汇区走访行动办公室内部资料。

会后，“走访”团队依然具有决定何种诉求上流转平台的权力，但因为上层可以同时看到两个平台的信息，这种权力并不会影响上级的决策。

（二）形成线上、线下强支持模式

“走访”的流程优化。每一次走访活动首先是由区委、区政府发起，决定何时走访、按何种要求走访并在全过程监督落实走访情况；“走访”团队在区委、区政府的指导和支持下，走访居民区，听取居民意见，将诉求收集并录入网络平台，追踪落实诉求办理情况；网络平台在实现所有诉求信息在政府内上下、左右共享的基础上，将诉求流转至相应的责任主体；责任主体即社区公共产品的提供者，认领诉求并回应办理。

“走访”的目标是各走访主体能够自动运转，但是因为区委、区政府对责任主体的“强激活”作用没有完全发挥出来，网络平台的作用主要是确定诉求的责任者，对其约束力不足，对责任单位而言只是“弱激活”作用。于是，责任部门游离于“走访”的轨道周边，在回应、办理居民需求时又回到了例行公事的状态。因此，我们认为区级层面应注重顶层设计，增加区级会商的频次，以需求为中心，重点关注责任部门的诉求处置工作。

从“理性人”角度出发，无论是作为公共产品供给主体的组织还是个人，都有追求自身利益最大化的本能，当缺乏有效约束激励机制时，作为掌握公共产品供给权力的责任单位对于其本应当履行的职责则可能会视而不见或简单应付，甚至为了自身私利做出有损民众利益的事情。① 只有根据供给行为和结果的不同实行较为严厉的惩罚机制或强度更高的激励机制，“两害相权取其轻，两利相权取其重”，供给主体自然就会做出符合自身最大利益的行为。

① 卢汉桥：《政府内部监控：一个应当高度重视的问题》，《中国行政管理》2006年第8期。

鉴于目前“走访”中监督管理机制存在问责功能弱化，逐步形式化问题，“走访”办公室需要逐步获得上级领导部门更大程度授权，增强权威性，以加强监督考核的运用。将考核结果与责任单位的利益挂钩，惩治与奖励两种方式并用，既要发挥对不履责行为的问责功能，又要鼓励为居民办事的积极行为，以此强化职能部门公共服务意识。

第八章
需求管理：社区“民生服务在线”中的启示与思考

需求管理的概念和实践说明，作为公共产品供给主体的公共部门并非单纯被动地迎合公众需求，而要根据经济社会发展阶段，以及公共资源水平，在政府的法定职能框架之内，通过经济杠杆和社会治理等方式，调节引导需求的数量和结构，并统筹安排服务供给的对象、内容和标准，在动态中实现“需求–供给”之间的优化平衡，从而保证社会治理达到最优状态。

需求管理的经济学基础是个体需求的变化规律。在微观经济学中，个人对某种产品的需求量主要受到价格、偏好等因素的影响。在偏好不变的情况下，价格是主要的影响因素，提高产品的价格，其需求就会减少；降低产品的价格，其需求就会增加。同样的道理，在价格不变的情况下，偏好是主要的影响因素，影响人们的偏好，能够改变人们对某种产品的需求量。社会需求是个人需求的加总所得，因此社会需求也存在类似的变化规律。这个客观规律为调控和引导需求提供了理论基础。本章通过对上海市杨浦区长白新村街道①（以下简称“长白街道”）的“民

---

① 长白新村街道（社区）位于上海市杨浦区东北部，东临黄浦江，与浦东新区隔江相望，南沿周家嘴路、军工路至海安路，与定海路街道接壤，西沿安图路、靖宇东路、敦化路到内江路，与延吉新村街道毗邻，北以虬江、走马塘，与五角场镇为界。辖区区域面积 3.05 平方公里，户籍人口 5.1 万人，常住人口 6.6 万人，预计未来 5—10 年内将达到 8 万—10 万常住人口，是一个典型的、成熟性居住型社区。

生服务在线”的案例研究，探讨在基层公共服务中调控、引导需求的内在方式和路径，具体说明这个问题。

第一节　基层服务中需求管理的提出

随着经济社会的快速发展，公民、企业和社会对公共服务的需求日渐增加，对公共服务的质量和效能要求也不断提高，可以说，公共服务水平已成为衡量一个地区综合实力的关键性指标之一。党的十八大明确提出，“要按照建立中国特色社会主义行政体制目标，深入推进政企分开、政资分开、政事分开、政社分开，建设职能科学、结构优化、廉洁高效、人民满意的服务型政府”。①党的十八届三中全会提出，“科学的宏观调控，有效的政府治理，是发挥社会主义市场经济体制优势的内在要求。必须切实转变政府职能，深化行政体制改革，创新行政管理方式，增强政府公信力和执行力，建设法治政府和服务型政府”。②不断提高政府的公共服务能力成为政府自身建设和行政体制改革的基本目标之一。

近年来，我国各个层面的公共服务体系不断建立和完善，公共服务水平也在逐步提高。但也要看到，基层公共服务体系存在分散化、条线化的问题，制约了服务效率和服务水平。现有部门之间容易形成条块分割、信息孤岛式的服务格局。以上海市杨浦区长白街道为例：近年来，长白街道围绕“服务型政府建设”“创新社会治理，加强基层建设”的要求，结合社区实际，着力改善民生，加强社会建设，不断拓展公共服务内容，不断提高公共服务水平，为“和谐社区”“健康社区”建设提

① 《胡锦涛文选》第三卷，人民出版社 2016 年版，第 635 页。

② 《十八大以来重要文献选编》上，中央文献出版社 2014 年版，第 519—520 页。

供了坚实保障。根据上海市的统一标准，社区建设有社区事务受理中心、社区卫生服务中心以及社区文化活动中心“三大中心”，除此之外，长白街道（社区）又结合具体情况，根据居民的生活需求，建设了提供便民服务的“社区生活服务中心”，调解家庭矛盾和邻里纠纷的“人民调解中心”，无偿提供志愿服务的“志愿服务中心”等具体服务载体。各项服务项目均已开展，各职能科室、场所院正履行服务职能。不过从居民角度来看，这些服务中心种类繁多、琳琅满目，让人目不暇接，显得分散化、碎片化、整合程度不高，公共服务水平与实际的社会需求之间还存在一定差距。① 这种现实是建设“民生服务在线”的基本背景。

第一，社区服务需求日益增多。随着人们生活条件的不断提高，社会老龄化的深度发展以及社区凝聚力和吸引力的提升，各类社会成员对社区公共服务的需求日益增多，对公共服务的质量，如便捷度、高效度、亲切度的要求不断提高。社区的公共服务功能变得日益突出和重要。经街道各部门、居委会接待情况分析，社区居民对生活服务类需求和政务服务类需求都比较迫切，希望在社区内找到便民服务点，解决自己的难处。

其中，政务类需求主要包括各类办事信息（如户籍管理、社会保障、新生儿事务、工会福利等）、办事方便度（如尽量在居民区层面办理，甚至上门办理等）、社区管理事务协调（如物业管理问题、居民区环境问题、邻里纠纷问题等）。生活服务类需求主要包括老年人服务（老年人照料、助餐助浴、精神慰藉）、生活物品修理（小家电、厨具灶具、洗衣缝补、家政服务等）、卫生医疗（医疗康复、慢性病防治等）、儿童日托（学生放学后短时间照料、寒暑假日托照料等）。除此之外，还有一些特定人群的服务需求，如残疾人群体需要的家庭照料、困难帮扶、

① “民生服务在线”课题组、孙爱霞：《“民生服务在线”——基层服务型党组织建设的长白样本》，《上海党史与党建》2015 年第 2 期。

活动参与；低收入家庭的困难帮扶、子女入学；文化群团组织对活动组织场地、经费的需求等。这些需求有些具有公共服务性质，需要政府统筹安排供给；有些属于市场服务范围，应由个人通过购买的方式满足；还有的介于两者之间，属性比较模糊。

现有的社区服务体系（社区事务受理中心、社区卫生服务中心以及社区文化活动中心、社区生活服务中心、人民调解中心、志愿服务中心、党员服务中心等）已经能够提供办事服务、卫生服务、生活服务、党员服务、文化服务等，基本对应了以上各种服务需求。但依然存在一些问题：一是信息咨询服务不方便，居民登门办事增加了咨询成本和办事成本；二是需求识别和把握不准，对老百姓的实际服务需求缺乏快速、准确、全面的梳理和掌握，容易造成需求与供给的分离；三是需求的满足程度反馈不及时，不易及时调整、纠正和提高服务方向与水平。①

第二，社区服务需求日益多元。社区服务需求不仅总量上不断提高，其内在种类、结构也日趋多元化。在长白街道，居民大致可以分为三类：一是原有的上海第五钢铁厂的职工及其家属。该厂成立于20世纪50年代，是上海重要的钢铁制造企业，曾经为上海乃至国家的经济发展做出重要贡献，长白街道是其家属区之一。80年代后期，上海钢铁集团开始改制，部分职工下岗和分流。对这部分群体来说，家庭收入处于中低水平，有的家庭完全依靠最低生活保障，居住房屋以售后工房为主，其公共服务需求主要集中在基本医疗、基础教育和社会保障、养老照料等领域，属于基本公共服务范畴。二是21世纪以来，随着房地产开发而逐步迁入的购房市民。他们或者来自杨浦区的其他街道，或者来自上海市之外的省市，因为购房而居住在长白街道。一般来说，这

① “民生服务在线”课题组、孙爱霞：《“民生服务在线”——基层服务型党组织建设的长白样本》，《上海党史与党建》2015年第2期。

个群体的经济收入处于城市的中等偏上水平，居住小区都是2000年以来逐步开发的新楼盘，居住环境较好，是比较明显的中产阶层的居住地。这部分居民的基本医疗保险、社会保障和基础教育基本上已经得到解决，生活也不依赖于最低生活保障，其需求更多指向居民区的物业管理、居民区环境保护、社区公共活动的参与、小区停车等内容。三是外省市来沪的流动人口，这部分居民的数量在1万—2万左右，是改革开放，特别是20世纪90年代以来，因为工作原因来到长白街道，大多数以租房等形式居住，没有自己的产权房，有的工作地点也不能长期固定，流动性较大。这部分居民的公共需求除了基本医疗保险、教育和社会保障以外，还需要能够融入上海，融入当地的社区环境。

我们可以看到，长白街道近7万的常住居民存在明显的社会阶层分化。虽然不同阶层的公共服务需求具有一些共性，如老年人照料、儿童日托、社区环境改善、公共交通、公共信息等，但也表现出一定的差异性。这种差异性主要是由其个人工作状态和家庭经济状况等社会因素造成的，是经济社会发展过程中的必然现象。对于街道办事处来说，要提高公共服务的有效性和满意度，就需要准确把握不同群体的需求差异，并进行一定的需求引导和调节。否则，必将难以应对分化复杂的服务需求。

第三，公共服务供给较为分散。正因为需求的多元化、层次性特征，使得社区公共服务供给也相应地出现多元化、层次性特征。有的公共服务针对有上海市户籍的居民，如最低生活保障、基本医疗保险、基本住房保障（经济适用房、公租房等）、基础教育（幼儿园、中小学入学等），非户籍人口无法享受；有的公共服务针对特定群体，但各自为政，缺乏整合。最为典型的就是社区养老服务，不仅为特定人群提供定时上门照料，还有老年食堂提供午餐补贴、老年活动中心提供文化娱乐、民办养老院提供养老照料服务等。还有其他系统的不定期的老年健康服务、志愿者服务等。一是传统计划经济条件下形成的“条块分割”“条条专政”等老问题依然存在，各部门各自为政，各搞一摊，不仅造成某些公共服务项目重复建设，还可能造成互相推诿扯皮，产生服务的盲区和空白点。我们常讲的“上面千条线，下面一根针”，指的就是这种状况。在基层公共服务体系中这一点表现得尤为明显。每当上级政府部门（市、区）有服务项目时，往往首先往社区下放，给社区下达完成的数量指标。社区面临“不发声、只干活”的尴尬境地。二是政出多门、头绪众多，居民可能陷入“找不对门”或“一需找多门”的境地。八大服务中心构成了社区公共服务的基本架构，但这八大服务中心之间并没有直接的信息沟通、资源共享和项目整合。同时，居民也不了解每个中心的具体职能、服务内容和服务对象，这既客观上影响了服务需求的顺畅表达，也不利于需求的整合和管理。三是资源分散，无法形成横向与纵向的整体和合力。要切实提高居民的福利水平，不仅急需统一平台来规范服务流程，还需要有公共服务需求的整体信息，便于从宏观上进一步把握需求的具体内容和内在结构，以利于更加准确的、有针对性的需求管理和需求供给。

第四，公共服务效能有待提高。基层公共服务创新不仅要在数量、种类上增加，还要在质量、水平上提高，更需要通过规划、整合，实现整体服务绩效的提升。目前，一是缺乏对服务需求和供给的整体对接和把握，对于需求和供给的匹配度、衔接性心中无数；二是无法对公共服务战略、项目、内容进行统筹性、综合性安排，形成“拳头”和合力，满足老百姓多方面、多层次和多种类的公共服务需求；三是服务主体单一，无法充分调动社会性、市场性、个体性资源进入公共服务领域，发挥专业化、基层化、人性化的优势和作用，形成社会共治的局面。因此，如何在做“加法”“减法”的同时做好“乘法”，有效整合条线资源，管理好不同层次、内容的服务需求，提高公共服务效能，更好地满足日益增长的公共服务需求，成为基层服务型政府建设的重要课题，具有较强的理论和实践价值。

第二节　社区服务需求管理的基本思路

20 世纪末所兴起的“新公共管理”运动不论对公共管理的理论还是实践都产生了巨大且深远的影响。这场运动并非简单的实践，其背后有着丰富的理论基础。从渊源上讲，“新公共管理理论”直接继承了传统自由主义理论，并根据新的环境注入了新的内容。事实上，20 世纪是政府职能大为扩张和发展的过程，即使是西方国家也逐步放弃传统的自由市场经济理论，而走向“大政府”“强政府”模式，国家在经济社会发展过程中扮演着越来越重要的角色，发挥越来越多的作用。

20 世纪 70 年代的“石油危机”和“经济滞涨”给理论家和实践家们一个彻底反思“国家主义”的契机。弗里德曼和哈耶克这样的思想家，试图重新回到以亚当·斯密为代表的古典自由主义思想，以寻求新的问题解决之道。这股思潮的主要理论基点就是减少国家对市场和社会的过度干预，激活市场和社会的自身活力，从而推动经济社会发展。这就涉及政府职能的重新调整，政府与市场、社会边界的重新界定，因而带来行政学理论的创新。以“新公共管理”为名的行政学理论在两个维度再造了行政学范式：一个维度是外部维度，即重新界定政府职能，为社会释放更多的空间和活力，因此“私营化”“民营化”成为改革的一个重要内容；另一个维度是内部维度，强调更多借鉴企业的管理方式和技术，再造政府管理流程，重塑政府权责结构，提高管理绩效，创造更高的生产力。

新公共管理的理论和实践也成为“一站式”公共服务模式的一个重要基础。由于要克服政府部门之间横向沟通不足、碎片化严重等问题，新公共管理主张多部门之间的协调与合作，这为“一站式”行政服务中心的建设提供了思想上的准备。同时，新公共管理注重“顾客导向”，强调以民众——客户的需求为中心来再造管理流程与环节，这给行政服务中心建设提供了启发和思路。同时，企业化、市场化色彩浓厚的目标管理、质量控制、绩效管理和流程再造等手段与方法都可以被到“一站式”服务运作过程之中，用以提高政府服务的规范化水平和运作效率。

此外，21 世纪以来的“整体性治理”理念也为公共服务整合提供了思想基础。该理论在反思和弥补新公共管理导致的管理过程碎片化和裂解性的基础上，更加强调政府活动预防导向、公民需求导向和结果导向；强调部门之间的整体性整合；强调通过信息技术整合信息，简化网络，提供一站式服务；注重协调目标和手段的关系；注重信任、责任感和制度化。①

将新公共管理理论和整体性治理的思想运用于公共服务体系建设，就会强调对公共服务需求的整体性把握，重新思考政府在市场经济环境下的职能定位，与市场、社会的边界，即公共服务体系需要回应哪些需求，回应到什么程度等问题。总体来说，社区公共服务的需求管理要实现这样几个功能。

第一，整体性把握社区服务需求。目前，社区服务需求的表达是分散的而非集中的；碎片化的而非整体化的；供给主导的而非需求导向的，因此，要提高服务针对性和有效性，必须首先畅通居民的需求表达和收集机制。需求表达不畅有各种原因，但在社区层面来说，主要是成本较高和回馈度较低。成本较高主要是指个体居民表达需求的难度大，渠道少，影响了居民的积极性。回馈度较低是指即使表达了需求，往往得不到足够重视，削弱了居民对居委会、街道办事处的认同度。因此，要整体性把握社区公共服务需求，必须要构建畅通、方便、有效的需求表达渠道。同时，能够搭建一定形式的平台，使得各类需求能够得到集中和

① 曾凡军、韦彬：《后公共治理理论：作为一种新趋向的整体性治理》，《天津行政学院学报》2010 年第 2 期。

聚合，便于管理者和决策者从全局的角度了解和把握居民的现实需求，克服头痛医头、脚痛医脚的问题。

第二，整体性梳理社区服务需求。社区内的公共服务需求是多元化和动态化的。在需求表达的基础上，要保证公共服务的公平性、效益性，还需要对服务需求进行整体性梳理。从横向上看，需要分清需求的类别、内容、程度，在需求背后，是与之相对应的公共服务的类别、内容、标准及其覆盖的人群（服务对象）；从纵向上看，需要理清不同公共服务项目的责任主体，即哪些需求由市政府、区政府负责回应，哪些由街道层面负责回应。从立体层面，要区分哪些需求是基本公共服务需求，需要政府主动回应，履行公共服务职责，哪些需求是个体化、非基本公共服务需求，需要居民自身通过市场机制满足，哪些需求介于公共服务和个性服务之间，政府需要根据具体情况进行适当补贴或引导社会组织予以提供。

第三，分类管理社区服务需求。对公共服务需求进行分类管理，是需求管理的重要内容和环节。如图 8-1 所示，可以大致把社区服务

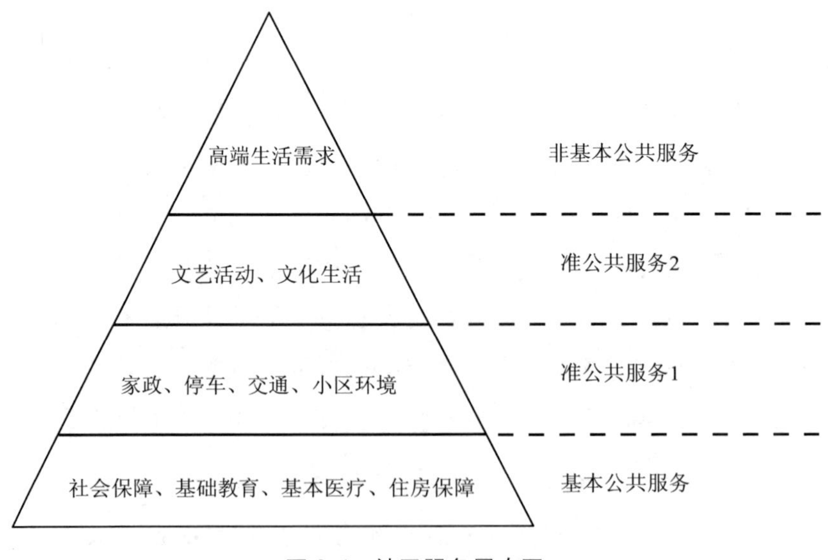

图 8-1　社区服务层次图

按照其性质差异分为不同的层次：最底层是基本公共服务，包括社会保障、基础教育、基本医疗、就业扶持和住房保障等，即我们常说的“老有所养、病有所医、学有所教、住有所居、劳有所得”。其中，社会保障、基础教育和基本医疗、住房保障等都是上海市政府、区政府层面的责任，就业帮扶则一般以街道办事处为主。第二层次是“准公共服务”，包括家政服务、停车管理、交通环境和小区环境等。这种公共服务的外部性也很强，但是通常具有一定的竞争性和排他性，可以通过“付费”的方式将一部分的“外部性”内部化。第三层次也是“准公共服务”，包括文艺活动、文化生活等，具有非常明显的正的外部性。第四层次是居民个体的高端生活需求，主要是生活、文化方面的非基本公共服务。很显然，街道要重点关注的是中间两个层次的“准公共服务”。

在需求分层的基础上，通过一定的平台和形式，对表达出来的服务需求进行分类管理。主要目的是引导居民的需求表达主要集中于基本公共服务、弱势群体服务方面，同时引导部分个性化、非基本公共服务需求通过市场化、社会化的方式予以解决。同时，街道、居委会等其他基层组织更着重于基本公共服务需求、准公共服务需求等由街道层面负责的公共服务项目之间如何进行统筹考虑。

第四，通过整体评估，前瞻性把握需求的动态变化。在信息化和大数据的基础上，在整体了解和把握服务需求的基础上，能够从全局上了解居民对公共服务的偏好，以及在一定时段内的变化情况，通过结合其他的调研、分析方式，能够剖析需求形成与变化的原因，反映出背后的社会问题和社区问题。这种分析有助于前瞻性地把握需求变化情况，并提前做好公共服务布局的调整，在供给公共服务、回应社会需求方面更加主动、积极和有效。

第三节 “民生服务在线”的建设概况

一、“民生服务在线”的基本思想

为有效整合各类公共服务资源，提高公共服务便捷度，更好地为辖区内居民服务，2012年年底，长白街道提出建立“民生服务在线”的构想，并力图以此为平台大力整合有关资源、队伍，推进社区“大服务”“大民生”建设。

“民生服务在线”工程以邓小平理论、“三个代表”重要思想、科学发展观为指导，按照党的群众路线实践教育活动的总部署和总要求，紧紧围绕“规范、透明、高效”的总体目标，以服务居民、便捷居民为立足点，秉持“公民本位”和“社会本位”的理念，创新公共服务方式，优化公共服务流程，服务于长白街道经济社会的全面、协调、可持续发展。在这一思想的指导下，坚持依照服务、协同、规范和便利等四个原则来建设“民生服务在线”。

第一，把服务放在首位。民生服务在线的根本宗旨就是为民服务，因此要通过资源整合、项目设计、流程再造、需求管理、团队培训等各种举措来提高社区的综合服务能力，并在这个过程中不断激发工作人员的服务责任感、使命感，让他们更积极主动地参与服务工作中来，并从中获得满足感。

第二，注重部门协作。由于民生服务在线与其他服务中心之间是非替代关系，因此，民生服务在线不能单打独斗，必须通过整合机制，组织定期或不定期的联席会议、座谈会、例会，以加强民生服务在线与职能部门或社会组织、职能部门之间、街道与居委会等主体之间的联系，协调各方、通力配合，协同推进社区公共服务体系的正常运转。

第三，管理流程标准和规范。管理过程要清晰、规范、标准和透明。为达到这一目的，必须从一开始就注重规范化的制度建设，形成固定且有效的例会制度、考勤考核制度、信息发布制度、工作人员培训制度等，做到有法可依、有章可循，确保民生服务在线的有序运转。

第四，便民利民的基本宗旨。检验工作绩效的主要指标不是产出而是效果。也就是居民的现实需求能够在多长时间之内，以多大的成本代价获得反馈。这就需要切实提高服务回应速度和效率，为居民提供优质快捷、贴合心意的服务。

“民生服务在线”是服务型政府建设的重要内容和抓手之一，是推进公共服务建设的重要平台。服务在线工程的运行和发展应当秉持“为民”“务实”“高效”和“满意”的基本理念，并将之视为所有工作人员所追求的终极目标。

一是“为民”，“民生服务在线”以居民的现实需求与根本利益为所有工作的出发点和立足点，全心全意为人民服务，全心全意为社区居民服务，真正体现“为人民服务”的立党执政宗旨。

二是“务实”，避免空谈，善做善成，应做实各个服务功能与事项，扎实推进各项工作的开展，切实提高老百姓的切身利益和福利，让社区居民真正共享发展成果，真正体验“健康社区”实惠。

三是“高效”，“民生服务在线”不是简单的服务项目叠加，也不是新服务项目的简单拓展和延伸，而是在整合资源、队伍、流程和平台的基础上，提高便民、利民的效率、效果和效能，让公共服务触手可及、方便自然。

四是“满意”，即将居民满意与否作为评价所有工作的最重要指标，将居民的满意作为界定内容、明确职责、优化流程和反馈考核的终极目标。

在“为民”“务实”“高效”和“满意”等理念的基础上，“民生服务在线”期望达到以下三个目标。

首要目标：资源得到有效整合，关系得到有效协调。为了系统功能的发挥和整体价值的实现，“民生服务在线”首先必须着力整合各类软件或硬件资源、协调多重关系，例如街道和居委会的关系、街道各部门之间的关系、政府和社会组织或营利性服务商的关系等。换言之，“民生服务在线”应当达到的一个重要目标是各类资源的有效整合和多重关系的良性协调，进而形成工作合力，这也是实现其他目标的前提。

直接目标：公共服务受理与处理效率明显提高。建立“民生服务在线”的逻辑依据是其合理性，即“民生服务在线”能够解决居民服务需求迫切、服务供给资源分散、“找不对门”或“需找多门”等问题。因此，强化服务意识、创新服务方式、优化服务流程是“民生服务在线”通常的、必须的做法，其直接目的就是提升公共事务受理与处理的效率。

最终目标：街道居民的满意度和社会和谐度明显提升。从本质上看，“民生服务在线”是政府治理模式创新的一个重要表现，是推进服务型政府建设的一个主要抓手和重要组成部分，其根本的价值导向是居民的满意。在此意义上，“民生服务在线”的最终目标是“百姓全满意”，即街道居民对于“民生服务在线”工作及街道办事处的满意度大大提升。

二、“民生服务在线”的建设思路

“民生服务在线”是一项复杂的、长期的系统工程，涉及杨浦区政府、街道政府、职能部门、居委会、建设施工方、服务提供商以及党校等多个层面的参与者。在渐进推进的过程中，始终坚持科学设计、分步推进和动态调整的建设思路。

第一，科学设计。科学设计包含注重调研、结合实际、多方论证三个方面的含义。一是注重调研，设计必要的问卷或访谈大纲，实地调查辖区内居民或单位的各类需求，并对街道各部门的现有职能进行重新梳理，发现社会需求和政府供给之间的差距，为“民生服务在线”的功能定位与再造铺垫基础。二是结合实际，设计“民生服务在线”必须考虑到街道“八大服务中心”和各职能科室的现有格局，在此基础上删减、拓展和深化相应的服务功能和项目，避免造成重复建设和资源浪费。三是多方论证，召集区政府、街道办事处、党校、科委、设计公司等多个层面的主体，通过联合会议等机制多方磋商、论证各个重要环节的建设方案。

第二，分步推进。依据街道当前的实际情况和“民生服务在线”未来的功能定位，需要分步推进“民生服务在线”的建设，有关部门对此进行了统筹设计。一期工程自 2013 年年底到 2014 年年底，目的是建成“民生服务在线”所需的各项软硬件设施并初步对外开放，具体可以分为准备阶段、建设阶段、筹备阶段、运行阶段。二期、三期工程根据实施情况依次推进。“民生服务在线”建设规划如表 8–1 所示。

表 8–1　“民生服务在线”建设规划

<table>
<tr><th>建设期</th><th>具体阶段</th><th>主要任务</th></tr>
<tr><td rowspan="2">一期（一年）</td><td>准备阶段</td><td>通过梳理与调研来采集公共服务的供需信息、讨论总体建设方案，明确纳入一期建设的服务事项，商定场所设计方案，确定热线与网站建设方案，联系工程实施方</td></tr>
<tr><td>建设阶段</td><td>启动场地建设工程，初步形成网站架构，设计实际运行方案并进一步确定功能设置，软装潢设计与布置，居委会配套工程建设，招募并培训志愿者与工作人员</td></tr>
<tr><td rowspan="4">二期（一年）</td><td>筹备阶段</td><td>配置并调试相关设施设备，各主体进一步商定服务事项与权责分配，制定并完善各项工作制度，调试热线与网站等信息受理平台，继续培训相关人员</td></tr>
<tr><td>运行阶段</td><td>模拟运行与实战培训，试运行，修正与完善信息库与服务模式或流程，进一步明确各主体的权责分配，启动仪式，宣传推广</td></tr>
<tr><td>强化阶段</td><td>宣传推广，工作人员再培训，加入特色服务项目，调查服务满意度与服务需求量，检测系统运行状况</td></tr>
<tr><td>扩容阶段</td><td>依据反馈调整服务项目，形成案例集并用以培训新进人员，引进相应的市场商户与社会组织，调整岗位设置与人员安排</td></tr>
</table>

续表

建设期	具体阶段	主要任务
三期（一年）	巩固阶段	动态调整信息库，系统与信息维护，提炼工作经验并加以宣传和推广
	优化阶段	拓展受理与信息发布平台，拓展服务传递渠道，适时调整场地面积或布局，建立自有品牌及其衍生内容

第三，动态调整。“民生服务在线”建设不是一个一蹴而就的简单工程，方案设计并不能考虑到所有的可能性，事实上，许多问题也只有在切实推进建设的过程中才能够被发现。因而，动态调整的思想也应贯穿于整个建设与运行的过程之中。例如，必须依据居民需求变化来增删服务项目；必须实时更新数据库、受理与处理信息；依据“民生服务在线”的成熟度来决定是否拓展、何时拓展特色服务项目；根据服务范围与内容的变化而调整机构与人员设置；依据功能增删而调整各类软硬件设备等；针对运行中可能出现的问题来调整工作流程乃至任务分配情况等。这里需要说明一点，要保持动态调整与制度化运行之间的平衡，即在动态调整的同时，将一些重要的、性质稳定的事务加以制度化，例如考勤考核、领导小组成员、主要岗位及人员设置等。

三、“民生服务在线”的运行模式

一是统筹整合。“民生服务在线”工程不是简单的公共服务内容和项目，而是一种整合平台和机制。通过一站式、一口式和集中式管理平台和中枢，整合辖区内各类公共服务信息、各种公共服务需求、各项公共服务资源和各支公共服务队伍，达到统筹兼顾、全局掌握、战略规划和有效反馈的目的。①

二是分类管理。在“小政府、大社会”的合作治理模式下，大量的公共服务需求要进行明确的分类管理。要清楚界定哪些服务是无偿提供，哪些是有偿提供，哪些是政府做的，哪些是社会做的，哪些是市场做的。“民生服务在线”将社区居民的公共服务需求分为信息咨询、公共服务、生活服务、意见投诉和其他五大类，针对不同类型的服务需求，分别进行现场咨询、引导分流、社会运作、整理反馈等方式的回应和答复，充分调动服务中心、窗口条线、街道内部和社会组织、市场资源多方面的积极性，做到“件件有答复、事事有落实”。

三是标准运行。通过平台整合与分类管理，“民生服务在线”能对现有“八大服务中心”的公共服务和社会服务进行标准化管理，统一对各中心的现有服务流程进行标准设定、及时控制和结果反馈。

民生服务在线工程的基本功能定位于以下五个方面：

第一，需求分析和凝练。按照统筹整合的原则，实现居民办事的“一门式对外”“一网式沟通”“一线式呼应”，将辖区内居民的所有公共服务需求（信息咨询类、公共服务类、生活服务类、投诉建议类及其他）通过信息平台进行汇总和梳理，通过一定时间段的累积和梳理，分析辖区内居民的主要公共服务诉求，定期进行分类剖析，掌握总体需求情况，并对现有服务供应机制进行对比分析，找到服务盲区和空点，为公共服务的整体规划奠定基础。

第二，快速分拣和反映。按照分类管理的原则，对居民诉求进行快速分拣和反映，其中，“信息咨询类”需求进行网络知识库搜索，并进行立即回复或延时回复；对“公共服务类”需求根据现有服务中心和职能定位，进行快速派单，分配相应的服务中心、网格中心、大联动或

① 赵征南：《指头变拳头，整合公共服务》，《文汇报》2013年10月16日。

街道科室进行处置；对“生活服务类”需求转接到“96890”热线电话，进行社会化、市场化服务；对“投诉建议类”需求进行现场登记、对口反映、延时回复等方式处理。试运行期间设置“其他”选项，由管理人员根据情况进行会商解决。①

第三，服务规范和标准。一是对新建的“民生服务在线”服务大厅及工作人员、规章制度进行统一标准化管理，做到“标准流程、标准服务、标准运行”；二是通过“民生服务在线”工程，进一步规范和标准化现有“八大服务中心”的服务流程和规范，做到统一管理、统一评估、统一反馈。

第四，跟踪评估和反馈。对于所有登门访问、电话热线和网站登录的服务对象及其服务要求，都将进行电脑录入和登记，并在事项办结后，开展现场或电话回访，将评估结果录入信息系统，及时对服务质量进行评估，对服务中存在的问题进行反馈。同时，邀请社会中介组织定期和不定期对“民生服务在线”服务情况进行抽查和评估，作为年度考核的重要内容和指标。

第五，统筹规划和发展。在试运行的基础上，一方面对社区居民的公共服务需求、生活服务需求和其他类需求进行综合评估与研判，另一方面对现有公共服务、政府服务内容和供给进行梳理，在综合把握需求和供给的基础上，全面分析现有公共服务的现状及其问题，对社区（街道）公共服务布局进行统筹规划。包括：增加新的服务项目，满足日益增长的居民需求；培育社会组织和引导社会组织发展，承接公共服务项目和内容，实现公共服务社会化；引入市场资源和力量，为居民生活提供更多的便利和实惠。

① 赵征南：《指头变拳头，整合公共服务》，《文汇报》2013 年 10 月 16 日。

四、“民生服务在线”运行流程

“民生服务在线”以公民和社会为本位，各项流程设置均应以便利居民、服务至上为原则导向。运行流程从需求表达——“居民申请”开始，经过系统内部运作，最好以需求供给——“居民满意”为终点。具体来说，主要是以下六个阶段：

1. 居民申请。辖区内居民或单位的服务申请，是“民生服务在线”运行流程的开始。居民或单位可以采取抵达现场、拨打热线电话、登录网站、求助居委会等途径向“民生服务在线”提出公共服务申请。这里需要注意的是，应当依据不同阶段的规划定位设立尽可能多的服务发布渠道，以便利居民或单位申请并保证服务的可达性。

2. 一口受理。一口受理意味着申请人只需通过一个渠道(包括窗口、网站、电话等）即可以表达需求并获得服务回应。一口受理依赖于“民生服务在线”总平台对于各种渠道的整合，换言之，总平台需要设计多个渠道之间的互联、转接机制，以保证每个渠道都能独立或通过转接其他渠道来一口受理居民的服务申请。

3. 需求分类。对受理的公共服务需求进行梳理和归类，是正式处理环节的前提步骤。依据长白街道的实际情况，初步将居民或单位的可能需求分为信息咨询类、生活服务类、公共服务类、投诉建议类和其他五大类别。其中，信息咨询类涉及常识性问题、简单政策问题、办理引导问题等；生活服务类涉及居民群众衣食住行等方面需求；公共服务类涉及居民或单位对政务类事务的咨询与办理；投诉建议类涉及居民或单位对流水线、中心、服务提供商等主体所提出的建议以及投诉；其他类别指尚未纳入或无法纳入上述四种类别的需求。

表 8-2 “民生服务在线”知识库分类

<table>
<tr><th>需求类别</th><th colspan="3">主要内容</th><th>办理渠道</th></tr>
<tr><td rowspan="4">信息咨询类</td><td rowspan="2">生活信息</td><td>地点性信息</td><td>长白街道内的餐饮、超市、银行、商场、运动健身、洗浴、公园、文化艺术、酒店、住宿、婚庆、教育培训、汽车服务、加油站、公共停车场、加油站、公共停车场、商务楼、小区、邮局、快递、学校、医院等</td><td rowspan="4">知识库搜索</td></tr>
<tr><td>常识性信息</td><td>天气预报、邮政编码，公共电话、公交线路、出行路线、养老常识、母婴保健、晾晒指数、节令气候、饮食保健等</td></tr>
<tr><td>政务信息</td><td colspan="2">“八大中心”办事、服务政策类信息咨询，包括社会救助政策、户籍管理政策、养老服务政策、卫生医疗保障、公共服务政策、护照办理、驾驶证办理、婚姻登记、公证事务办理等政策信息、电话及地点查询等</td></tr>
<tr><td>活动信息</td><td colspan="2">长白街道内各类公共性活动，如文体中心活动、体育赛事、党员活动、招聘信息、志愿帮扶、义诊、慈善等</td></tr>
<tr><td>生活服务类</td><td colspan="3">物品维修，理发，家政服务，五金杂货，搬迁装修，医疗保健，旅游服务，交通服务，物业，青少年活动室，图书馆、阅览室，银行、邮局，公园、体育场，爱心超市，代缴公共事业费、信用卡还款、交通卡充值，物流快递等</td><td>派办、转办</td></tr>
<tr><td>公共服务类</td><td colspan="3">残疾人服务，社会救助，老人服务，优抚，住房保障，卫生服务，经济服务，劳动服务，计划生育，司法服务，团员服务，志愿服务，党员服务，外来人口，妇女服务，教育服务，治安服务等</td><td>派办、转办</td></tr>
<tr><td>投诉建议类</td><td colspan="3">针对城市管理、社区管理、政府管理、纪律监察等方面的投诉和建议；针对各项生活服务、公共服务的建议；对工作人员的投诉；对流水线的投诉；对各中心、职能科室的投诉；对营利性服务提供商的投诉；对社会组织的投诉等</td><td>登记、协商</td></tr>
<tr><td>其他</td><td colspan="3">尚未纳入或无法纳入上述四种类别的需求，例如需要长白街道和其他街道共同解决的需求</td><td>登记、协商</td></tr>
</table>

4. 分拣处理。对于可以直接答复或经查询数据库可以答复的信息咨询类需求以及投诉建议类需求，“民生服务在线”可以马上办理；对于需要街道机关部门、其他服务中心、企业、社会组织等主体回复或提供的生活服务类、公共事务类需求，“民生服务在线”作为中立的联通平台，负责将其派办或转办出去；对于其他类需求，由管理人员根据情况进行会商解决。

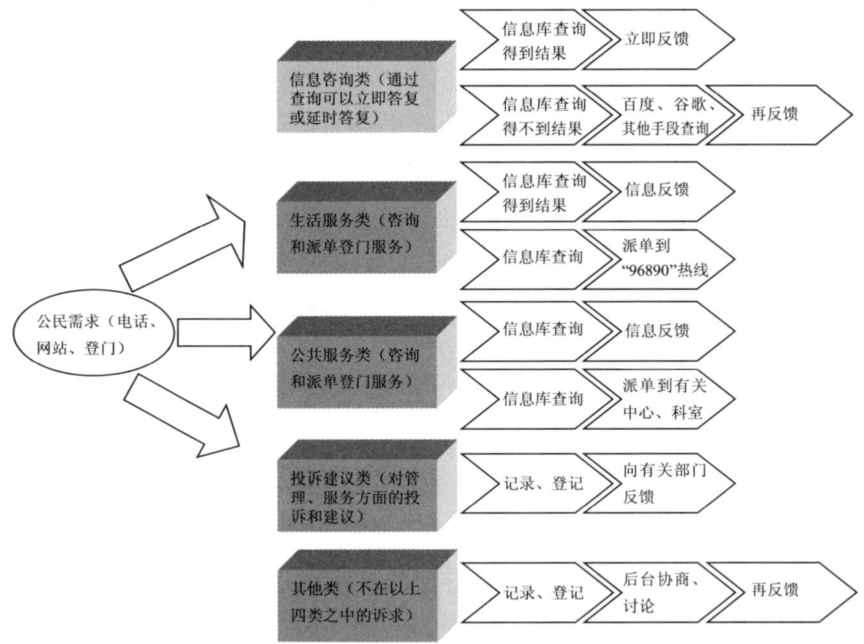

图 8-1　“民生服务在线”服务逻辑图

5. 供给回复。依据服务需求的复杂程度，供给回复有两种方式：民情服务流水一口答复；服务供给部门直接答复。对于需要多个供给主体参与的复杂需求，“民生服务在线”应当协调并一口答复；对于只需要某一个部门、中心、企业或社会组织回应的单一需求，应由服务供给部门直接供给或回复。

6. 回访反馈。对于所有通过“民生服务在线”表达的服务需求，不论是否应该由“民生服务在线”解决，都被认真记录下来，并进行后续的跟踪反馈。如果经过讨论发现，有些事项的确不应由“民生服务在线”办理，也需要向当事人解释清楚。

第四节 “民生服务在线”的内部运行分析

自长白街道“民生服务在线”2014 年 3 月启动以来，始终秉承“一线应需求，一线解民忧”的建设宗旨，在服务资源有效整合、服务品种有效供给、服务需求有效匹配上取得一定成绩。从启动运行截止到 2014 年 10 月，“民生服务在线”仅宣传辐射长白街道，综合收到建议和咨询单 1578 个，其中建议单 840 个、咨询单 734 个、投诉单 4 个；受理渠道分线上和线下，线上为电话、网站建议和咨询 1116 个，线下心愿贴 462 个。已处理完成的建议或投诉有 810 个，还在处理中的有 34 个，办结率达 95.97%。对已处理的问题进行了满意度回访，其中非常满意有 147 个、满意 442 个、一般 116 个、不满意 50 个，未表态 51 个，满意率达 73.08%。①

从总体上看，长白街道“民生服务在线”在提升公共服务效率与水平，提高社区治理能力，改善社区发展环境，推动平安、有序、和谐社区建设方面发挥了积极作用，为探索服务型智慧社区的治理机制，建设以服务为核心的智慧社区做出一定贡献。其整合效果和现实意义主要包括以下几个方面：

一是积极整合社区服务资源与信息，匹配居民需求开新渠。例如，松花一村居民反映小区小朋友体育锻炼需求强烈，想获取一些体育场所

① “民生服务在线”课题组、孙爱霞：《“民生服务在线”——基层服务型党组织建设的长白样本》，《上海党史与党建》2015 年第 2 期。

信息，“民生服务在线”以建议单形式派至街道社区发展科，社区发展科迅速将掌握的资源信息告知居民，居民在回访时表示非常满意。

二是用心关注居民身边事，消除居民隐忧尽全力。例如，控江路128弄居民反映家里高清电视信号不好，经“96877”报修后，三天迟迟没有上门，“民生服务在线”了解这一情况后，请相关职能科室反映到长白有线站，有线站与“96877”及时沟通，维修部尽快落实了维修工作；松花一村居民来电反映，有一根私拉电线经过他们家存在安全隐患，望尽快维修。“民生服务在线”座席得知后，按操作流程派单到生活服务中心，生活服务中心的工作人员联系居民所在物业服务企业，物业服务企业答应会尽快联系私拉电线的业主，妥善处理消除安全隐患。电话回访中，居民告知隐患问题已经解决，对处理结果非常满意。

三是注重提升服务效能，攻克社区痼疾走新路。有居民通过心愿贴反映，长白街道门口广场舞的音乐声严重扰民，经民生服务在线派单，社区发展科与辖区派出所主动协调，派出所努力劝解并加强警力巡逻，广场舞噪声得到很大程度的控制；延吉东路149弄居民反映小区垃圾箱房改造工程完毕后，剩余建材影响到居民生活和环境卫生，“民生服务在线”接到居民电话后，告知街道市政科及时介入，请第三方工程队尽快清运了垃圾。

四是构建多方联动平台，为解决疑难杂症战到底。三回合清除扰民树木事件就是一个缩影：2014年4月10日松花一村14号某居民在网上递交建议单，反映家中东南二扇窗户被广玉兰和杉树遮挡，严重影响到自己的生活。“民生服务在线”的客服了解清楚后，第一次将建议单发送到市政科，市政科向长白街道的房屋管理办公室反映此事，房屋管理办公室得知后联系物业服务企业，物业服务企业表示已向公司汇报，近日将派人员进行修剪。居民对有关部门的处理速度很满意，客服在对此事件进行回访的时候，居民特意对“民生服务在线”进行了表扬。

一周后居民施女士再次在网上递交了建议单，反映过去一星期了，物业服务企业还没有帮其修剪树木。客服接单后马上将此单第二次发送到市政科，市政科接单后，再次与小区物业经理刘某联系，刘经理告知由于现在是白蚁高发时期，人手不足，但承诺尽快安排人员进行修剪。市政科将物业经理的承诺传达给居民，居民表示理解。又过去一周，该居民连续两天在网上递交了投诉单，投诉扰民树木的问题一直都没有解决，长白街道“民生服务在线”的客服马上上报智慧办公室，智慧办公室的工作人员电话联系了居民询问详情，居民表示对我们的工作人员及街道相关科室人员的工作表示肯定，但是对物业服务企业的处理速度很不满意，她已经多次上门请他们帮忙解决，物业服务企业的工作人员总没有告知她具体的处理时间，在安抚好居民的情绪以后智慧办公室的工作人员第三次与市政科沟通。在市政科与物业服务企业相关负责人多次交涉以后，物业绿化组负责人答应一星期内帮助居民把事情解决掉。事后，居民施女士在“民生服务在线”网上两次递交表扬信，为相关部门热心真诚办好事办实事点赞。

此外，“民生服务在线”运用现代信息技术，建设智慧型服务平台，创新服务供给方式，为居民带来高效、便捷、贴心的服务。“民生服务在线”畅通“线上”和“线下”两种发布渠道。前者主要是指呼叫中心（55661890），包括 12 个呼叫座席。同时，建设“长白民生服务在线”网站，设立微信公众号、手机 APP、电视 IPTV 等。后者主要是依托居委会，设置居民心愿箱、心愿贴，建立“长白智慧屋”。“智慧屋”是长白街道与东方网最近联合打造的集智慧理财、智慧家政、智慧医疗、智慧政务等 20 多项智慧服务为一体的智慧生活空间，是“民生服务在线”的拓展延伸与实体化，让居民充分享受到了信息化带来的方便与快捷。

“民生服务在线”的后台运行利用云计算技术，搭建起具有受理发布、跟踪管理、应用功能、数据集成等功能的底层支撑平台，并在开放式平台上构建了通用的数据接口、数据仓库和数据分析工具，可以不断扩展、定制后续的服务项目。依托大数据分析理念，借助数据挖掘、沉淀和统计功能，实现科学高效的数据管理，以期达到优化办事程序、匹配居民需求、调整服务供给、监督服务效能的运行目标，所采集的数据也作为评估服务供应商绩效的主要依据。

第五节　进一步推进“民生服务在线”建设的思考

如何推动“民生服务在线”取得长足发展，树立民生服务品牌形象，带动长白街道的民生服务水平迈上新台阶，利用信息平台有效整合基层公共服务，现实中还面临一些问题需要进一步探讨。

1. 依托“民生服务在线”平台，进一步整合辖区内的公共服务资源，更好地为辖区经济社会发展和居民需求服务。

目前社区中的党建、团建、宣传、妇联、经济、统战、工会等职能科室和群团组织都有各自的特色工作与资源，一部分项目运作已经较为成熟。近年来，社区成立了 11 家志愿者基地，还设有联合街道、所院队、辖区单位、居委会力量组成的 4 个社区专业委员会，寻找与民生服务在线合作的切入点，并进行有效对接，对密切党群关系，提高为民服务效能，以信息化手段推进社区建设有一定帮助。对此，今后可以考虑采取以下方式，推动社区公共资源进一步融入民生服务在线，例如政策发布、活动公告、信息推送、特色项目推介（可通过网站、手机 APP 等途径）等，增强服务在线的“信息服务”功能；加强有关服务配套资源的展示，吸引更多的服务加盟商；同时，组织社区进行民生服务明星个人、明星集体评比宣传，调动公共服务提供者积极性和居民、集体参与积极性。

2. 构建高效的问题解决机制，形成分级分类问题处理制度，探索建立“民生服务在线”长效、常态、稳固的后台支撑体系。

“民生服务在线”作为呼叫受理型平台，建立的只是服务咨询、问题受理的前端响应渠道，需建立在线有效派单—街道内部层级问题处理—外围联动协调机制，才能切实架构起一站式服务平台，真正实现“一线解民忧，一线应需求”。对此，需要视不同情况对不同问题进行分级分类梳理。第一级，“民生服务在线”按常规接单流程可处理的建议单和咨询单；第二级，“民生服务在线”智慧办公室收集整理未成功派单事项，报送至分管“民生服务在线”领导初步审核，理清责任归属关系，拟定处理方案；第三级，经分管领导审核后，将难以确认处理单位或需街道出面协调的建议单报送至街道办公室，提请街道主要领导批示；第四级，涉及需报请上级领导部门或其他委办局职能部门协调的问题，经街道领导集体讨论研究后，明确问题处理方案和街道跟进责任单位，与相关部门对接。对街道有履职义务的事件，由街道办公室牵头负责督办，“民生服务在线”智慧办公室按工作流程配合执行；第五级，对于社区疑难杂症类问题，收集整理后作为网络问效社会评议团的议题，由第三方社会人士集体讨论后协调解决。

3.健全“民生服务在线”的内部管理机制，为“民生服务在线”良性运作提供坚实的组织支持和制度保障。

长白街道委托社会组织上海海阳老年事业发展服务中心运作“民生服务在线”时，已确立了中长期的工作目标和发展方向，并理清各自的职责与任务，将人事权、管理权充分授予社会组织，同时实现高效监督和规范。落实制度化管理。“民生服务在线”在建立健全运行经费管理和财务管理制度的基础上，形成设备维护和固定资产管理等方面的制度，完善包括服务信息、会议记录和培训记录等内容的档案管理制度；人力资源管理方面，以员工手册的形式，明确日常工作制度（包括工作职责、规范）、例会制度、培训制度、考勤制度、保密制度，建立服务绩效内部测评机制，形成内部督导体系，提升服务能力和服务质量。强化项目质量监督机制。明确项目管理层岗位职责，设立考核评估指标，涵盖知晓度、满意率、服务效能等方面。探索全面实现对“民生服务在线”的项目化管理，对技术构架、功能建设、运行方式、运营流程进行与时俱进的调整优化，提升项目运作的质效。构建后台服务供应商的筛选、监管和评估体系。在未来的“民生服务在线”发展道路上，政府将强化引导力量，逐渐淡化服务项目的提供主体角色，不断引入社会力量在民生服务在线这个舞台上百花齐放，汇聚更多的民生服务资源，以匹配日益增长、日趋个性化的民生需求。未来的趋势是，服务供应商数量将由少到多，所提供的服务内容将从集中走向多元，服务规模将由单一型走向多样型。对此，街道如何真正用好有形的手，引导委托的社会组织发挥应有价值，保持平台稳健运作，并持续拓展服务资源和服务项目，是类似公共服务项目应该思考的课题。对后台服务供应商，建议启用全过程科学管控：事前审核——在法律法规要求、道德门槛、营运资质核查、技术手段等方面严格把关；事中监督——控制运作风险，对供应商的服务质量和服务水平进行有效的跟踪和监督，保持供应商队伍的有序运作，使居民享受到价格公道、质量可靠的满意服务；事后评估——对供应商进行星级评定，建立退出机制，及时剔除不符合民生需求的供应商。只有这样，才能切实保证服务供应商的服务品质和服务水准，确保市民享受到高标准的公共服务。

第九章
需求监督：我国公共服务监督机制的成就、问题与展望

党的十九大报告指出，“转变政府职能，深化简政放权，创新监管方式，增强政府公信力和执行力，建设人民满意的服务型政府”①。而构建客观、科学、严格的公共服务监督机制，无疑是优化公共服务机制和明确公共服务责任的重要基础和保证，也是推进服务型政府建设、提升公共服务水平的重要环节和内容。因此，如何规范公共服务的质量标准，优化公共服务的绩效评估，强化公共服务的监督机制，不断提升公共服务能级与水平，既是重要的理论问题，也是紧迫的现实课题。

第一节　公共服务监督的文献研究

从理论上说，公共服务监督机制是公共服务体系建设的一个不可或缺的环节和重要内容。有公共服务，就应该有公共服务监督。② 随着社会主义市场经济体制改革的不断推进，政府提供的公共服务越来越多，公共服务领域也逐渐开放，多种公共服务的供给主体开始并存，社会对

① 本书编写组：《党的十九大报告辅导读本》，人民出版社 2017 年版，第 39 页。
② 顾杰：《有公共服务，必有公共服务监督》，《光明日报》2012 年 6 月 21 日。

公共服务质量和水平的要求也越来越高，客观上也对公共服务的监管机制提出了很高的要求。①

但目前国内针对公共服务监督以及公共服务监督机制的研究还缺乏系统性和完整性。李娅认为，公共服务监督是行政监督的重要组成部分。所谓行政监督，广义上是指立法机关、行政机关、司法机关、政党、公民、社会团体、社会舆论等众多的政治力量和社会力量，对国家行政机关及其工作人员的行政行为实施的监督。而公共服务监督，是各监督主体对政府履行公共服务职能，提供公共产品等行政行为的监督。公共服务监督主体包括了人大监督、政府内部监督、政协民主监督、司法监督和社会监督五大主体。公共服务监督的对象，一是公共服务的供给主体，主要是政府部门、相关企业和第三部门；二是公共服务决策、执行过程；三是公共服务供给的种类、数量、方式及结果等。监督的客体主要包括了公共服务权力、重大决策、公共财政重大支出、公共服务均等化和公共服务民生五个方面。②

公共服务的监督方式主要包括：③ 第一，法律监督。主要是指以法律强制规定公共服务的数量、质量、标准等方式，监督政府及相关公共服务供给者的服务行为和职能履行。④ 第二，社会监督。是指包括市民社会、社会媒体、公众参与在内的主体对公共服务供给过程的监督。如果公众监督意识淡薄，行业监督缺乏，舆论监督受到限制，新闻媒体的独立性不够强，就会大大降低舆论监督的效能。第三，人民代表大会（以下简称“人大”）和中国人民政治协商会议（以下简称“政协”）的监督。人民代表大会是权力机关，政府是执行机关，人民代表大会对于政府的

---

① 尹华、朱明仕：《论我国公共服务供给主体多元化协调机制的构建》，《经济问题探索》2011 年第 7 期。

② 李娅：《公共服务的社会监督机制研究》，武汉科技大学硕士学位论文，2012 年。

③ 参见陈振明：《提升公共服务质量的战略与策略——福建省“十二五”公共服务发展的案例研究》，《电子科技大学学报（社科版）》2011 第 3 期。

④ 丛建阁、杜连敬：《公共服务市场供给的内部监督分析》，《山东财政学院学报》2010 年第 1 期。

履职情况能够进行监督和督促。政协是社会各界、民主党派参政议政的平台和渠道，也能对政府公共服务行为和效果进行民主协商和监督。

相对于客观需求，我国目前的公共服务供给领域中的监管制度还很不完善。唐忠义等认为，从主体角度看，我国公共服务监督合力尚未形成；从客体角度看，我国公共服务监督机制的覆盖面有限；从运行角度看，我国公共服务监督的具体机制不完善。① 另外，信息化建设滞后带来监督手段疲软。目前我国公共服务监督方式方法仍比较单一和传统，以人工调查、分析等传统方式和手段为主，多数情况下还是以“巡视组”“审计组”“检查组”的人海战术为主要方式，缺乏信息化的现代手段的实质性运用，不仅监督成本过高，而且监督效率也过低。同时，由于信息公开不及时、不真实，导致公共服务监督的公信力不高。② 监督体制实行的是双轨制，监督部门受上级领导和同级党委的指导，监督主体受制于监督客体，出现权威不高、监督不力等问题。

特别是，有部分学者重点关注了农村公共服务监督。有学者认为一方面政府在公共服务的决策和供给过程中处于垄断地位，另一方面用于提供服务的大部分资金来自制度外安排，加上政府官员政绩功利的驱动，导致农村公共服务供给经济成本高、公共资源浪费大和社会效益低的问题十分突出。有些学者还指出了在农村存在的公共服务监督机制存在的缺陷，如公共服务供给法律与规章的缺失，公共服务决策监督机制的缺失，公共服务供给监督机制的缺失。这就导致公共服务失去应有的公益性。③ 针对存在于农村的这一问题，有的学者提出了改进农村公共服务监督的措施，包括加强法制建设，加强公共服务的决策监督，加强

① 唐忠义等：《我国公共服务监督机制问题的调查与分析》，《中国行政管理》2013年第1期。

② 顾杰：《有公共服务，必有公共服务监督》，《光明日报》2012年6月21日。

③ 郭泽保：《构建中国农村公共服务运行机制的思考》，《中共福建省委党校学报》2012年第5期。

对农村公共服务的过程的监督等。①

最后，学者们提出了健全公共服务监督体系的意见和建议。有的学者认为行政监察与政府公共服务活动联系密切。监察机关要善于利用这个有利条件，主动深入到政府的公共服务活动中，加强事前、事中监督，不断提高政府的公共服务能力。② 具体包括加强对政府救助系统、竞争系统、服务系统、投诉系统和预警系统的监督。有的学者认为应当通过健全政府公共服务效能监察体系，构建新型的公共服务信息平台，充分利用现代网络，实现政府公共服务效能的实时监督。③ 有的学者则从监督主体的多元化，监督过程的规范化，监督平台的公开化，同时建立预警监督机制，构建评估监督机制等角度对完善公共服务监督体系提出了建议④，力图不断提高提升公众对公共服务监督的参与力度⑤。

公共服务体制在发达国家已经建设多年，在服务监督方面也有一定可以借鉴的成功经验和做法。如德国地方公共服务监督的主要方式是内部控制、标杆管理和议会监督。其中，议会监督是外部对公共服务监督的重要途径，依靠民选议员根据辖区居民的要求和意见，对政府公共服务的职能履行、工作业绩和现实效果提出意见，有的通过法案的形式确定公共服务的类型、数量、标准等，成为政府执行的基本依据和方案。20 世纪下半叶以来，一些国家的政府也纷纷成立相关机构，对本国持续几十年的公共服务体制的可持续性进行评估和监督。2011 年，苏格兰公共服务供给委员会向政府提出了改进基本公共服务的四点建议，就体现了对公共服务的监督：一是建立预防为主的基本公共服务体系；二

---

① 石洪斌：《农村公共物品供给研究》，科学出版社 2009 年版。

② 陈艳华：《加强对公共服务监督》，《中国监察》2006 年第 24 期。

③ 陈振明：《提升公共服务质量的战略与策略——福建省“十二五”公共服务发展的案例研究》，《电子科技大学学报（社科版）》2011 年第 3 期。

④ 顾杰：《有公共服务，必有公共服务监督》，《光明日报》2012 年 6 月 21 日。

⑤ 郭黎明、杨易华：《对我国公务员监督机制的一点思考》，《文教资料》2006 年第 19 期。

是建立提高绩效的领导体制；三是通过使用数字技术创新基本公共服务；四是提高基本公共服务的透明度。①

综观学界的研究，我们可以归纳出公共服务监督的基本概念和范畴。在本书中，公共服务监督是指各种监督主体对各种公共服务主体履行公共服务职能、供给公共服务过程，以及公共服务本身的合理性、有效性的监督，并对有关责任进行追究。

第二节　公共服务监督体系的逻辑架构与基本要件

在分析公共服务监督的逻辑架构上，就能得出公共服务监督机制的基本构成要件。要完成公共服务监督，构建成熟的、制度化的体制机制就需要具备四个基本组成部分，如图 9–1 所示。

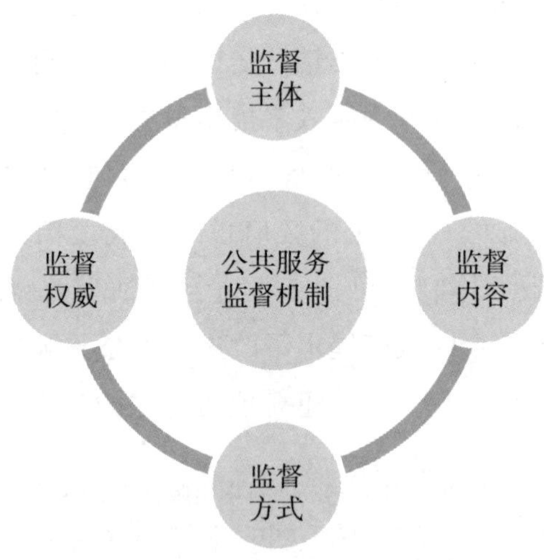

图 9–1　公共服务监督机制的基本组成部分

① 丁元竹：《从国际经验看基本公共服务制度改革创新》，《学习时报》2013 年 1 月 21 日。

一、监督主体

即哪些社会成员和组织能够担当监督责任，行使监督权力，对公共服务的决策、过程和绩效进行监督。要提升监督的有效性，必须要提升监督主体的监督能力。在目前中国的现实情境下，监督主体的能力提升涉及两个重要变量：异质主体的多元化和服务信息的共享程度。

一般地，有效监督往往发生在利益无涉甚至利益对立的主体之间。换句话说，如果监督方和被监督方的利益基本上一致，则监督方的监督意愿就会受到很大制约，影响监督的效果，如政府监督自己，非政府组织监督非政府组织。因此，建立健全公共服务监督机制的一个重要方面就是增强监督主体的异质性和多元化，保证社会组织之间的互相监督和制约。

同时，信息的共享程度与监督的有效性也密切相关。如果与公共服务相关的各项信息能够被充分共享、及时获取和无障碍流动，监督主体能方便地获取这些信息，则全面、客观、合理的监督才能形成。如果公共服务体系自身是一个“黑箱”，则异质主体进行监督的能力势必要受到较大抑制。

二、监督内容

即监督主体针对监督对象的哪些方面进行监督，从哪些方面监督公共服务的运行。按照以上提出的公共服务监督逻辑框架，监督的主要内容包括三个方面：决策、过程和绩效。

对决策的监督，主要是审视决策对服务需求的回应性，以利于决策者及时将公共服务问题纳入决策议程，最终形成方案，开展公共服务。在新公共服务理论当中，对决策监督的一个重要变量是提高被服务者对决策的参与程度。只有一定数量的被服务者能够参与或者影响决策过程，才能真正提升决策的回应性；反之，当被服务者完全被排斥在决策之外时，则监督力度和影响能力将受到极大限制。正如登哈特所言，将公民都视为极端自私自利、冷漠不堪的人是非常不恰当的假设。对于公共服务，公民理应参与，也能够参与。公共参与和民主参与是新公共服务的核心，也是建设现代民治、民享、民有政府的基石。①

对过程的监督，主要是对公共服务程序、公共服务标准、工作效能的监督，以利于提高服务质量，改进服务工作，提高特定社会群体以及全社会的净福利。过程监督的重要影响变量是信息技术化手段的运用。借助现代信息化技术，往往能将公共服务生产的具体过程进行实时、全面和准确地展示，使得服务进程和情况一目了然，这对于提高监督水平和能力，起到至关重要的作用。

对绩效的监督，主要是对公共服务的具体效果、效益和效率进行的监督，主要手段和方式就是公共服务的绩效评价。即运用多种手段和方法，在特定的指标体系和框架的基础上，对公共服务的成本、收益、效果、满意度等各方面绩效进行测量和评估的过程，并诊断公共服务供给存在的问题，以利于不断改进服务方式，提高服务效能，优化服务结果。因此，绩效评估的能力和作用是绩效监督的重要变量。

三、监督方式

即监督主体以什么方式和途径对客体进行考察和监督。一般来说，不同的主体，其监督方式是不同的。如，人大对政府工作的监督方式主要是考察、质询和听取汇报；政协对政府工作的监督方式主要是考察和提案；社会公众对政府工作的监督方式主要是新闻媒体、社会舆论、

① 珍妮特·登哈特、罗伯特·登哈特：《新公共服务：服务而不是掌舵》，丁煌译，中国人民大学出版社 2010 年版，第 21—22 页。

检举揭发、法律诉讼、参与评估等。政府对社会组织的公益服务的监督方式主要是行政指导、评估检查等。监督方式的有效性取决于监督者是否能主动、自由地表达对特定公共服务的意见、建议，并影响到公共服务的实际供给。概括起来说，主要的监督方式包括内部控制和外部评估。

四、监督权威

监督主体的监督行为能够真正产生效果，还有一个重要前提，就是监督主体和行为的权威性。只有当监督行为具有足够的权威，所产生的监督结果（责令改正、纠正、调整、追究法律责任等）能够被真正执行时，监督行为才是有效的，监督体制才能正常运转。反映监督权威的重要变量是量化显示和结果控制。量化显示能够将监督对象的实际工作情况和效果进行定量分析，其量化结果具有明确、客观等权威性。另一方面，结果控制是将监督结果付诸实现的保证，问责机制的完备性和有效性是监督权威性的重要体现。问责机制的对象是负有公共服务责任的个体或组织，既可能是政府、行政机关、事业单位、群众团体、社会组织，也可能是这些组织中领导人或工作人员。

这四个方面是公共服务监督机制的主要组成部分，其中每个方面又都涉及一些具体的操作方式和变量。为避免泛泛而谈，结合近年来服务型政府建设的实际，我们选择了公共舆论监督、政府信息公开、预算参与控制、服务效能督察、服务绩效评估、市民评议政府和行政问责建设七个方面，作为公共服务监督机制建设中的最核心构件，它们也是考察和完善公共服务监督机制的主要维度。之所以是最核心的构件，因为这七个方面相对于公共服务监督机制的四个组成部分都具有重要意义，不同程度影响到了监督机制的主要变量，是现代服务型政府建设的重要环节和内容。其关系如表 9—1 所示。

下文将结合中国服务型政府建设的具体实践，从这七个方面对公共服务监督机制建设的已有成就、存在问题进行系统梳理和探讨，并在此基础上提出针对性的对策建议。

表 9–1　核心构件与主要变量之间的关系

	监督主体	监督内容	监督方式	监督权威
公共舆论监督	异质化、多元化	决策、过程、绩效	外部监督	—
政府信息公开	信息共享	提高透明度	公共参与	—
预算参与控制	异质化、多元化	决策	内部控制，公共参与	—
服务效能督察	—	过程	内部控制	量化
服务绩效评估	异质化、多元化	绩效	内部控制、外部监督	量化显示
市民评议政府	异质化、多元化	决策、过程、绩效	外部监督	量化显示
行政问责建设	—		内部控制、外部监督	结果控制

第三节　我国公共服务监督体系的发展成就与经验总结

建立健全公共服务监督机制是构件完整的公共服务体系的必然要求。正如有的学者提出的，有公共服务，必有公共服务监督。缺乏公共服务监督，则公共服务的种类、数量和质量就极容易与社会现实需求形成一定落差，不能满足社会现实需要。回顾我国公共服务监督机制建设的历程，总结公共服务监督机制建设的经验，有助于更新公共服务监督理念、丰富公共服务监督手段、优化公共服务监督环境，不断健全和完善具有中国特色的公共服务监督机制。

一、监督主体多元化，公共舆论监督逐步增强

就正式制度来说，我国现行公共服务监督形式和途径主要有人大监督、内部控制、政协民主监督、司法监督、社会监督等。以人大监督为例，我国宪法规定人民代表大会对同级“一府两院”拥有监督权。这种国家权力监督具有最高权威性，其本质是人民的监督。人大对政府工作监督的范围和内容包括：法律的实施，经人大批准的国民经济和社会发展计划及财政预算的执行情况，人大及其常委会交办的议案办理情况，人大及其常委会选举或任命的国家工作人员违反宪法、法律、法规的行为等。监督的形式包括听取报告、评议工作、提出质询、受理公民的控告检举、组织特定问题的调查等。

较为瞩目的是，除了这些制度化监督外，近年来，公共舆论对公共服务的监督越来越凸显，力度越来越强，丰富了监督主体的异质化和多元化。社会舆论是社会上众人的议论和意见，是社会思潮和社会动向的反映。社会舆论环境实际上构成了一个供社会公众参与对话、交流和讨论的平台与空间，也是“公共领域”的重要组成部分和载体。按照哈贝马斯的观点，公共领域易于形成公共意见，且通过报纸、报刊、广播、电视等媒介进行传播。① 公共领域的议题有很多，不过公共生活以及由此而来的政治和社会话题往往成为最重要、最受人关注的议题，再加上“公共领域”天生的理性批判性，② 其对政治系统乃至行政系统的影响力和压力性就是可想而知的了。公共舆论的发展壮大，以及对公共事务、公共服务的关注，无疑是对公共服务进行监督的重要社会力量和途径。

---

① 哈贝马斯：《公共领域》，汪晖、陈燕谷主编：《文化与公共性》，生活 · 读书 · 新知三联书店 2005 年版，第 125—126 页。

② 哈贝马斯认为，公共领域作为社会公众自由表达以及沟通意见、达成共识的公共舆论领域，它秉承的是自启蒙运动确立的理性批判精神和通过言语、对话、协商解决问题的宽容、妥协性格。

例如，部分地方政府通过主流媒体开展的“电视问政”等节目，已经成为一种“全民参与”的公共服务监督模式。在这些“问政”对话交流中，绝大部分话题和焦点都是与老百姓生活直接相关的公共服务问题，如子女就学、社会保障、就业扶持政策、保障房政策等。除了咨询信息、政策以外，就一些长期不能解决的问题，进行了面对面的交流，的确是一种生动的“公共服务监督”。

随着互联网的普及和发展，特别是博客、微博等新媒体形式的广泛运用，信息化手段和平台在公共服务监督中的作用也越来越明显。以政务微博为例。政务微博，是指政府部门或官员推出的官方微博账户，力行“织博为民”。据统计，截至2011年12月10日，在新浪网、腾讯网、人民网、新华网四家微博客网站上认证的政务微博客总数为50561个，其中党政机构微博客32358个，党政干部微博客18203个。[①]政务微博客在社会管理创新、政府信息公开、新闻舆论引导、倾听民众呼声、树立政府形象、群众政治参与等方面起到了积极的作用。这个平台的建设，从表面看是政府主动发布相关信息，以树立正面形象、引导社会舆情，但细细推敲起来，要能在网络舆论的“现实空间”中站稳脚跟，并获得认同，必须急市民之所急，想百姓之所想。政务微博客的主动发布，以及与网络参与群体的互动，实际上也是一种公共服务监督，督促政府更主动发布信息，更及时解决现实难题。比如，北京市公安局的微博“平安北京”由于方舟子遇袭案这一典型事例使其成为具有社会影响力的官方微博。“打假斗士”方舟子在2010年9月遇袭，“平安北京”当天就发布了消息，并证实了该消息的真实性，在随后的两周内又进行两次案件进一步侦破的直播，消息传播的速度远超过传统媒体，真正树立了该微博信息传播迅速且透明度高的良好形象。可见，发布背后无疑

① 参见国家行政学院电子政务研究中心：《2011年中国政务微博客评估报告》，2012年2月，www.e-gov.org.cn/article-127333.html。

内含着“舆论监督”和“自我监督”。

正如有学者指出的，在“网络问政”面前，现代官员必须要学会通过网络新科技手段，开辟深入群众之中的新渠道，虚心倾听各方面群众的意见，获取来自群众的大量真实材料，听取民情，了解民意，关注民生，把从群众中集中、提炼、概括而成的领导意见，通过深入细致的宣传教育工作和思想政治工作，使之化为群众的意见，付诸群众的实际行动，并在群众的实践中加以检验、丰富和发展。①

二、信息公开常态化，行政透明度不断提高

行政信息共享化、行政程序透明化是开展公共服务监督的必要条件和前提基础。没有信息公开，则没有公共服务监督。信息公开建设通过以下机理服务于政府公共服务的建设：(1) 社会公众的“眼睛”是对政府行为进行监督的一种重要的外在力量，信息公开激活了这种外在力量，能够对政府施加一定的压力，进而倒逼政府积极主动地供给和改善公共服务；(2) 信息公开实际上为政府和公民的互动提供了一个制度平台：一方面，公民可以更多地了解政府、理解政府，另一方面，通过反馈环节，政府可以逐步知晓公民的真实诉求，进而针对性地供给公共服务；(3) 政府信息本身是公共服务的一个具体内容，它能够服务于公民的生产、生活和经济社会活动，因此，信息公开本质上可以视为政府公共服务职能的一个内容，是建设服务性政府的前提步骤、应有之义。通过改变政府与社会公众互动的情境与规则，信息公开为社会公众监督政府的公共服务提供了一种途径、一种权利，因此，信息公开实质上是监督公共服务的一个制度平台，信息公开建设构成了公共服务监督机制建设的一个重要组

① 江胜尧：《网络问政考问官员的执政“生产力”》，2010 年 8 月 27 日。

成部分。

2002年11月6日，广州市人民政府颁布《广州市政府信息公开规定》，并于2003年1月1日施行，这是我国地方政府制定的第一部比较系统的用以规范政府信息公开的政府规章。此后，各地相继开展和实施了政府信息公开工作。2004年以来上海市就以“公开为原则，不公开为例外”，围绕着《上海市政府信息公开规定》，初步确立了政府信息公开制度。2007年4月5日，国务院发布《中华人民共和国政府信息公开条例》（2008年5月1日起施行），正式规定了信息公开的管理体制、公开范围、公开方式与程序、监督与保障等内容，为各地方政府、各部门实地开展信息公开工作提出了宏观性的要求。

信息公开建设的现状可以从制度建设、信息类别、公开重点三个方面予以分析。首先，在信息公开制度建设方面，现有三部中央层面的法规性文件，分别是《中华人民共和国政府信息公开条例》《国务院办公厅关于做好施行〈中华人民共和国政府信息公开条例〉准备工作的通知》和《国务院办公厅关于施行〈中华人民共和国政府信息公开条例〉若干问题的意见》；其次，在公开信息类别上，以2012年为例，国务院办公厅政府信息公开目录采用主题分类的方法，将公开的政府信息划分为22个类别，即：国务院组织机构；综合政务；国民经济管理、国有资产监管；财政、金融、审计；国土资源、能源；农业、林业、水利；工业、交通；商贸、海关、旅游；市场监管、安全生产监管；城乡建设、环境保护；科技、教育；文化、广电、新闻出版；卫生、体育；人口与计划生育、妇女儿童工作；劳动、人事、监察；公安、安全、司法；民政、扶贫、救灾；民族、宗教；对外事务；港澳台侨工作；国防；其他。可见这22个类别的政府信息基本上覆盖了政府公共服务的各个领域。最后，在信息公开重点上，按照国务院的要求，当前政府信息公开主要关注如下几个重点领域：财政预算决算、“三公”经费和行政经费、保障性住房、食品安全、环境保护、招投标、生产安全事故、征地拆迁、价格和收费等，这些领域也正是政府公共服务的重点领域，直接关系着民众的生活与生产。

三、预算监督初始化，服务决策参与在摸索中前进

政府的核心使命是供给公共服务，而公共预算的根本目标则是保障公共服务，就此而言，公共预算与公共服务在根本上是一致的。从公共预算与公共服务的应然逻辑关系来看，公共预算是政府供给公共服务的根本保障，它的总量水平与结构配置规定着现实中政府公共服务的方向和重点，而政府公共服务的水平则根本依赖并反映着公共预算的质量，没有预算保障的公共服务是很难以想象的。因此，对公共预算的监督和约束至关重要，它直接影响着政府供给公共服务的意识与能力，以及公民能够享受到的公共服务的水平与质量，所谓“管好政府的钱”等于“管好政府的手脚”。监督公共预算是监督公共服务的重要路径之一，是公共服务监督机制的重要组成部分，其根本目的在于推动政府公共服务水平的提高。

引导公民参与预算程序，从根本上说就是对公共服务决策的一种监督。浙江省温岭市开展和实施的参与式公共预算，是当前我国公共预算监督、控制和参与的一个典型案例。

在“温岭模式”中，公民以民主恳谈为主要形式参与年度预算方案讨论，人大代表审议政府财政预算并决定预算的修正和调整，进而实现实质性参与的预算审查监督。整个过程内在地包含着公民权利、人大监督权、民主恳谈等主要内容与运行机制。

2005 年，温岭市在新河、泽国两镇率先“试水”公共预算改革，积极运用民主恳谈为基层人大审查预算服务，不断强化对预算的审查和监督，形成了对预算进行实质性审查监督的“参与式预算”，在国内首开先河。2008 年以来，温岭市人大常委会按照“由下而上”“由点到

面”“由表及里”的步骤持续推进参与式公共预算的深入发展。2009年1月，温岭市人大出台了《关于开展预算初审民主恳谈，加强镇级预算审查监督的指导意见》，将镇级预算民主恳谈正式导入规范化、法制化轨道。目前，参与式公共预算的范围已扩大到温岭市所有的11个镇和5个街道，并由镇一层面提升到市一层面，相继开展了政府各部门的预算民主恳谈、人大代表团“一对一”审议部门预算、预算公开等探索，进一步将参与式预算引向深入。①

从权力与规则的视角看，通过激活人大的监督职能、调动公民的监督力量等，参与式公共预算在一定程度上削弱了政府及其部门的权力，并增强了人大、人大代表和公民等行动者的权力，进而保障并增加了后者在与前者进行交换互动的过程中重塑规则的谈判与协商能力。现实中，温岭市近些年的实践表明，参与式公共预算能够在以下几个方面取得一定积极的成效：(1) 增强了公共预算的刚性约束，有效地抵制了政府随意花钱的不良现象，保障了有限的财政资金得以节约；(2) 通过科学的参与机制设计，发挥集思广益的作用，参与式公共预算能够促进政府预算科学化水平的提升，让财政资金的使用更加有效；(3) 通过提供公民、政府、人大代表等多个行动者之间制度化、常态化的交流互动平台，有助于推动他们之间的相互理解和良性互动，形塑不同行动者之间良性的信任与合作；(4) 激活了人大监督和制约的权力，彰显了公民地位的重要性，对于推进我国的政治民主化进程意义重大；(5) 通过预算监督，倒逼政府转变工作理念、转变政府职能，由“管理”到“服务”，进而提升其主动供给公共服务的意识与能力。当然，归结到最根本的一点，参与式公共预算的成效在于其能够在一定程度上推进公共服务水平的提升。

---

① 有关报道和材料参见：阮蓓茜：《参与式预算：一项坚持了10年的民主试验》，《温岭日报》2014年8月26日；陈奕敏：《参与式预算的路径与前景》，《学习时报》2014年12月29日。

四、效能督察制度化，服务流程控制日趋严格

行政效能是指政府的工作目标及其实施的成效，包括社会效能和内部关系效能，涵盖了行政行为的全过程，是行政主体依法有效行使行政职能、提供优质公共服务、创造良好行政绩效的过程。在公共服务监督中，效能督察是一种内部控制，以“目标责任制”“岗位责任制”或者“标杆管理”等形式，对行政部门的服务流程和工作行为进行全面跟踪，对服务结果和完成情况进行量化显示，以此监督各组织、部门按照既定要求、标准、时限来供给公共服务。21 世纪以来，地方政府的效能督察又利用电子信息平台，对行政效能进行动态、实时展示和监督，因此其信息化、直观化程度不断提高。

各地行政服务中心的效能督察就是一个典型事例。政府行政审批服务中心是行政审批制度改革中涌现出来的实践创新，基本做法是将保留下来的审批项目集中到一个服务大厅内一起办理，一律采取窗口服务。例如，上海市浦东新区的市民中心是全国较早兴建的行政服务中心，其公共服务职能表现在：一方面是将原有政府部门对外公共服务职能划转到市民中心，原本涉及公安、社保、民政、药监、环保等 57 个部门，分散在浦东新区 47 个不同地方的 379 件市民和企业的办事项目统统纳入，并集中到 84 个前台窗口；另一方面是服务性功能单位整体进入，如法律援助中心、结婚登记所、城市网格化管理指挥和监督中心、政府采购中心、建设工程交易中心、行政效能投诉中心以及市民热线等完全服务性的功能单位和部门整体进入市民中心，原浦东新区招商中心的有关委办局职能部门也进入市民中心。这种集中式审批对于规范行政审批权力运行发挥了很好的作用，一方面有利于提高了审批效率；另一方面减少了行政相对人的等待成本，也有利于对审批权力进行监督。这种公共服务监督机制有三个基本内容：

首先，建立审批服务的程序标准和质量标准，以及审批行为规范。

规范每一个事项的审批程序，通过计算机技术将审批流程相对固定化，从技术层面上进一步规范和简化了审批方式和审批程序，对所有办事过程都进行全程监控和测量，并公布审批依据、审批机构、各审批层级的权限、审批条件、审批程序、审批时限、收费标准和审批责任，使申请人一目了然。在此基础上，可以构建行政审批质量管理体系，编制了质量手册、程序文件和行政审批事项（含子项）的操作规范文件。

其次，普遍实行“服务承诺制”。所谓“服务承诺制”，是指行政服务中心就其服务内容、办事程序、申报材料、办理时限、收费标准等内容向申请人公开，并承诺严格按照公开内容办理相关审批或服务项目的一种制度。从“服务承诺制”的内容中可以看出，“服务承诺制”至少应该包括“公开”制度，即只有将办理项目所需的程序、材料、时限和收费等内容公之于世，行政服务中心的这种承诺才有可能被公民和组织所认识。如安徽省芜湖市行政服务中心的运行遵循“五个公开、五项制度”，其中“五公开”是指服务内容、办事程序、申报资料、承诺时限和收费标准公开。①

再次，通过信息平台，监控每一项审批行为的整个流程，包括流转窗口（机构）、责任主体、时间节点、办结情况，并将结果以“红灯”“黄灯”“绿灯”等方式区别开来，直观显示审批动态。换句话说，以现有的电子政务、电子信息系统为基础，建设技术先进、程序严密、运行公开、结果公正、监督有力的电子监察系统。按照“实时监控、预警究责、效能评估”等功能设置，在业务部门工作系统的重点工作环节设定监察点，对政府行政许可、非行政许可审批项目、行政执法、管理服务及其他能在网上流转的业务工作进行监察和实时监控，重点解决行政管理权责脱节、推诿扯皮、效率低下等突出问题。

---

① 段龙飞：《机制创新与行政效能提升研究——以我国行政服务中心建设为例》，《改革与战略》2008 年第 1 期。

最后，依法开展监督检查，规范部门行政行为，推动政府效能建设。以依法行政督察工作为抓手，加强对政务公开、信息公开、电子政务等工作的监督检查，及时发现存在的突出问题、难点问题，督促相关部门制定落实整改措施。还有的地方积极发挥特邀监察员作用，通过特邀监察员了解群众当前最关心的热点和难点问题，认真接受特邀监察员对各行政部门工作的监督。

2006年，江苏省昆山市以行政审批时限测评为契机，进一步理顺审批流程，推动“审批提速”。该市行政服务中心制定并下发了《关于对审批时限进行测评和公示的实施意见》，开始对全市的行政审批时限进行测评和公示。测评主要看项目是否按期办结、能否提前办结和服务对象的满意程度，这些结果经过统计汇总后，将在相关媒体上公示，并纳入市级机关效能评估“依法行政”范畴。2008年，共有100项与群众生产、生活关系密切的事项纳入测评和公示的范围，其中已有11项行政许可事项实现提速，总承诺时限由原来的183个工作日缩短为112个工作日，缩短了39%。限额以下鼓励类、允许类外资项目和权限内内资项目从工商名称核准到领取施工许可证的时间由原来的44个工作日减少为37个工作日。①

从效能督察的整个流程可以看出，这种内部控制机制着眼于服务规范、高效和公平，将制度创新、流程再造和信息手段三大要素结合起来，已经成为公共服务监督的重要抓手和途径。

五、绩效评估普及化，服务绩效水平有大幅提升

绩效评估是对政府及其他公共权力组织在依法进行社会管理和公共

① 吕贵、王国平：《上海郊区发展研究：江苏昆山、江阴等地发展的启示与借鉴》，《上海行政学院学报》2010年第1期。

服务中所产生的结果和效果进行评估的行为。绩效评估工作是科学衡量公共服务成效的工具，也是实施公共服务监督的重要途径和方法。只有准确、客观、全面评估公共服务项目的经济性、社会性、管理性，以及公共服务主体的业绩、能力，才能对服务质量、效果、效益、效率进行比较和监督。缺乏制度化的服务绩效评估，则公共服务监督很容易成为无根之木、无源之水。

服务绩效评估不等同于政府绩效评估。从对象来说，服务绩效评估既可以针对政府，也可以针对非政府组织，而政府绩效评估主要针对政府；从客体来说，服务绩效评估主要针对公共服务决策、公共服务过程和公共服务绩效，而政府绩效评估则更广泛一些，政府的各项工作都可以纳入评估之中。目前，我国地方政府的公共服务绩效评估主要有三种形式：

一是服务专项的绩效评估。如财政支出项目的绩效评估、绩效预算改革等，主要是针对专题性的公共服务项目，对项目运行的过程、管理、成本、效果进行全方位评价，达到监督项目目标完成、监测项目绩效水平、合理分配财政预算、优化预算程序的目的。以上海市浦东新区的预算绩效改革为例，自 2006 年开始试水，至 2012 年对近 100 项财政专项资金和投资进行了绩效评估，涉及财政资金 100 多亿元，形成了一套具有浦东特色的指标设计流程和评估指标体系库。2006 年选择了促进再就业专项资金、义务教育投入等 21 个项目实施绩效评价，涉及财政资金 41.4 亿元。2007 年又对 38 个项目实施绩效评价，涉及财政资金 76.7 亿元，评价范围也从区本级延伸到功能区域、街道层面，项目从专项扩大到部分政府财力投资项目。① 在科学评价政府工作绩效的同时，更注重问题的发现、改进，以及评估结果的综合运用，增强了新区政府管理的效果和效益观念，有助于效能型政府和节约型政府建设。例如，

① 容志：《浦东预算绩效评价指标检视：基于 11 个项目的分析》，《中国行政管理》2010 年第 10 期。

在对“促进再就业公共服务资金”绩效评价中，就指出了高技能人才培养资金投入比例偏低、地区就业困难人员就业补贴资金增长过快等资金使用问题，并向相关工作部门提出提升专业指导服务水平，促进劳动组织长效发展，优化就业补贴流程，建立合理分配机制等四项建设性、操作性改进意见，以利于进一步优化再就业资金配置结构，提高该项公共服务效益。[①] 这种“评估—反馈—运用”的流程和模式正是公共服务监督的具体实现。

二是政府实事工程的绩效评估。主要是通过对重点“实事工程”“民生工程”等工作情况进行平时督查和年终检查验收，确保各项重点工作的落实。

三是综合性的公共服务绩效评估。是指对政府和政府部门的公共服务职能履行情况和工作效果进行综合性、整体性的评估。如杭州市的“综合考评”、辽宁省的“与经济社会发展指标相结合的政府绩效评估”等，都是较为典型的实践形态。

一个引人注目的情况是，越来越多的非政府组织、学术机构已经开始加入公共服务绩效评估中来。所谓“甘肃模式”，是指兰州大学中国地方政府绩效评价中心接受甘肃省政府的委托，具体负责“非公有制企业评议政府部门活动”，通过企业评议政府活动，发现问题，查找原因，认清差距，从而完善制度，制定措施，搞好整改，不断强化政府部门的责任意识和服务意识，转变作风，依法行政，努力建设法治政府、效能政府和责任政府，为经济建设和社会进步服务。所谓“厦门模式”，是指厦门市思明区选定了与政府无行政隶属和直接财政支付关系的第三方机构——博智调查公司，对区政府各部门的群众满意度每季度进行一次调查测评，并对区政府各部门的办事实效、政务公开、服务态度和办

---

① 陈奇星：《绩效预算改革的“浦东模式”：特点、成效与启示》，《中国行政管理》2010 年第 8 期。

公环境等提出实质性的意见和建议。通过以政府合同外包的方式规范具体操作程序和要求，明确双方职责和义务，既减轻了评估人员的工作任务，提高了评估效率，又有效避免了评估程序不透明、调查分析不科学、评估结果不客观的现象。

六、公众参与多样化，监督方式不断拓展

公众参与是民主治理发展的必然要求，也是提高公共服务监督科学性、实效性的重要途径。随着全社会民主法治意识的增强，以及行政回应性的提升，公众参与公共服务监督的形式越来越多，途径也不断拓展，主要表现为参与评议、问卷调查、绩效测评等方式。

市民评议政府。过去政府的绩效评估都是政府自身的评价，虽然在信息的获取上有一定优势，但是自己评价自己容易导致评估的形式化，达不到绩效评估的真正目的。类似的活动也在我国多个地方广泛开展，如1998年沈阳市的"市民评议政府"、2000年起每年一次的杭州市"满意不满意评选活动"和2001年起每年一次的南京市"万人评议政府"等。

民意测验和调查。2008年4月，杭州市综合考评委员会办公室首次向社会公开发布了《2007年度杭州市市直单位综合考评社会评价意见报告》，就上一年度社会评价意见整改情况向广大市民做了反馈，对当年度社会评价意见主要内容和特点进行了梳理分析，并提出整改的对策建议，以更好地贯彻落实市委提出的"以民主促民生"、落实"四问四权"的要求，加快民主政治建设，提升杭州政治生活品质。

随着我国公共服务需求的快速发展，公共服务监督机制不断建立和完善，我国公共服务监督机制的建设取得了一定的成绩，积累了一些基本经验，可以说，一个具有中国特色的公共服务监督体系正在逐步形成。这些经验概括起来，主要是四个结合：

第一，内部监督与外部监督相结合。内部监督是指公共服务供给

者自身的监督，如上级对下级的监督控制，以及专业监督部门（监察部门、行政服务中心、应急联动中心等）对实际工作部门的监督控制。外部监督则是指公共服务供给主体之外的（无行政隶属关系）主体进行的监督，包括权力机关、政协机关、司法机关、社会层面展开的监督。从操作层面来说，两类监督各有自身的优点和不足。内部监督拥有信息优势和权威优势，往往能起到立竿见影的震慑作用；但可能由于官僚制本身的“合谋”“同质化”等问题而减弱监督效力，也未必符合服务对象的真正需求。外部监督能直接显示服务对象的需求和反馈，是对公共服务效果的终极检验，但往往受到信息不对称、不配合、人为阻力等因素的影响和制约，而未必能切中要害。就中国自己的实践来说，随着服务型政府建设的推进，事实上，这两种监督形式都在增长和拓展。从内部监督来说，“效能督察”“绩效评估”“问责风暴”“治庸风暴”等活动都是近年来上级控制下级公共服务的重要实践形式，并在推动行政改革，提高服务绩效，增强回应性方面起到了积极效果。另一方面，公民和社会舆论对公共服务和政府工作的监督也方兴未艾，融冰破土，从“媒体曝光”“网络问政”到“市民评议政府”“服务监督调查”等，社会力量在公共服务监督中的作用日趋显现，并形成一股不可忽视的监督力量，“虎视”着公共服务供给者及其工作。

第二，过程监督与绩效监督相结合。重过程还是重结果，一直被认为是区别公共行政新旧范式的标准。但就实际情况来说，所有人都会承认，无论是行政监督还是公共服务监督，过程与结果都同等重要。没有结果的过程，是一场徒劳无益的活动；而没有过程的结果，极有可能是背离特定宗旨和价值的失误。可以说，把过程监督和绩效监督结合起来，同步推进，是中国特色公共服务监督的亮点。公共服务决策的参与、服务的“标杆化管理”、服务效能督察、信息公开等，都是对公共服务供给过程的监督，体现了依法服务、标准服务和满意服务的价值与原则。而公共服务绩效评价，则着重于公共服务的具体结果、效果、效率，以“结果导向”倒逼公共服务过程的完善和优化，不断提高公共服务水平，建设“人民满意”的服务型政府。这两类监督形态的共同发展适应了处于转型阶段的发展型行政模式的特点和需要。相对于较成型的西方行政模式，僵化的过程控制容易影响绩效、适得其反，所以由简单的过程控制向结果导向转型。但对于发展型行政模式，过程控制与结果导向同样重要。

第三，传统监督方式与现代监督方式相结合。传统的监督方式主要包括“经济审计”“打分排名”“工作组调查”“火警”（fire alarm）① 等。效能督察的推进，将现代信息化技术引入公共服务监督中来。以上海市闵行区“大联动”机制为例。从 2009 年开始，在区里闵行区设立统一的应急联动中心，各支城市管理队伍派人进驻，接到群众求助电话后直接分派到职能部门；有关职能部门“接单”后迅速派员处置和解决，并将结果报送联动中心。② 联动中心通过电脑系统，实时监控各职能部门的工作情况和完成情况，并将年度考核情况汇总，一方面在系统中明确展示出来，另一方面向区政府监察部门汇报，作为年度部门考核的重要内容。这种现代化的监督方式，使得监督客体的实际情况清楚、明白、直观，无疑提高了监督时效，对监督对象起到督促、检查的实际作用。

第四，制度权威与社会权威相结合。在现实中，服务监督机制的建立健全，动力既来自“自上而下”的要求和贯彻，也来自“自下而上”的推动和挤压。“自上而下”主要是指中央政府关于“服务型政府建设”和“行政管理创新”的方针和要求，推动地方政府不断完善公共服务体系、加强自我监督；“自下而上”则是社会力量的发育和参与，推动地方政府乃至中央政府不断调整政策、提高能力，以满足日益增长的公共

① 在组织经济学中，“火警”是一种控制方式，是指由利益相关方在利益受损的情况下，检举揭发管理者的问题，以引起权力者的关注。这种方式能够减少信息不对称的影响，并降低权力者对管理者的监督成本。

② 《上海闵行推“大联动” 构建平安社区》，《新华每日电讯》2011 年 1 月 6 日。

服务需要。正是制度权威和社会权威的共同作用，才有近年来公共服务监督机制的逐步建立和完善，可以预见，这两种权威和力量的结合，仍然是今后该机制不断健全的重要动力之源。

第四节　公共服务监督体系现存问题与原因分析

但是，也要看到，我国的公共服务体系建设还处于起步阶段，公共服务监督机制的建立和完善还需要较长的时间。目前存在的问题主要表现在以下五个方面：

一、监督动力不足

首先，公共服务供给者大多不愿意被监督。以现代经济学的“理性人”观点来看，公共服务的供给者也是理性人，也希冀自己的利益最大化。而在一般人眼中，监督往往意味着“挑刺”“找问题”“督促”，一旦找出问题，又势必带来压力，甚至追究责任，因此，可以说，大多数公共服务供给者天然不喜欢被监督。这也就能解释为什么“行政透明度”建设步履维艰。因为凡是阳光的地方，也是最容易受到监督的地方，发布信息越多，其实面临的监督压力就越大。作为一个“理性人”，自然会比较排斥这种状况。

其实，不仅仅是政府，其他公共服务提供者都有这个倾向，包括一些非政府组织。以 2011 年影响很大的“郭美美事件”来看，[①] 对公益性慈善组织的监督同样任重道远。表面看来，该事件显示出社会对炫富行

① “郭美美”即郭美玲，微博昵称“郭美美 baby”，湖南人。2011 年 6 月 20 日，郭美玲在网上公然炫耀其奢华生活，称自己是中国红十字会商业总经理。此后，中国红十字会迅速陷入舆论漩涡。

为、贫富差距的不满甚至愤恨。但深层次看，由“郭美美”事件引申到中国红十字会的信任危机，说明社会对慈善组织缺乏监督的现状有着严重的不满。在此次危机中，中国红十字会迅速将“捐赠信息发布平台”上线试运行，并酝酿成立社会监督委员会，“将自律和他律结合起来”，而且为规范信息披露工作，《公益慈善捐助信息披露指引》面向公众征求意见。这一方面说明社会监督的确产生压力，有利于规范行为、建立诚信；另一方面也说明，在没有这次公共危机事件之前，慈善公益组织主动接受社会监督的意愿并不高。

其次，部分监督者缺乏主动监督的动力。从制度设计上看，权力机关、司法机关、政协机关都是行政机关工作的监督者，都能对政府的公共服务进行质询、调查和监督。但就实际运作来看，制度设计并没有大力激励权力机关、司法机关、政协机关中的工作人员去监督政府的公共服务。换句话说，监督与否、监督的效果如何，与监督者自己切身利益并无直接关联。监不监督一个样、监督好坏一个样。同时，监督往往意味着“找碴”“挑毛病”，极容易造成利益冲突。在这样的情况下，无论是权力机关、司法机关还是政协机关都缺乏足够激励和动力去做好监督，不愿为维护公共利益而得罪人。

最后，监督者缺乏监督的知识、经验，监督的成本还比较高。对于专业公共服务问题，监督者还需要具备专业知识、经验，甚至要付出更多的时间和经济成本。以预算决策为例，对政府预决算监督，就不是所有人大代表都能完成的，它需要一定的专业知识和技能，还要耐心细致、通篇阅读，并非所有的监督者都有这样的背景和能力。

二、信息沟通不畅

“信息不对称”是监督和控制行为的重要障碍。监督者不能全面、真实掌握被监督者的情况（信息），则监督只能是一句空话。由于历史发展、传统观念、人员素质、技术条件等因素的影响，在朝着全方位、即时化、深层次、精细化目标发展的过程中，信息公开建设还面临着各个层面的诸多问题：（1）持有主体多样化与发布主体单一化的冲突。信息公开所涉及的信息遍布众多的部门和机构，在具体的实施中必然会遇到部门利益的阻隔以及统一协调的难题。（2）实际信息量与信息公开客观局限的差距。政府在供给公共服务的过程中生产着大量的信息，然而，受客观因素制约，这些信息无法完全公开，这也为信息持有主体有选择地“拿出”信息留下了空间。（3）责任机制的乏力。尽管国务院的文件对责任机制进行了规定，但是这些规定无法发挥实质性效力，无法消除不公开信息、公开虚假信息、选择性公开信息的行为现象。（4）渠道单一。当前的信息公开仍然过多地依赖于政府网站，给不常使用网络的公众带来不便，当然这其中必然涉及成本问题。（5）信息公开配套制度不完善。一些地方、部门仅仅出台了宏观性的信息公开规定或指导意见，而没有制定相应的配套制度，以致信息公开工作流于形式甚至无法开展。

三、制度化程度不高

制度化有两方面的含义：从浅层次来看，是指正式的规章制度、法律法规，要求人们遵照执行和按规则办事，否则就会给予相应惩罚；从深层次来说，是指社会力量博弈的一种均衡性产物，也就是青木昌彦所说的“内生性均衡”。在很大程度上，制度只是社会力量博弈的平衡。很多“纸面上”的制度得不到执行，并不是没有制度，而是制度背后没有这种均衡性支撑，使得制度只能流于形式，而缺乏实质内容。

无论是从哪个层面来看，目前的公共服务监督机制的制度化程度还不高。首先，在我国传统的行政监督中，对政府的监督主要是指对违法、违纪行为的监督，以纪检、监察部门为主。这可以被称为一种“过失”监督，其对象是违背法律法规的行为。换句话说，在传统的行政模式下，只有明显“错误”且造成严重负面后面的行为，才需要被监督和追责。这种监督守护的是最基本的“底线”。而对政府是否提供了应该提供的公共服务，所提供公共服务的质量和水平如何，该公共服务是否满足社会需要等，则并不被重点考虑，也就缺乏制度化的监督渠道和方式。从这个意义上说，公共服务监督是较一般行政监督更高层面和更高要求的监督。不得不承认，我们对这种监督形态的认识、了解、建构还非常不足。

其次，“网络问政”“微博问政”“预算恳谈”等公共服务监督机制基本上还游离于正式制度框架之外，各地“万人评政府”等市民参与做法也具有鲜明的领导个人色彩和印记。① 因此，这些监督方式极容易受到地方领导者的变动的影响，往往强力推行者一旦离开，则此项“改革创新”就随即消失。当然，“网络问政”“微博问政”大行其道，本身就说明制度内的监督远远不够，不足以产生足够的威慑和效果，而社会成员又缺乏制度化的监督渠道，所以只能通过网络这样的新兴媒体表达观点、监督权力。

四、监督权威不彰

现实中人大的权威性不足以对地方政府形成有力监督，因此对政府公共服务的职能履行、服务质量的监督有时也大打折扣。例如，黄继忠就从政治经济学的角度论证了地方各级人民代表大会对同级政府的弱监督。他认为实施有效的监督的必要条件包括：分治的（非一元化的）、平行的（非纵向的或上下的）、接近现场的（包括事前的）和信息对称的制度设计和机制。所谓分治的，指监督方与被监督方之间在利益、职

① 陈奇星：《平衡与优化：完善我国公共服务监督体系的思考》，《中国行政管理》2013 年第 10 期。

责和组织上是分割的，在利益共同体内部，彼此之间不存在委托代理意义上的监督。但是，在一元化领导下，地方的党委、人大和政府三个组织机构之间存在着共同的利益和基于同一目标的分工，因此，分治作为有效的监督的条件是不存在的。人大对同级政府“接近现场”的有效监督条件也不具备，而主要是依托于文字材料的间接监督，这就大大削弱了“信息对称”的可能性。地方政府作为被监督方有许多主客观原因决定了对信息的封锁，从而导致信息不畅和失真。①

五、评估方法不善

效能督察、绩效考核等都是公共服务监督的重要方式和抓手。但如何科学、客观、准确评估效能、考核绩效，始终是重要的理论和实践问题。在现实中，因为理解偏差、认识不足等原因，误用、错用一些评估方法的情况是客观存在的。

一是指标体系不够完善。从客观的角度说，在绩效评估改革与实践中，指标体系建设一直都是绩效评价工作的难点。由于指标的专业性很强，考评部门本身不可能设计出涵盖各行各业、放之四海而皆准的指标体系，而缺乏评估指标就无法开展评估活动，这已经成为制约绩效预算乃至绩效管理工作的瓶颈。在主观认识上，对公共服务绩效评估指标体系建设的理论研究不够，部分指标设计不够科学、合理。在专业性的绩效评估工作中，投入指标、产出指标和结果指标具有很大的差异。投入指标反映的是为达到某种目标而付出的人力、物力和财力，并不是政府行为的根本性目标，产出指标反映的是项目时间内的产品和服务的数量，结果指标是指项目所追求的项目之外的包括环境、行为和态度上的

① 黄继忠：《省级财政支出制度：委托代理关系下的分析》，《经济社会体制比较》2003 年第 6 期。

改变和进步。[①] 公共服务的绩效指标应该更注重结果指标，也就是公共项目和服务实施后所达到的对环境、行为和态度上的改变和进步。但从目前国内各地的绩效指标设计来看，投入和产出指标占大多数，而真正的产出指标（即结果指标）很少。这就在很大程度上缺乏对公共服务绩效的科学评估。[②]

二是滥用“一票否决”。在我国的地方治理实践中，所谓“一票否决”，是指政府部门的绩效考核有多项任务和指标，但如果特定某项没有完成，则评估为整体不合格。这种制度设计，能够突出特定时期的中心工作或重要任务（类似于企业的“核心绩效指标”），对于全局工作具有积极意义；但同时也意味着，一旦被否决，其他方面工作成绩均被“抹杀”。显然，如果“一票否决”被过多使用，必然极大增加基层政府部门的压力，并增加基层政府的工作负担。正因为如此，在“为基层减负”的过程中，一直有声音呼吁，“矛盾有主次之分，事情有轻重之别。如果抓工作不分主次，什么工作都‘一票否决’，也就等于‘票票否决’，其效果必然大打折扣”。[③]

三是缺乏对“主观评价法”负面效果的认识和警惕。主观评价也称为“满意度调查”，主要测量服务对象对公共服务和服务人员的满意度。这种评价方法在公共服务绩效调查中被广泛使用，也起到了重要作用。因为服务对象毕竟是服务的直接承受者和感受者，对服务质量和效果最有发言权。但同时也要看到，这种方法主要立足于个人的认知、态度和主观感受，具有一定的主观性。因此，公共服务的质量与对象满意度之间往往是一种较为复杂的关系，不能简单等同。一旦不加区分地、简单

---

① 容志：《浦东预算绩效评价指标检视：基于 11 个项目的分析》，《中国行政管理》2010 年第 10 期。

② 容志、陈家刚：《我国地方政府绩效评估指标的检视与反思》，《湖北社会科学》2011 年第 11 期。

③ 本报评论部：《严格控制“一票否决”事项》，《人民日报》2019 年 3 月 28 日。

泛滥地使用主观评价法，会造成许多意想不到的结果。而且，当公共服务者还有监管职能时，由被监管者评估监管者，本身就存在一定的逻辑悖论。

第五节　完善公共服务监督体系的对策建议与优化路径

建立健全公共服务监督机制、保证公共服务落到实处，是提高公共服务水平的必要途径，也是确保公共服务质量的有效方法。充分认识我国公共服务监督机制的问题，分析其制约因素，为建立健全我国公共服务监督机制提供了理论基础，同时也为寻求解决之策找到了行动方向。

监督主体、监督内容、监督方式和监督权威是公共服务监督机制建设的四个主要维度，如图 9–2 所示。我们认为，“平衡发展”是建立健全公共服务监督机制的主要原则和要求。所谓“平衡发展”，

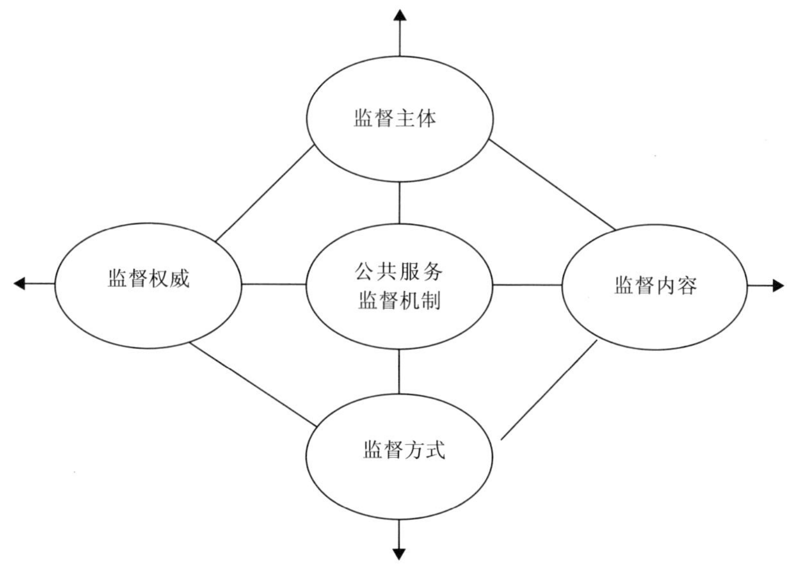

图 9–2　公共服务监督机制的“均衡发展”

是指公共服务监督体系建设要从这四个方面同步推进，多管齐下，多策并举，任何单方面冒进可能会取得一时效果，但可能都难以长久持续。

“平衡发展”的原则要求我们明确监督主体，提高对监督主体的激励和动力；确定监督内容，将监督覆盖公共服务供给的全流程；优化监督方式，广开渠道，增加途径，减少阻力；增强监督权威，落实监督整改意见，提高监督的时效性和实效性，真正让“公共服务监督机制”运转起来。当然，平衡发展也有一个基本红线贯穿其中，这个红线就是“公共服务评议”。公共服务监督并不等同于行政监督，更不同于行政监察。行政监察主要是针对违法、违纪、过失等行政行为，是一种“底线监督”。而公共服务监督是一种履职监督、效果监督和质量监督。底线监督的前提基础是法律法规，而履职监督的前提基础是评估评议。也就是说，底线监督关注的是行为是否越出底线，越出则要追究责任。而履职监督往往缺乏明确的“分界”和“底线”，它只有是否与社会需求、

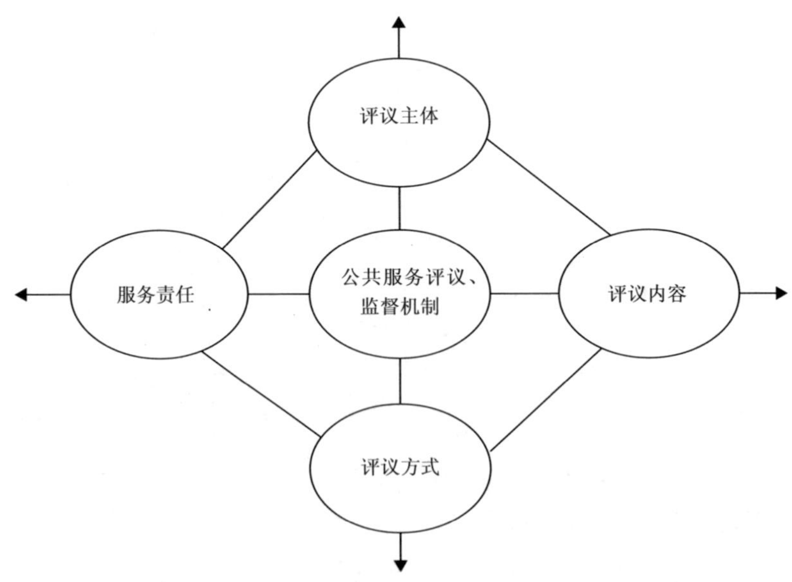

图 9–3　以评议为核心的公共服务监督机制

公众需求相适合、相匹配的问题。因此，要监督服务主体是否履行公共服务的职能、公共服务的效果如何、质量如何，一个基本前提和关键就是对是否提供公共服务、提供了什么公共服务、公共服务的质量水平如何进行评估和讨论。缺少这个基础，公共服务监督就只能是一句空话。因此，完善公共服务监督机制，实质上是完善以评议为核心的监督机制，其逻辑如图 9–3 所示。

一、完善中国特色的公共服务监督主体体系

建议分四个层面完善我国的公共服务监督主体体系：

第一个层面：进一步加强各级人大对政府公共服务履职情况的监督。建立权威性、专业性的公共服务质量监督机构的做法在西方国家非常普遍。根据我国人大专门委员会的性质和现状，“财政经济委员会”“教育科学文化卫生委员会”和“环境与资源保护委员会”可以更多承担起对教育、科学、文化、卫生在内的基本公共服务的监督工作。包括主动对政府的公共服务预算、财政执行、实际效果等进行讨论、质询，组织人大代表进行实地考察、检查，并就社会关注的重大公共服务问题进行讨论和监督。一是强化对公共服务的监督力度、提升监督权威，引起全社会对公共服务质量和水平的关注；二是保证基本公共服务均等化实践的逐步推进，以及监督基本公共服务战略规划的落实和完成。

第二个层面：尝试在市政府这一级（包括地级市、县级市，以及大城市的区）建立类似“公共服务委员会”的议事协调机构。该委员会由行政首长担任主任委员，主要职能部门的负责人担任委员，进行区域内公共服务的最高层面的规划、沟通和协调、监督。担负起在行政区域范围内推进基本公共服务均等化的责任，最大限度地减少职能交叉、政出多门、多头管理，从而达到提高公共服务效率，降低行政成本的目标。

公共服务委员会下设“公共服务办公室”，在综合现有各地的“治庸办”“纠风办”“审改办”“优化办”等的基础上组建，整合资源，聚焦服务，主要负责：规划区域内服务型政府建设的具体计划、方案；制定公共窗口服务的统一标准、要求和规范；开展政风、行风评议，监督机关效能建设；对公共服务质量进行专项评估，并下达具体的整改要求；开展地区间公共服务发展的交流和学习，评选公共服务贡献奖和创新奖等。

第三个层面：依托各级政府财政部门，开展重大公共服务类财政支出的绩效跟踪与评估。对公共服务类的重大财政项目进行定期的绩效评估，完善对预算执行部门的服务监督、客观评价公共服务项目的实际效果，并形成评议结果。评议结果一方面用于财政预算分配上，对下一年度的预算资金分配产生直接影响；另一方面及时反馈给服务部门，有利于进一步改进管理、培训等环节，提高公共服务质量。

第四个层面：培育专业从事公共服务评议的非政府组织（NGO）。在西方国家，公共服务评估的主体是研究机构和非政府性委员会，相比政府部门自身，它们具有更强的专业性、独立性，以及贴近基层等优势。① 事实上，在政府服务外包的过程中，我国一些地方政府已经尝试将专业从事评估的NGO纳入公共服务评估和监督中来。通过培育类似的社会组织，一方面可以承接政府外包的公共服务的评估事项，有利于转变政府职能，提高评议活动的专业性和社会性，引导社会力量参与公共服务评议，提高公共服务监督主体的异质性；另一方面，也可以对政府的自身评议、监督工作进行“二次监督”，提高全社会进行公共服务监督的整体水准。

① 丁元竹：《从国际经验看基本公共服务制度改革创新》，《学习时报》2013年1月21日。

二、完善中国特色的公共服务监督内容体系

公共服务监督内容主要是指政府公共服务的职责和履职情况。实施有效监督，必须明确政府到底要提供哪些公共服务，以及这些公共服务提供到什么程度和水平。2012年，《国家基本公共服务体系“十二五”规划》正式发布。它是我国第一部国家基本公共服务总体性规划，也是政府履行基本公共服务职责的重要依据。① 地方政府应按照《国家基本公共服务体系“十二五”规划》的要求，结合本地区的实际情况，制定自身的基本公共服务体系规划，以进一步明确地方政府公共服务职责，清晰界定公共服务监督内容。具体来说，地方规划应包括：

（1）基本公共服务的地方标准。《国家基本公共服务体系“十二五”规划》具体确定了8个领域以及残疾人基本公共服务共44类80个基本公共服务的项目，针对服务项目、服务对象、保障标准，支出责任、覆盖水平四个方面明确了国家基本标准。按照《国家基本公共服务体系“十二五”规划》的基本要求，结合本地区的实际，各级政府应该制定并实施这44类80个基本公共服务项目的地方标准，并可以根据具体情况，适当拓展基本公共教育服务范围和提高服务标准。

（2）地方性保障工程。《国家基本公共服务体系“十二五”规划》在基本公共服务8个领域和残疾人基本公共服务方面提出实施26项保障性工程和基本住房保障方面的保障措施。包括全面建立以基层为重点的基本公共服务网络，提高设施标准化和服务规范化、专业化、信息化水平，使城乡居民能够就近享受基本公共服务。这些保障工程和基本公共服务网络的具体落实，需要地方政府特别是基层政府的具体规划和安排，由此需要进一步的细化工作，以确保《国家基本公共服务体系

① 江国成等：《提升公共服务，着力改善民生——解读〈国家基本公共服务体系“十二五”规划〉四大亮点》，http://www.sn.xinhuanet.com/misc/2012-07/19/content_25502830_1.htm.

“十二五”规划》的真正落地。

（3）区域内基本公共服务均等化的步骤、保障和措施。主要是增强公共财政保障能力，创新供给模式及保障《国家基本公共服务体系“十二五”规划》实施的主要政策措施。包括在促进城乡、区域基本公共服务均等化方面，要加强城乡基本公共服务的一体化，推进城乡基本公共服务制度的衔接，加大农村困难地区基本公共服务的支持力度，加快建立农民（包括农民工）等流动人口基本公共服务的制度，推进社会主体功能区基本公共服务的政策，建立健全区域基本公共服务均等化的协调机制，在财政保障方面明确政府间的事权和支出责任，完善转移支付制度，健全财政保障机制。在创新供给模式方面，要建立多元的供给机制，分类推进事业单位的改革，鼓励社会力量参与。

（4）公共服务的过程监督。地方政府可依托“行政服务中心”“应急联动中心”等综合管理平台的建设，强化对部门公共服务的过程进行监督。过程监督包括服务标准化、流程优化和时效监督三个部分。服务标准化是制定具体公共服务的办事标准，包括办事程序、接待方式、人员要求等，标准化是进行后期监督的基础；流程优化是在梳理现有服务流程的基础上，通过组织技术革新，创新办事流程，节省办事成本和等待时间；时效监督是对服务完成情况进行即时监督。

（5）监督问责机制。完善基本公共服务的问责机制，增加基本公共服务绩效考核在政府和干部政绩考核中的权重，健全基本公共服务预算公开机制，增强预算的透明度，切实加强对建设工程和专项拨款使用的绩效审计监管，建立基本公共服务设施建设质量追溯制度，对学校、医院、福利机构、保障性住房等建筑质量实行终身负责制。

三、完善中国特色的公共服务监督方式体系

从整体和分类、内部和外部等角度，对公共服务和公共服务供给者

进行全方位、多层面、复合型的评议与监督。

（1）行政监督。加强行政机关内部的日常监督、专业监督和效能督察。目前，政府内部督察、督办机构繁多、资源分散，往往是因事督办或者临时督察，建议在政府内部整合督察资源，成立专门督察机构——公共服务办公室，建立起集效能、民生、项目“三位一体”的“大督察”格局，强化执行力，确保政府重大决策部署落到实处。“效能督察”主要是以检查工作的形式对日常工作、交付任务的时效性督察；“民生督察”主要是对群众反映突出的社会问题、民生问题和管理问题的了解、协调和督办；“项目督察”是对党和政府的年度性、阶段性重点工作和重点项目的专题督办与考核。公共服务办公室的职能区别于监察局的“底线监督”，主要针对工作状态、工作结果和工作实效，是政府内部控制的重要体现，也是政府公共服务的重要评议渠道。公共服务办公室的考核结果作为部门年度考核的重要依据和组成部分，应该在行政系统内部定期通报公开，并进入考评体系，与部门领导人绩效、整体绩效直接挂钩。

（2）绩效评估。通过科学、客观、全面的评估体系对公共服务过程和绩效进行评估。要加大对公共服务评估指标体系的理论研究，在借鉴发达国家先进经验的前提下，结合本土特点，设计不同种类、地区、层面的公共服务绩效评价指标体系。各地区之间加强公共服务绩效评价指标建设的交流和比较，集思广益、汇聚众识，逐步提高指标体系设计的科学性、全面性。要按照政府的公共服务职能进行分类设计，坚持定量指标与定性指标并重，侧重定量指标；客观指标和主观指标并举，客观指标优先；既要防止设计过简，又不要搞得过繁；要注重指标的可操作性，难易适中，先易后难，不求尽善尽美，只求可行有效。

（3）满意度调查。公共服务监督要以公民为中心，以公民满意为终极标准。引导广大社会公众以不同渠道和方式参与不同层面、不同内容的服务满意度调查，让公共服务监督真正反映社会意见和意志。在公共服务监督中，要通过问卷调查、个体访谈、相关者参与、公民投票等方式，让公众和市民对特定的公共服务进行满意度评议，并将之作为公共服务质量和绩效监督的重要组成部分。

（4）相关者协商。随着社会利益主体的多元化程度加深，各社会阶层出于各自利益的考虑，参与政治过程、表达利益诉求的愿望日益强烈。如果没有公开、有效的平台和机制，利益主体间的矛盾冲突和利益冲突不能及时消除和化解，对公共服务体系建设势必造成负面影响。整合不同主体的利益取向，要保障利益相关者参与表达和协商，用制度化的方式确立评议主体多元化。对于公共服务决策、预算制定、过程监督和绩效评议等，需要通过相关者协商、恳谈、对话、沟通等方式更多地反映民意。

（5）社会监督。媒体、网络对政府公共服务的关注和监督是社会监督的重要形式，也是真正强大的监督动力。要更加宽容媒体的公共参与，进一步拓展新闻媒体对公共服务监督的途径和方式。利用媒体平台，加强政府有关人员同社会大众之间围绕公共服务内容、标准、水平、绩效等方面的沟通和交流。一方面引导全社会理性、务实地思考政府公共服务职能和责任，另一方面对政府全心全意履行职责、认认真真服务形成倒逼机制。

四、完善中国特色的公共服务责任体系

构建公共服务责任体系，强化对责任目标的考核，完善监督的权威结构，是公共服务监督机制有效运作的必要保障。

（1）通过基本公共服务均等化立法，明确各级政府公共服务的法定责任。服务型政府建设迫切需要通过立法明确规定从中央到地方各级政府在基本公共服务均等化中的责任。目前，我国出台的一些关于基本公共服务的法规中有些已经过时，与《国家基本公共服务体系“十二五”

规划》存在一定差距；在现行的制度安排中，也没有对服务供给的责任尤其是政府责任做出明确规定，失去了问责的法律基础，形成了一定的责任真空。而且，现行的基本公共服务相关法规多以政府法规政策和部门条例为主，存在立法层次较低、监管不足等问题。① 因此，应加快符合我国国情的基本公共服务的相关立法，从法律上规范基本公共服务提供主体，建立相关主体的责任追究机制，以使每一个环节切实落实均等化措施。

各级政府要定期撰写和发布《公共服务蓝皮书》，对区域内公共服务发展概况、进展和问题进行系统梳理，一方面展示公共服务发展的新成果，另一方面主动接受全社会的监督。同时，要加强各级人大对同级政府公共服务职能履行情况的监督，对公共服务整体质量不高，或者出现较大问题的，人大及其专门委员会有权启动质询、调查等程序，进行相应的监督和干预，追究政府的相应责任，并要求及时调整政策。对于地区性《基本公共服务体系"十二五"规划》的执行和落实，人大要定期召开专门会议听取汇报，并进行审议。

（2）通过科学政绩考核，强化行政领导者的公共服务责任。目前我国的政绩考核机制仍然存在重经济、轻服务，重硬件、轻软件，重内部、轻外部等特点和问题，关于公共服务和民生工程的硬性考核指标尤其少。这一方面不利于引导政府转变职能，从发展型政府向服务型政府转变；另一方面也制约着各级政府官员的思想观念转变，不利于公共服务体系的建立和完善。

应结合各级政府《基本公共服务体系"十二五"规划》中的具体规定，将需要达到的基本标准和任务纳入官员的政绩考核之中，强化对公共服务履职情况的监督。由于公共服务体系建设具有渐进性，因此，考核指

① 余闻：《建立政府承担基本公共服务最终责任的体制机制》，《学习时报》2008 年 3 月 17 日。

标也需要根据实际情况的变化不断地调整。同时，适当提高公共服务类指标的权重，引导政府官员重视公共服务、聚焦公共服务，真心实意地下功夫、配资源。在明确年度评议目标和责任的基础上，对不合格、不达标，又不能提出有说服力理由的行政首长和部门领导追究相应的行政责任。

第十章

结论：推进公共服务体系的“供给侧”改革

本书主要讨论公共服务中的需求问题，涉及政府在社会主义市场经济条件下应该提供哪些公共服务，如何来提供，以及提供以后如何进行绩效评价，进而不断改进和优化服务等一系列理论问题。对这些问题的思考，可以为公共服务及社会治理提供一种分析框架和思维方法，有益于进一步推进公共服务体系建设。实际上，公共经济学已经针对这些问题为我们提供了一些有益的工具和理论。例如，公共产品理论对公共产品的性质、政府的公共服务功能，以及公共产品的范围等做出了有力的分析。但在现实中，真正纯粹的公共产品少之又少，绝大多数都介于纯粹公共产品和私人产品之间。对这些产品如何去把握？公共产品理论还语焉不详。更重要的是，公共服务和产品的提供过程是一个公共选择的过程，也可以说是一个公共政策和管理过程，政府部门的内部运作和过程对公共服务供给效率起到至关重要甚至是决定性的作用。如果缺乏从政策和管理的角度来审视公共服务生产和供给问题，似乎也是一个较大的缺憾。

本书选择从需求的角度切入这一主题。“需求-供给”是经济学的一个基本分析框架。就经济生产来说，需求和供给其实是一个硬币的两个方面，紧密相连、缺一不可。没有需求，生产供给就没有任何意义；没有供给，生产需求也得不到满足。这一对矛盾的内在运动推动了人类经济生产活动的发展。当然，从某个角度来看，需求分析的意义重大。在现实中，虽然供给和需求构成了一对基本矛盾和分析范式，但需求在市场经济发展中的重要性往往超过供给。有人甚至认为，供给是需求的结果，而不是供给和需求同时产生。① 也就是说，没有需求的供给是没有任何意义的。盲目的供给不仅不能产生经济价值，还可能浪费社会的资源。顺此逻辑，只有对于真正的需求，供给才有存在的价值和意义。因此，需求是经济和社会的原动力，先有需求，然后才有市场和供给，需求远远比供给更重要。满足需求就会满足人们的需要，就产生了经济价值，需求是经济价值的源泉。② 虽然对什么才是经济价值的源泉存在争议，但需求的产生和满足，的确是经济生产活动的重要动力和支持。缺少了这一支撑，人类社会的经济交换活动无疑会受到颠覆性打击。

以公共服务为主要内容的社会福利政策也有同样的逻辑。传统上我们一直较为关注公共服务的供给，强调不断提高公共产品的数量、产品和结果，这对于转型的发展中国家显然具有很强的针对性和现实意义，因为政府往往重视经济发展的显性政绩（GDP 至上），却容易忽视公共服务的提供。但从逻辑上说，我们也缺乏对“为什么供给？为谁供给？供给到何种程度？”等一系列更为基本的问题的追问，因此也相对忽视了对服务需求、社会需求的重视和把握。在某种意义上，需求不仅是福利制度运作的理论与价值基础，还是社会福利理论与政策中最基础、最常用和最具争议性的核心概念。③ 因为社会福利政策就是直接或间接回应人类基本需要的方案和行动。④ 从系统论上说，要建立现代、科学和完善的公共服务体系，必须要重视对公共服务需求的研究和把握。也就

① 戴明亮：《需求经济学》，中国发展出版社 2015 年版，第 16 页。

② 戴明亮：《需求经济学》，中国发展出版社 2015 年版，第 29 页。

③ 刘继同：《欧美人类需要理论与社会福利制度运行机制研究》，《北京科技大学学报（社会科学版）》2004 年第 3 期。

④ David Macarov, *Social Welfare: Structure and Practice*, California：Stage Publications, 1995, p.112.

是说，必须实现从“供给主导型”公共服务体系向“需求主导型”公共服务体系的转变，后者可以被概括为“需求导向”的公共服务体系。

第一节　“需求导向”的政策价值

一、准确把握公共服务需求是构建现代公共服务体系的基本前提

在社会主义市场经济体系中，政府的职能、功能究竟如何定位？政府应该做好哪些事情？哪些事情应该交给市场、社会解决？这个问题是处理好“政府-市场”“政府-社会”两对关系的核心。只有科学回答了这个问题，才能正确界定市场经济条件下的政府职能，推动上层建筑适应经济基础。否则，就可能造成政府职能缺位、越位、不到位等一系列问题。要处理好“政府-市场”“政府-社会”两对关系，必须在改革开放 40 年的基础上，推动“发展型政府”“管制型政府”真正向“服务型政府”转变，通过行政体制改革，打造有益于市场蓬勃发展的外部环境，为市场和社会的运行提供优良公共服务，以及通过制度建设和分配制度维护社会公平正义。其中，提供优质公共服务的重要性随着经济社会发展而显得越来越突出，也是“服务型政府”建设的重要内容和题中应有之义。

政府提供公共服务的终极意义和目的何在？这个问题如果不能得到理清，那么公共服务也可能成为地方政府的“政绩工程”“面子工程”，看起来很光鲜亮丽，财力投入也很大，但实际效果并不一定好，老百姓不一定得到真正的实惠。解决这个问题的根本办法就是明确公共服务体系的“需求导向”原则。所谓“需求导向”，就是将社会客观需求作为建立公共服务体系、进行公共服务决策的首要基础和先决条件。也就是说，“社会需求”具有比其他因素更重要和更基本的价值和意义。相比

供给来说，需求才是公共服务的前提。只有满足人们的客观生活、生产和发展需求，公共服务供给才是有价值的，才是有益的，否则就只能是资源的浪费。因此可以说，“需求导向”是现代公共服务体系构建的必要条件，缺乏这个必要条件，公共服务的其他价值，如效率、公平、效益等，就都无从谈起了。

二、准确把握公共服务需求是评估公共服务绩效的重要标准

公共服务是一个系统，有起点也有终点。起点是客观的社会需求，这些需求不能完全依靠市场和社会自发提供，所以由公共部门——大多数情况下就是政府来予以提供。公共部门的生产过程是系统的中间环节，将各种经济和社会资源加工成公共产品和服务。而这些产品和服务的供给就是公共服务系统的终点。在这个终点位置，我们往往需要对公共服务的实际效果和效益进行评价，或者说就是公共服务的绩效评估。那么这个绩效评估的基本标准是什么呢？经过前面的分析可知，如果说公共服务体系构建的起点是客观的社会需求，那么，对这些社会需求的满足程度就毫无疑问地成为衡量与评估公共服务绩效的重要标准。也就是说，公共部门向社会提供的公共服务是否合理有效，是否性价比高，只有看它在多大程度上满足了客观的社会需求，以及用多大成本来满足这些需求。

虽然“供给-需求”之间并没有绝对的适配性，我们不能说在某一个时间段或时间点，社会需要的公共服务是一个准确的数值，低于或者高于这个值均为不妥。但正像商品的价值与价格之间的关系一样，无论商品的价格如何变化，始终要围绕价值波动，而不可能偏离其太远。需求这只看不见的手往往为价格的变化提供一种稳定的变动区间。亚当·斯密说过，“消费是所有生产的唯一终点和目的”。不被用来消费的产品和服务将变得毫无价值可言。如果公共服务生产也是为了社会消费

的话，那么生产也就不可能无边界地偏离消费，否则必然受到规律的惩罚。

事实上，目前许多公共服务绩效评价指标体系的内在逻辑正是社会需求。例如，一些评价系统都以客户满意度作为重要指标来衡量公共服务的实际效果。而客户是否满意，显然是以该服务和产品是否满足了自身需求作为评判标准。也就是说，客户满意度指标其实是需求标准的一种具体化和操作化表达，只是这里测量的主要是个体性的需求满足程度，指向的是微观层面的需求。如果要对宏观层面的需求满足状况进行评价，则需要引入新的指标和分析框架。例如，要对某地区的义务教育情况进行总体评价，那么很重要的一个指标就是适龄儿童的入学率，即适龄儿童作为一个整体，其接受义务教育的需求是否得到了满足。

三、准确把握公共服务需求是完善现代公共服务体系的抓手

公共服务是用来满足社会需求的，也就是解决市场和社会中公共产品“供给-需求”不对称的问题。政府在提供公共服务的过程中必须科学分析、全面考量、广纳民智、精准服务等，但公共服务的实际效果怎么样，是否解决了公共产品不足的问题，多大程度上解决了这一问题，还需要进行社会实践，通过实践结果来检验。因此，一个关于公共服务的政策或一系列政策在执行一段时间以后，有必要对其效果和影响进行评价，看该项目或政策是成功还是失败，哪些成功哪些失败，并分析其原因，以作为下一阶段项目和政策调整和政策制定的基础。没有科学的评价，就谈不上正确的调整。也就是说，项目和决策效果的评估是检验决策、优化决策的前提和基础。这也是公共服务项目和政策的周期发展规律。

进一步看，服务项目和政策是否能解决问题，多大程度上能解决问题，也就是有多大实效，关键还是看是否能够把握事物的发展规律，并

依据这个内在规律来制定公共政策。也就是说，“求真”才能“务实”，“务实”了才知道是否真正做到了“求真”。把握规律才能正确制定政策，反过来，服务项目和政策执行有效了，成功了，才能说明我们把握规律了。而且这个过程可能还不是一帆风顺的，可能经过多次反复。这个过程中的一个关键环节就是“公共服务评估”。公共服务评估就是看问题解决得如何，是否造成以及造成哪些新的问题，并由此分析项目和政策成功或失败的原因，探讨事物发生发展的内在规律。这就是公共政策的学习规律。可以说，公共服务系统的优良程度和水平就是在制定政策、评估政策、调整政策的循环中不断提高的。只有准确把握公共服务需求，并以此为标准不断进行需求评估、需求整合、需求供给和需求满足程度反馈，才能发现现有公共服务体系存在的问题，找出短板，继而通过政策创新补齐短板，提高公共服务系统的整体水平。

四、准确把握公共服务需求是提高政府治理能力的基本路径

改革开放以来，伴随着经济社会体制改革的不断深入，我国行政体制改革也在稳步推进，取得了丰硕的成果。从整体上说，行政体制改革的核心与主线是政府职能的转变，即对基于计划经济体制环境下形成的政府职责和功能体系进行重新定位和改造，使之适应社会主义市场经济体制的要求。而行政组织、管理方式等其他方面的改革都要围绕和服从于这一核心主题。这一点在党的十八届三中全会通过的《中共中央关于全面深化改革若干重大问题的决定》（以下简称《决定》）中得到了明确的阐述。《决定》要求，必须切实转变政府职能，深化行政体制改革，创新行政管理方式，增强政府公信力和执行力，建设法治政府和服务型政府。同时着眼于我国发展和改革全局，《决定》系统阐述了全面正确履行政府职能的总体要求，为加快转变政府职能、深化行政体制改革指

明了方向。①

但是也要看到，无论是政府自身还是市场主体，无论是政界还是学界，都一致认为，政府职能转变这一进程还远未完成，还有很长一段路要走。同社会主义市场经济体制的现实要求相比，我国政府职能还存在诸多错位、越位和缺位的地方，行政体制这一上层建筑还存在与经济基础相脱节之处，政府治理体系和治理能力现代化还是我们追求的目标。对这一点，李克强在全国推进简政放权放管结合职能转变工作电视电话会议上的讲话中明确表示：简政放权等改革虽初见成效，但与人民群众的期待和经济社会发展要求相比，还有很大差距。一方面，政府一些该放的权还没有放，手伸得还是太长；另一方面，已出台的简政放权措施尚未完全落实到位，“中梗阻”现象大量存在，“最后一公里”还没有完全打通。当然，“最先一公里”也存在问题。这里面既有思想认识不到位、管理方式不适应的原因，也有地方和部门利益在作梗。企业和基层反映，不少审批事项只是换了个“马甲”，从明的转成暗的、从上面转到下面、从政府转到与政府有关的中介，审批服务中的各种“要件”、程序、环节等还是关卡林立。比如，稳增长必须发挥投资的关键作用，而当前投资仍处于下行状态，像重大水利工程、中西部铁路、棚户区改造、城市基础设施等，有的项目批了，中央投资也到位了，但就是迟迟开不了工，钱也花不出去。②

李克强的讲话清楚表明，相比于现实需求而言，我国的政府职能转变还任重而道远。政府错位的情况还不同程度存在，“手伸得还是太长”，行政干预了很多不应该干预的事情；同时，改革的落实问题也需要认真检视，以保证具体措施能够最后落到实处，而不会以各种改头换面的形式又重新回来。因此，坚持“需求导向”的改革原则和工作方

① 《〈中共中央关于全面深化改革若干重大问题的决定〉辅导读本》，人民出版社2013年版，第153页。

② 《十八大以来重要文献选编》中，中央文献出版社2016年版，第523页。

式，有助于形成有效的动力机制和倒逼机制，推动政府职能转变和服务型政府建设，有益于提高政府治理的现代化水平，实现政府治理能力的现代化。

第二节 “需求导向”的政策意涵

需求和供给是一对矛盾，相互关联，不能分离，因此，脱离需求谈供给和脱离供给谈需求都是没有意义的。需要说明的是，强调“需求导向”并不意味着不关注“供给”，也并不意味着“需求决定论”。提出“需求导向”的目的是力图更多、更全面审视“需求”和“供给”两者之间关系，通过准确把握需求、完善体系，创造更好、更有效率的供给。“需求导向”的实践原则实际上从公共服务体系构建的源头上追问了以下基本问题：

第一，政府所供给（生产）的公共服务是否是社会所需要的？或者说是否是一个特定社会发展阶段中最迫切需要的？这其实是公共服务的针对性问题。这个问题看起来非常简单，但仔细分析，其内在逻辑并不能不言自明。从字面上看，“社会所需”包括两种情况：一是全社会所有成员共同需要，另一种是一部分社会成员所需要。对第一种情况的争议并不大，因为所有人都需要，且无法通过市场予以供给，所以政府要提供这种产品或服务。不过这一类产品并不多，通常是指纯粹的公共产品。因为纯粹公共产品具有明显的非竞争性和非排他性，且社会成员都有可能享用，如路灯、道路、桥梁、传染病防控、义务教育等，因此绝大多数社会成员都会有需要，从而我们可以认为对这些产品的需要是社会性的，且理应由政府来提供。

但更多的是第二种情况，即只有一部分社会成员所需要，如介于纯粹公共产品和私人产品之间的俱乐部产品和“公共池塘”物品。这些产品有的可以排他（如收费产品），有的具有竞争性（如公立医院）。获得这些公共服务和产品的群体通常会得到福利提升，必然认为该项公共服务是社会所需要的，但对于非目标群体来说，就未必如此。因此，政府对这些产品和服务的供给，容易引起一些争论。

这个争论的过程正是一种公共选择的过程，而公共政策正是这个过程的结果。从这个意义上说，在很多情况下公共服务需求往往不是一个先验性的存在，而是社会群体之间，以及其与社会治理主体之间的动态博弈过程。这个博弈过程其实也就是公共服务需求的表达与整合的过程。如果政府能够建立制度化、透明化和有效化的博弈平台和规则，就能够让社会需求进行充分表达，并将之纳入决策议程，从而对之进行回应。反之，如果没有这样一个博弈和表达机制和过程，公共政策与需求之间的关联度就会降低，公共服务供给可能反映的仅仅是政府及其官员们的偏好，而并非是现实的社会需求。

除此之外，还可以进一步追问，政府所供给（生产）的公共服务在数量和质量上是否满足了社会需要？即使某类公共服务和产品已经被生产和提供出来了，也会出现两种短缺的情况：一是该类服务和产品的数量和质量还不能覆盖到所有达到标准的社会成员，导致一定数量的社会成员无法平等获得这些产品，从而平等地提高其福利水平。这主要表现为社会群体之间的公共服务水平的横向差距。例如，一国之内不同区域之间在基本公共服务方面的差距，以及同一区域之内不同户籍群体之间在基本公共服务方面的差距。这种差距的存在影响了公共服务均等化的实现，事实上并没有满足社会需求。二是该类服务和产品覆盖了同等特征的社会成员，但由于总量不足，所以其人均数量较少，质量较低，事实上也不能满足社会群体的需求。

第二，社会群体所表达的需求是否应由政府来满足？通过什么方式供给？向什么群体提供？提供到什么程度？供给的先后次序是什么？这里讨论的其实是公共服务的整合性问题。政府对社会群体的公共服务需求并非简单、被动地接受或拒绝，需要进行一定的辨识、分类、筛选、评估以及综合，并最终决定是否进入决策议程。这些都可以被统称为整合性问题。在整合过程中，可能发现某些需求仅是一小部分人群的、非基本性的公共服务需求，那么政府应该选择不予回应。可能发现某些需求可以由社会和市场提供的方式予以满足，那么政府的作用可能就不是产品和服务的直接供给者，而是平台搭建者和机制构建者。供给的整合性在很大程度上体现了公共服务需求"表达论"和"比较论"的观点。"表达论"将需求视为可以被看到或感觉到的行为，因此，不同社会群体就不同需求会开展各种社会性互动和博弈，这个过程本身就可以被视为是公共政策议程的一个组成部分。

第三，社会需求能否被无限制地满足？还是需要通过一定方式进行管理和调控，以实现供给与需求之间的动态平衡？这里讨论的其实是公共服务的平衡性问题。社会资源永远是有限的，而非无限的。因此，公共产品也有一个均衡的问题。经济学认为，当最后一个单位的公共产品所产生的社会效益等于其所付出的社会成本时，其供给数量是最优的，即达到一种均衡。需求管理是现代公共服务体系的一个不可或缺的组成部分。特别是对于现代化的大城市、特大城市，由于人口、要素高度集中，居住和生活的拥挤成本不断提高，交通拥挤、环境污染、能源紧张、人口众多、社会治安差等城市病日益凸显，在一定范围内对交通需求、医疗需求、流动人口服务需求等进行一定程度的管理显得较为必要。

第四，公共服务需求是否得到了合意的满足？在供给过程中是否存在效率、效益等问题？如何不断改进这个过程，以提高公共服务供给的回应性和质量？这里讨论的其实是公共服务的完善性问题。公共服务需求的"规范论"认为，特定历史时期和社会阶段中，存在一定数量的、客观的公共产品和服务的供给标准，这种标准的供给是保证个体生存发展和社会和谐运行的基础性条件。正如一个处于青春发育期的少年需要最低限度的食物、营养一样，人们对公共产品和服务也有一个“底线”需要。规范意义上的公共服务需求通常会以“基本公共服务”表现出来。政府是否向社会群体及时提供了这些基本公共服务，供给过程中是否存在成本高昂、效率低下和效益不高等问题？对这一类问题的追问，能够监督政府公共服务职能的履行，以及不断发现现有公共服务体系存在的“短板”，并通过改革等方式予以克服，进而提高公共服务体系的完善程度和运行水平。

公共服务的针对性、整合性、平衡性以及完善性这四个方面，是“需求导向”实践原则力图分析和解决的主要问题。这四个问题分别对应了前文讨论的需求表达、需求评估、需求整合、需求供给、需求管理和需求监督六个环节，如图 10–1 所示。也就是说，在“需求导向”的要求下，“需求”问题并不仅仅是公共服务体系的一个逻辑起点，事实上贯穿到了公共服务体系的整个过程。这说明，我们在公共服务的整个过程中都可能需要关注需求问题，并在动态之中不断思考和检验“需求”与“供给”之间的关系，保持两者之间的对应和平衡。

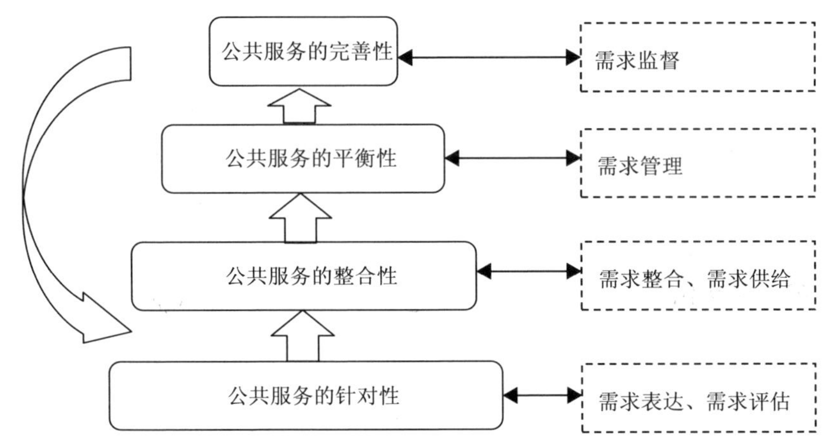

图 10–1　“需求导向”视角下公共服务体系的四个主要问题

第三节 “需求导向”的政策检视

随着经济社会的快速发展，我国公共服务体系日趋完善，公共服务的数量和质量都在不断提高，人民群众所享受的公共福利逐步增多。这样可喜的局面离不开党中央、国务院关于转变政府职能、建设服务型政府的战略部署，也离不开近年来各级地方政府结合各自区情对服务型政府建设进行的有益探索。

“十二五”规划期间，我国社会保障体系不断健全，医疗卫生事业取得显著成绩，文化服务繁荣发展，各类教育发展水平明显提高。其中，统一的城乡居民基本养老保险制度基本建立，实现了制度全覆盖，是了不起的里程碑。企业退休人员基本养老金逐年稳步增长。贫困人口数量累计减少近1亿人。城市保障性住房建设加速，覆盖面明显扩大。城镇职工、城镇居民基本医疗保险和新型农村合作医疗三项基本医疗保险参保（合）人数达到13.3亿，参保（合）率年均稳定在95%以上。大病保险开始覆盖所有城乡居民基本医疗保险参保人群，大病保险支付比例达到50%以上。国民健康水平提高，人均预期寿命提高一岁，已达76岁左右。各项重点文化惠民工程提前实现“十二五”规划目标，图书馆、文化馆、科技馆等公共文化设施向社会免费开放。各级各类教育发展水平明显提高。九年义务教育全面普及，巩固率从89.7%提高到92.6%。高中阶段教育基本普及，毛入学率从82.5%增至86.5%。①

当然也要看到，距离现实的社会需要和人民群众的期盼，我国公共服务体系还存在诸多不完善、不平衡、不可持续的问题。因此，《国民经济和社会发展第十三个五年规划纲要》中明确提出，增加公共服务供

① 尹艳林：《提高公共服务共建能力和共享水平》，2015年11月30日，见http://www.chinado.cn/?p=3181。

给，需要“坚持普惠性、保基本、均等化、可持续方向，从解决人民最关心最直接最现实的利益问题入手，增强政府职责，提高公共服务共建能力和共享水平”。这里“人民最关心最直接最现实的利益问题”，内含着“需求导向”的基本原则和要求。显然，如果不能准确把握什么是人民“最关心最直接最现实的利益问题”，也就无法供给人民满意的公共服务，并不断提高公共服务共建能力和共享水平。这也是当前我国公共服务体系建设中要优先考虑的重要问题之一。具体来说，包括以下四个方面：

第一，公共服务需求的表达渠道逐渐多元化，政府的公共回应性不断增强，但需求表达的制度化水平还有待提高。

相对于改革开放前“单位制”为主体的公共服务体系而言，今天的社会性公共服务体系显得更加开放和多元。就社会的公共服务需求表达来说，其表达渠道也逐渐多样化、快捷化。正如第三章所分析的，集体主动型、集体被动型、分散主动型和分散被动型四种类型的表达方式在当前中国均不同程度存在。其中集体主动型主要是社会性的集体行动，体制内的如群体性信访，体制外的如大规模群体性事件等。这些集体行动虽然都有直接的问题指向，但背后往往有着当地居民对某类公共产品和服务的需要与期盼。以近年来全国各地高发的环境类“邻避事件”①为例，民众对化工厂、核电厂、垃圾处理厂工程的反对行为，实际上表现的是对良好环境（空气、水体、土壤）的需求（尽管这些工程的建设并不一定与此需求相矛盾），以及希望政府切实担负起保护环境这一重要的公共产品的责任。正如有学者指出的，尽管这些“邻避运动”的方

---

①　一般认为，“邻避事件”是指公众因担心其社区附近设施（如垃圾场、核电厂等）对身体健康、环境质量和资产价值等带来诸多负面影响，从而激发人们的嫌恶情绪，滋生“不要建在我家后院”的心理，并采取强烈和坚决的、有时高度情绪化的集体反对甚至抗争行为。参见俞海、张永亮：《我国环境“邻避运动”困境内因与化解》，《环境保护》2014 年第 18 期。

式和方法是否合理有效有待商榷，但这种行为已经表明：公众正在把环境权益作为其基本的权利，并且在通过具体的参与行动来争取和维护这种权利。① 解决这些问题的关键，不仅仅是在具体工程和项目的建设中重新建立起"政府—民众"之间的信任关系，以赢得当地民众对这些必要的"公共产品"的支持（事实上，如垃圾处理厂、传染病医院等也属于公共产品），更重要的是，地方政府需要真正将环境保护和环境建设放在政府职能序列的重要位置，不能走"先发展经济，再治理环境""牺牲环境发展经济"的老路，回应社会对良好生活环境这一公共产品的需求，提高环境质量。从这个角度出发，也才能真正在"邻避工程"的决策、规划、设计和建设、运行过程中兼顾保护环境这一重要社会价值和承诺。

另一方面，分散主动型的需求表达不论从数量还是参与者来说，在日常生活中显得更为明显和重要。第四章的分析已经指出，近年来全国各地的"公共服务热线"呈现"井喷"态势，几乎所有的地级市以上的城市都有多条不同名称的政府热线或服务热线。通过这些热线，地方民众有了分散化、主动性表达需求的渠道。而且，随着"绩效评估""绩效考核"等管理工具的广泛使用，这些热线电话后续的"处理环节"和"反馈环节"越来越规范、快速，对有关政府责任部门的监督和督促作用也越来越明显。通过这些热线，居民的大量现实需求得到了不同程度的满足或者回应。但这种"需求表达-服务供给"模式具有非常明显的单线式、分散式特点，是典型的"分散式表达"和"分散式供给"的组合，因此必然造成几个问题：一是居民需求的碎片化、海量化，在缺乏必要梳理和整合的情况下，部分地方政府及其部门几乎都处于被动应对的境地，有的甚至到了"疲于应付"的地步。由于只有分散没有整合，政府

① 俞海、张永亮：《我国环境"邻避运动"困境内因与化解》，《环境保护》2014 年第 18 期。

也无法从整体上把握居民的共性、普遍需求，以及分析这些需求背后反映的公共管理和公共服务问题，进一步加剧了其被动性地位；二是由于分散化供给，造成公共服务的效率不高，部分行政资源浪费。这种供给方式不仅没有规模效应，发挥不了政府集中力量办大事的优势，还因为个别居民对政府职能的误解，造成一定量的重复服务、特殊服务和不当服务，行政资源被浪费。

集体被动型主要包括各种形式的“议事会”“协商会”“恳谈会”和“组团式服务”。这种表达方式的优点正好克服了上述表达形式“分散化”“碎片化”的不足，在一定范围和层级内（如社区、乡镇）对居民的公共服务需求进行了整合，甚至有的还具有公共问题讨论、辩论等内容和特征，因此是对传统的“供给主导型”服务体系和服务模式的有益变革。正如第七章中所讨论的，“组团式走访”的治理创新，不仅能在第一线倾听居民反映的诉求，还能通过一定范围的讨论，对某个公共服务问题形成共识，在此基础上的供给不仅能形成规模效应，还有益于公共治理氛围的形成。但从整体上看，集体被动型也存在制度化程度不高的问题：一是这种表达方式大多数还处于“摸索”和“试验”阶段，尚未制度化和固定化，对于组织的时间、形式、参与人员、讨论程序、结果的权威性等实体和程序要求都没有明确的制度与机制保障，有的甚至是临时性的召集；二是这种自上而下组织，组织者在其中起到了重要作用，一旦主要领导人更换，类似的“恳谈会”“组团式服务”都可能逐步消失。

分散被动型包括某项特定焦点的问卷调查以及个体迁徙的“用脚投票”。后者是公民在分权体制下区域公共服务的一种选择。随着单位制的打破和计划经济体制的转型，人口的流动性不断加速，目前北京、上海、深圳等这样的特大城市的非户籍常住人口几乎占到了常住人口总量的40%左右。显然，人口的流动与地区之间的经济、社会和公共服务水平差异直接相关。但由于户籍制度的存在，“用脚投票”者事实上并不能完全享受到居住地的公共服务，因此也就很难明确表达出公共服务需求，并对当地的公共服务供给产生明显影响。“问卷调查”和“民意调查”目前较多由媒体、研究机构主持，比较分散和零碎，由比较权威机构定期开展的针对公共服务的民意调查并不多见，制度化程度比较低。

第二，公共服务需求的评估工作已经起步，但尚未建立起科学的需求评估体系。

从本质上说，需求评估是对公共服务应然状态与实然状态之间差距的测量。需求的“规范论”在这里有较大的体现。从“规范论”来看，需求是专家或专业人员基于专业知识而得出的生物体所必须具有的存在条件，例如，要维持生命，人们就必须摄入营养，每日的最低营养数量就是维持生命的需求。而公共服务需求往往是指专家综合判断基础上形成的，人们基本生存和发展所需要的最低标准的公共服务。这个“最低标准”就是公共服务的应然状态。需求评估其实是测量现实状态与这一应该状态的差距，换句话说，是要达到这一应然状态所需要追加的公共服务。

整体来看，有两个层面（两种类型）的需求评估。一是个体层面，即单个个人公共服务需求的测量。例如，患有重大疾病的老年人，生活无法自理，有“长期照料”的需求，对这个需求程度的认定就是长期照料服务的“需求评估”。另一个是社会层面，即全社会对某种公共服务的需求总量。还以“老年人照料”为例，这时的“需求评估”就是指符合一定标准的、需要获得长期照料这一公共服务的人数，以及服务总数。

这两种需求评估在实践中均有所运用。第一种需求评估主要用于医疗、护理、养老领域，是政府向特定人群提供公共服务的前提和基础。通常政府有关部门会根据社会状况，制定一个“身心障碍”的标准，然后由专业人士对具体个人的身心状况进行测量，看其是否满足这一标准。如果达到这一标准，则被视为具有服务需求的个体，成为公共服务对象。第二种需求评估主要用于政府的公共服务专项规划，即在一定时期内，向社会提供某种公共服务的数量和质量的前瞻性设计及政策，以及城市化地区的建设规划，即规划新区、新城镇时对公共服务配套设置的规划和布局。

但从实践来看，这两种需求评估的科学化、制度化程度都需要提高。以养老服务为例，政府兴建公立养老院的目的应是为社会最弱势、身心状况最差的老年人群体提供长期照料，以确保这个群体能够维持最基本的生活状态。但在现实中，由于一直以来缺乏科学、规范的老年人照料需求评估，导致某些身心状况、经济条件较好的老年人长期居住在公立养老院，而那些有真正“需求”的老年人却无床位可用，造成紧缺的养老资源被占用和错配。同时，我国又非常缺乏一些专业性较强、照料水平较高的养老机构，如专门收治痴呆、精神疾患、重大疾病老年人的养老院，不能满足这些群体的现实需求。这些都说明，养老机构的规划和建设并没有完全同现实需求相匹配，其服务体系也没有以需求评估作为基础。

城市化地区建设规划同样面临类似的问题。我国许多城市新区在规划过程中，重视房屋、道路、生命线工程等基础设施的建设，却往往忽视医院、学校、邮电局、菜场、公共交通等服务配套的建设，等到人群入住以后，才发现公共服务供给与需求之间的巨大矛盾，这也是规划中缺乏需求评估的结果。根据我们在上海市城乡接合部的调查，类似问题非常普遍。如近年来新建的大型居住社区，往往是上海市的动迁安置小区或经济适用房小区，基建新，规模大，住户多，但是公共服务配套跟不上，社会管理问题凸显。以松江区泗泾镇的大型居住社区为例，该社区总规划面积 4767 亩，总规划户数 27503 户，规划人口近 10 万人，2015 年全部建设完工。截至 2014 年年底，已经入住近 3 万人，建立了 2 个居委会，正筹建第 3 个居委会。但人员入住后发现公建配套严重不足，随着人口导入，医疗、教育、公交、银行、通信、邮局、菜场等公共设施和服务出现较大瓶颈和缺口：泗泾镇只有一家二级医院和一个社区卫生服务中心，社区规划配套的中小学也尚未开始建设。市区居民已经习惯了“15分钟生活圈”，到泗泾镇后感觉非常不适应。上海闵行区浦江镇的大型居住社区，规划导入28.68万左右常住人口，但截至2015年只规划了6所幼儿园、1所小学、1所初中、1所高中、2所九年一贯制学校，距离目前国内普遍执行的幼儿园与小学常住人口1万人/所、初中常住人口3万人/所的标准差距较大。①

第三，公共服务的供给量越来越大，但相对社会需求的针对性和整合性需要进一步提高。

随着经济社会的快速发展，各级政府向群众提供的公共服务种类和数量越来越多，与此同时，群众对公共服务的多样性需求也越来越明显。社会主体利益的不断分化与多元化是经济社会不断发展的必然结果。正因为利益多元化，市民的公共服务需求也会同样分化和差别化。客观上说，这不仅需要公共服务内容的丰富与多样，也需要服务主体的多元与竞争，以政府为单一供给主体的公共服务体系难以承担所有责任，也难以满足所有需求。但是，当前基层政府管理体制，基本上还建立在政府全能模式的基础之上，其主要特点是大包大揽和硬性管理。凡是公共事务，政府都要管，甚至要直接管，起码要掌控。于是挤占了社会组织发育发展的空间，也难以真正容忍非政府组织的独立性和自主性。社会发育的阻滞和有限不仅反过来制约了政府职能转变的进程，导致无处可转和无人可接的尴尬局面，也抑制了公民意识和法治意识的成长，提高了对政府的期望值和要求度。“12345，有事找政府”，成为基层的口头禅。社区民间组织积极性不高，认同度不高正是这种全能型政

① 容志：《从失序到有序：大城市城乡结合地区社会治理困境的成因与对策分析》，《上海行政学院学报》2016年第1期。

府模式运作多年的主要结果。①

第四，公共服务需求的监督越来越成熟，但尚未建立起科学、完善的监督体系。

首先，在我国传统的行政监督中，对政府的监督主要是指对违法、违纪行为的监督，以纪检、监察部门为主。这可以被称为一种“过失”监督，其对象是违背法律法规的行为。换句话说，在传统的行政模式下，只有明显“错误”且造成严重负面后果的行为，才需要被监督和追责。这种监督守护的是最基本的“底线”。而对政府是否提供了应该提供的公共服务，所提供公共服务的质量和水平如何，该公共服务是否满足社会需要等，则并不被重点考虑，也就缺乏制度化的监督渠道和方式。从这个意义上说，公共服务监督是较一般行政监督更高层面和更高要求的监督。不得不承认，我们对这种监督形态的认识、了解、建构还非常不足。

其次，“网络问政”“微博问政”“市民恳谈”等公共服务监督机制基本上还游离于正式制度框架之外，“群众评政府”等市民参与活动也带有鲜明的领导个人色彩和印记。② 因此，这些监督方式极容易受到地方领导者的变动的影响，往往强力推行者一旦离开，则此项“改革创新”就随即消失。当然，“网络问政”“微博问政”大行其道，本身就说明制度内的监督远远不够，不足以产生足够的威慑和效果，而社会成员又缺乏制度化的监督渠道，所以只能通过网络这样的新兴媒体表达观点、监督权力。

最后，监督主体之间的权责不清，分工不明，有关体制机制不健全，也影响到了公共服务监督的效果。就行政系统的内部监督来说，目

① 容志：《基层政府公共服务供给的问题与对策：基于上海的研究》，《上海行政学院学报》2011 年第 6 期。

② 陈奇星：《平衡与优化：完善我国公共服务监督体系的思考》，《中国行政管理》2013 年第 10 期。

前既有行政监察部门、审计部门，也有的地方建立了“督察室”“治庸办”“纠风办”“优化办”等机构，还有的成立了专门的“行政监督局”，似乎都能对政府部门履职情况进行监督。但这些机构之间的权力和责任分工则缺乏制度化的、清晰的界定。行政监察部门既可以针对作风、纪律进行检查，也可以与“行政服务中心”关联起来，对部门的行政审批工作和效果进行监督。“督察室”这样的机构则往往督办主要领导关注的重大事项和重点工作，很多时候也涉及公共服务监督的内容。而“行政监督局”按照“决策、执行、监督”适度分离的思路进行组建，对具体政策的执行情况进行监督。这种多元监督主体并存的局面，很容易造成权责不清、边界不明，甚至互相推诿、卸责，在一定程度上造成“谁都可以管，但谁都不管”的局面。

第四节 “需求导向”的政策建议

虽然“需求导向”具有明显的政策意义和价值，但在实践中要准确、科学地理解和把握需求，又不是一件简单轻松的事情。首先，对于什么是需求，什么是公共服务需求这样的基本问题，学术界一直缺乏统一的认识和界定。不同领域和学科，如医学、社会学、哲学和经济学等，对需求（need）、需要（demand）都有着自己的界定和理解，心理学和教育学还发展了独立的分析框架。大家都自说自话、莫衷一是，跨学科和跨领域的需求界定（包括需求评估）并没有形成。① 其次，在定义都比较模糊的情况下，如何进行科学、准确的需求评估，以真正把握现实需

① James W. Altschuld, Ryan Watkins (eds.), *Needs Assessment: Trends and a View Towards the Future*, Jossey-Bass, the American Evaluation Association, 2014, p.21; J.Wright, et al., The Development of Health Needs Assessment, in *The Development of Health Needs Assessment in Practice*, J.Wright (ed.), London: BMJ Books, 1998, pp.1–11.

求，就变得更加困难。而且，在将"需求"转化为公共服务的过程中，还涉及其他一些更为复杂的变量和因素，如政府职能、政治过程和公共选择过程等。毕竟，公共政策并非是对需求的简单回应，它往往是多方利益互动博弈的结果，也是一个公共选择的过程。这就使得我们并不能就需求谈需求，还要从公共政策和公共服务体系的角度来思考需求问题。这些因素综合起来，就使得"需求导向"容易停留在原则性、概念性层面，而无法落实到操作性、实践性层面，变成"说说而已""提倡提倡"，从而丧失了真正的价值和意义。

在前面九章分析的基础上，针对上文提出的问题，这里尝试就完善公共服务需求的表达与整合机制，提出五点政策性的意见和建议，以提高本书的现实意义。

第一，在服务型政府建设中，更加注重政府职能的准确定位以及公共服务供给的针对性。

改革开放以来，中国行政体制改革的基本主线与核心内容是一以贯之的，这就是将在计划经济体制下建立起来的高度集权、全能型的政府管理体制转变成适应社会主义市场经济体制的职能科学、结构合理、运行高效的政府管理体制。经济基础决定上层建筑，因此政府管理体制与社会的基本经济体制和生产机制是紧密联系在一起的。在后发国家搞计划经济，再加上重工业优先的"赶超战略"，必然要求一个全能型、掌控一切资源的政府形态，并以政府官僚机构的运作来代替市场对资源进行规划和分配。这时的政府职能既包括经济发展，也包括社会管理、公共服务，更为重要的是，政府的强大挤压了市场和社会空间，甚至没有了市场和社会，大大小小的政治、经济和社会事务均由政府的行政手段予以解决。由于计划经济体制向市场经济转变，上层建筑也必须随之转变，政府管理体制也需要进行重构，包括政府的职能定位、结构形式、运行方式等。其中，最重要的无疑是职能定位问题，即政府的基本职责和功能。这个变迁过程大致可以分为两个阶段：第一阶段自 1978 年党的十一届三中全会开始，标志是党的中心工作（也包括政府的中心工作）从阶级斗争转向经济建设，到2008年党的十七届二中全会，正好30年。这30年中，政府的职能不仅是大力发展经济（经常表现为GDP增长），更包括建立和培育市场经济体制。在一个计划经济体制运行多年的国家中，市场经济不可能自发形成并有效运转，而需要市场体制之外的力量予以扶持和建构。因此，这段时期的机构改革着重于行政审批制度改革（解决市场准入问题）、行政机构精简（解决微观管理问题）和法治化、透明化建设（解决政府运作问题）。

经过30年的发展，2008年的中国已经从一个较为落后的农业国一跃成为GDP全球排名第三（美国和日本之后）的工业国家。同时，政府主导型发展模式产生的一系列不协调、不平衡、不持续问题也逐步凸显，市场化改革逐步走向深水区，市场经济基础还不稳固，这些都需要政府进一步转变职能，推进市场经济体制的完善，并真正激发市场和社会的活力。第二阶段正是在这个背景下开始，其标志是2008年召开的十七届二中全会及其通过的《关于深化行政管理体制改革的意见》，明确提出了"实现政府职能向创造良好发展环境、提供优质公共服务、维护社会公平正义的根本转变"这一行政管理体制改革的总体目标和要求。这就不仅改变了原来部分地方政府只注重经济发展、甚至"GDP主义"的工作导向，而且设计和界定了成熟的社会主义市场经济体制下政府职能定位。2013年党的十八届三中全会通过的《中共中央关于全面深化改革若干重大问题的决定》又明确提出，让市场在资源分配中起决定性作用，实际上吹响了进一步推进市场化改革的攻坚号。当然这个阶段显然还没有结束，还将进一步持续下去。

可以预见，"提供优质公共服务"这一职能随着经济社会的发展还将进一步强化，政府提供的公共服务也将不断增加。对于一个从无限全能、高度集权体制中转出的政府来说，"提供优质公共服务"的第一大挑战就是公共服务的精准问题。从"无所不包"到"有限服务"，这种巨大转型背后隐藏着“职能错位”“责任倒置”的风险，即在改革过程中将政府的某些公共服务责任推给了其他社会主体（如市场、社会和市民个人），而将本应由社会、市场、个人等主体承担的服务责任承担起来。这其实就是政府公共服务职能的“错位”“越位”“缺位”的问题。规避这一风险的重要思路和方式就是在社会主义市场经济条件下遵循“需求导向”原则，即在政府、市场、社会三者的互动结构中把握市场、社会向政府提出的公共服务需求，以此作为界定政府公共服务职能的基本“坐标”。

政府公共服务职能有三个“限制性”条件，如图 10–2 所示，一是“社会所需”，即强调政府对真实的公共服务需求的把握与回应，非社会所需的服务项目与内容，并不应该被纳入政府公共服务序列。这就需要政府通过科学的路径和方法准确收集和掌握各类公共需求信息，并进行科学评估与整合，将之输入决策过程，最终形成供给决策；二是“市场所缺”，即这一类需求所对应的产品和服务具有明显的非竞争性和非排他性，市场机制无法供给或者供给效率较低，必须由政府来提供，其实就是“市场失灵”的领域；三是“政府所能”，即要尽力而为、量力而行，适应经济社会发展的历史阶段，优先保障底线公平和基础服务，而不能好高骛远、急功近利，最后成了“政绩工程”和“面子工程”。我们认

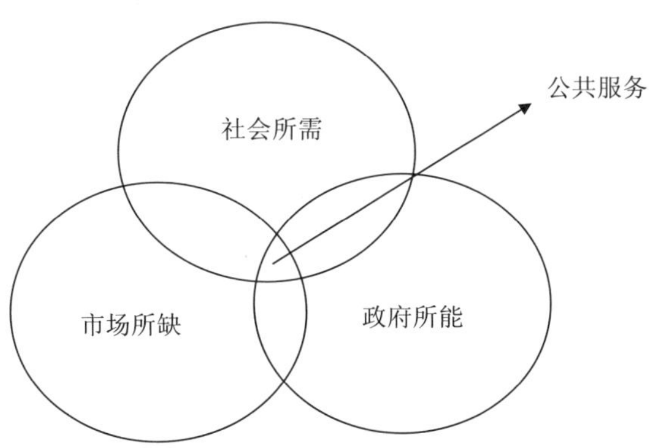

图 10–2　界定政府公共服务职能的“三圈”理论

为，这三个圈所重叠的地方，才是政府公共服务清单中占有优先位置的内容。用这个“坐标”来定位政府公共服务职能，才能避免“错位”“缺位”“越位”的风险。

第二，在公共服务体系建设中，更加注重制度化、多元化的需求表达机制构建。

前文已经阐述，从系统论的角度看，需求是公共服务体系的输入和起点，不指向需求的服务是无效的服务。而需求信息对公共政策的影响途径主要是两种：一是需求主体的表达，二是政策主体的主动了解和把握。两者有差别也有联系。从逻辑上说，若没有充分的需求表达，政策主体的主动了解也难以全面和深入。因此，建立制度化、多元化、整合化的需求表达机制是完善公共服务体系的基础和前提。

目前，四种类型的需求表达形式（集体主动型、集体被动型、分散主动型和分散被动型）都已经具备，主要问题在于集体的“集中”不够，分散的“碎片”有余。解决的对策和思路在于：

一是积极探索和拓展基层公共服务议事协商形式，不断提高居民参与和表达的制度化程度。党的十八大指出，“要完善协商民主制度和工作机制，推进协商民主广泛、多层、制度化发展。通过国家政权机关、政协组织、党派团体等渠道，就经济社会发展重大问题和涉及群众切身利益的实际问题广泛协商，广纳群言、广集民智，增进共识、增强合力”。① 党的十八届四中全会提出，“把公众参与、专家论证、风险评估、合法性审查、集体讨论决定确定为重大行政决策法定程序，确保决策制度科学、程序正当、过程公开、责任明确”。②2015 年中共中央印发《关于加强社会主义协商民主建设的意见》，明确要求，“坚持协商于决策之前和决策实施之中，增强决策的科学性和实效性。坚持广泛参与、多元

① 《胡锦涛文选》第三卷，人民出版社 2016 年版，第 633—634 页。

② 《十八大以来重要文献选编》中，中央文献出版社 2016 年版，第 165 页。

多层，更好保障人民群众的知情权、参与权、表达权、监督权。坚持求同存异、理性包容，切实提高协商质量和效率”。可见，在基层公共服务供给过程中坚持民主、公开、参与的原则，促进有效、有序的社会参与，无论是对于提升政府公共服务水平，还是对于完善决策体制都具有极为重要的意义。首先，要在基层建立健全社会参与政策制定的程序制度。2019 年 5 月，国务院公布《重大行政决策程序暂行条例》，自 2019 年 9 月 1 日起施行。要结合这一改革创新，对基层重大公共决策进行清单式列举，并为决策的基本程序制定技术性强的操作规程。特别是对社会公示、公众参与、专家论证的操作性、程序性问题做出明确规定。其次，完善优化需求表达的渠道和方式。要激活、夯实现有需求表达和公共参与的存量资源，通过国家政权机关、政协组织、党派团体等渠道，就公共服务的内容、标准和水平和涉及群众切身利益的实际问题广泛协商，广纳群言、广集民智，增进共识、增强合力。探索和拓展公共参与的非正式方式与途径，除了各种听证会、恳谈会、协商会等以外，还可以根据议题的具体内容，开展直接对话、协商、访谈等形式的公共沟通，直接听取市民群众的现实需求和意见。最后，建立重大决策的民意表决制度。关于公共服务的重要问题可以引入票决机制，比如在方案选择等环节中，可以考虑在听证会和座谈会中引入投票程序进行民意测验，形成最优、次优等多种方案，不仅能够提高决策的民主化和科学化程度，还有助于把握市民的真实需求。

二是提高“公共服务热线”这种需求表达形式的整合程度。随着经济社会的快速发展，通过“热线”方式表达的需求会越来越多，如果缺乏有效的过滤机制和整合机制，可以预见，不远的将来，热线会成为政府不可承受之重。解决这个问题需要从三个方面着手：首先，剥离一部分公共信息和社会救助功能给社会，由专业性的社会组织承接和运行这部分职能，发挥社会组织专业性强、灵活机动的优势，同时，在这个过程中，培育社会资本，引导社会发育，只有社会的力量真正生长起来，才能形成自治和自我服务的有效机制，承接政府转移出的职能；其次，充分利用好各类“热线”的沉淀数据，定期做好数据分析和信息沟通，归纳总结出共性需求和普遍需求，作为一种重要的决策信息传递给决策部门和中枢，作为其提供服务、改进工作、提高回应的重要依据；最后，结合法治政府建设，以及各级政府的权力清单、责任清单制定，根据实际情况，制定公共服务热线的“服务清单”，形成一定的过滤机制，既防止热线不作为和慢作为，提高其回应性，也将一部分需要其他机制和渠道解决的问题（如司法问题、政策问题）从热线中筛选掉，更有利于热线聚焦于公共信息服务和需求表达问题。

三是推广“组团式走访”“一线工作法”等党员干部下基层的工作机制创新。在当下中国的具体语境中，党员干部特别是主要的领导干部下基层走访、现场办公具有重要的实践意义和价值。这并不仅仅是党员干部的个人修养和思想教育问题，事实上包含着行政体系去官僚化、提高回应性等民主化意涵。在一定的机制设计下，类似“组团式走访”“一线工作法”等形式的活动不仅能让久居办公室、习惯文牍工作的政府工作人员直接倾听居民群众的需求表达，还能突破传统官僚体制中固有的条块分割、边界模糊、互相扯皮、大踢皮球等痼疾，形成“问题导向”的工作机制，大大提高行政权力对现实社会关切的回应性。当然，有人会质疑，这种非常态化的“矩阵式”管理方式具有运动式的特点，其有效性正好说明常态管理的无效性。这种质疑并非没有道理，但从管理来说，任何制度化、常态化的行政管理都会受制于官僚体系本身的一些局限和问题。正因为如此，20 多年来，西方的政治和行政变革中也出现“民主行政”“协商民主”等呼声和实践，力图通过增加居民的公共参与，以及行政官员与公民的沟通协商来提高治理和服务的实效。在我国基层人大、政协等存量资源未被完全激活的具体状态下，党员干部一线办公的政治意义和行政价值还值得进一步开发和发掘。

第三，在公共服务决策过程中，更加注重需求评估的制度化、科学性和延续性。

在国家治理体系现代化和公共服务决策科学化过程中，更加注重发挥需求评估在公共决策中的基础作用和先导作用。一是从制度上确定需求评估的程序性意义和地位。在制定地方贯彻落实《重大行政决策程序暂行条例》细则时，明确重大公共服务决策前必须进行相应的需求评估，并与社会稳定风险评估一起，作为公共政策的重要参考依据。从操作角度来说，大多数社会性的服务政策，都需要从个体需求、社会需求两个层面评估公共服务的主要涉及对象、公共服务标准，由此形成的社会需求总量、社会潜在需求总量，以及需要相应的公共资源数量。缺乏这些评估和数据的决策，很难保证其科学性和精确性。

还是以老年人群体的照料服务为例。在提供公共服务之前，政府有关部门需要根据相关的健康研究来确定普通老年人健康标准，进而根据这一标准确定老年人身体、心理和家庭状况评估量表，以此量表衡量每个服务申请者的身心状况（通常是分级，如轻微、中等和严重等），以确定其需要的照料服务。这是个体层面的需求评估。然后根据大规模调查统计得出的身心障碍比例，放在全社会的人口中，推断出全社会需要这些服务的老年人数（分级、分类），以及其需要的照料时间、级别、工作人员、工作时间等各类需求信息。只有当这些需求评估完成后，政府部门才能了解基本的公共服务需求、财政经费的需求量，然后在此基础上进行决策，决定公共服务的内容、对象、标准、保障等。从原理上说，其他类型的公共服务和社会服务基本上都遵循同样的需求评估程序和路径，这样做的好处不仅能够在决策前先期估测社会总需求量，并进而确定财政支出，以利于决策方案的选择，更重要的是，还能以此确定公共服务的内容、标准，以及此标准下覆盖的服务人群，并最终决定谁有权获得该公共服务，而谁将被排斥在外。这就不仅防止了政府公共服务职能在内容选择上的“错配”，也防止了公共服务覆盖群体的“错配”，确保公共服务的公平性和效率性。

因此，在政府制定公共服务规划、地区发展规划、新城建设规划等经济社会重要规划之前，都需要针对专项公共服务项目进行不同区域和层面的需求评估工作，作为规划决策的基础和前提。建议将需求评估作为各类公共服务规划（如基本公共服务规划）的约束性程序，形成固定的制度，以不断提高公共决策的科学化、民主化水平。

二是大力发挥各类研究机构和智库的在需求评估中的作用。现代性智库具有专业性、职业化等优势，在需求评估方面可以发挥专长，弥补有关部门研究薄弱的短板和不足。政府部门可通过课题委托、购买服务等方式引导科研机构、高校、政策研究机构等智库专业从事有关公共服务的需求评估，形成长期性、跟踪性和专业性研究团队，将需求评估的理论和实践结合起来，定期开展不同区域、层次和项目的公共服务需求评估工作，在实践中丰富理论，在理论探讨中指导实践，为公共服务决策提供坚实的研究基础，为决策的科学化、政府治理现代化贡献力量。

第四，在公共服务供给过程中，更加注重需求管理的应用和实践。

在特定的经济社会发展阶段中，要保证公共服务需求与供给的动态平衡，不仅需要准确把握公共服务需求，还需要引入“需求管理”的理念，并善于通过需求管理实践来引导需求以及优化需求的实现形式，从而实现社会总效用的最大化。这就意味着，我们并不能仅仅在“供给”上做文章，还需要审时度势，在“需求”引导和管理方面做文章。特别是在公共资源有限的情况下，要确保公共服务质量和水平，需要善于运用“需求管理”工具。

实际上，在经济学中，“需求”（demand）一般是指的“有效需求”（effective demand），即愿意为之付费的需求，而并非泛指人的一切需要。当理性人愿意为某种需要付费时，必定经过了一定的理性“计算”过程，衡量了其成本和收益状况。在美国的“代议民主”和“财权—事权”对应的制度安排下，公共服务需求从表达到实现实际上经历了类似的“计算”过程。天下没有免费的午餐，当社会要求政府提供某项公共服务时，政府必须要进行征税以为之确定财源。税收过程实际上是民众为该项公共服务付费的过程。而“代议民主”赋予立法机关以征税权，因此，是否征税（实质就是是否提供公共服务）的问题会在议会中进行辩论，这个辩论的过程就是一个社会“计算”的过程，即利益相关方共同评估该项公共服务的成本和收益，以确定是否集体“购买”该项产品，满足这个需求。在这个相对“相对理性”的计算过程中，“需求”经历了一个被“管理”的过程。这个管理过程并非是一个全能型“公权力”对需求进行统一计划以及对资源进行集中分配的过程，而是通过“价格”工具和经济杠杆，实现一种理性的、效益最大化的需求实现方式。正如第三章所分析的，当某类产品和服务完全免费时，其使用者很可能会滥用并造成浪费。对于公共产品来说，如果缺乏一定的定价和付费机制，部分人就会通过影响决策来实现自己的利益，并让全社会共同“买单”。这种机会主义和“搭便车”行为是公共财政和公共服务过程要关注的一个重要问题。

公共资源为少数人服务，不仅造成社会分配不公，还会扭曲公共服务供给机制，造成资源的滥用和浪费，是公共服务体系运行过程中要避免的一个问题。解决这一问题有三个方面的思路：

一是慎用公共服务免费政策。公共服务免费政策的建立有两方面的理由：（1）体现公共福利的原则，保证公共资源的全民共享，也是政府对公共服务责任的承担；（2）由于部分公共产品具有强烈的非排他性，难以建立付费机制，或者建立付费机制的成本高得难以承受，免费的经济效益更高。但对于免费政策我们也应该保持一定警惕，特别是对于稀缺资源，免费政策往往容易刺激潜在需求，从而造成“供给—需求”之间的失衡，甚至严重的经济社会后果。其实我们有这样的反面例子，如20世纪50年代末期的“大跃进”运动中，由于急功近利、头脑发热等因素，部分地方开始大办食堂，并实行“吃饭免费”的政策。这种“敞开肚皮吃饭”的公共服务看起来是共产主义社会的体现，但极大地刺激了人们对“公家食堂”的需求，在生产力水平不高的情况下，“供给”（粮食产量）实际上无法与需求相匹配，“需求—供给”平衡被打破，这项政策也就无法持续，最后不得不以解散大食堂来控制需求，重新回归平衡。还有一例也是如此。2010 年我国广州市举办亚洲运动会，作为“亚运惠民项目”的十大措施之一，该市的公交、地铁系统在亚洲运动会期间的 30 个工作日内免费提供服务。结果，政策实施第一天的地铁总客流量达到了 780 万人次，比免费政策实施前的日均客流量翻了一倍。政策实行一周后统计，“公交地铁的日客流量高达 1754 万人次，大大超出公交系统的运输能力。尤其是地铁一直超负荷运行，一周内启动三级客流控制高达 144 次，严重影响地铁正常安检和亚运安保工作进行，同时对市民上下班正常出行造成极大不便”①。一项“利民”政策变成了“害民”政策，其中的需求管理意涵难道不值得决策者们深思吗？

二是严格制定财政补贴标准。很多公共服务属于福利政策，会直接提高政策对象群体的切身利益，带有明显的再分配性质。再分配功能是现代政府社会功能的重要体现。但补贴政策也不能被滥用，而应该有一定的标准。罗尔斯在《正义论》中对正义原则的探讨，一方面论证了政府再分配的合理性，另一方面其实也界定了这种再分配政策和补贴政策的前提和标准。只有在确保公平，以及首先倾向社会最弱势群体的补贴政策才具有合理性、正当性，也才能实现社会效益的最大化。② 因此，在实施补贴政策之前，政府需要对补贴对象、补贴标准、评估程序、实施目标、社会效益等问题进行明确界定和充分论证，以保证这种补贴确实有利于社会公平正义的实现，而不是仅仅为少数非弱势群体服务。同

---

① 《广州亚运会取消公交免费，此前免费一周挤爆地铁》，《新京报》2010 年 11 月 7 日。

② 胡象明：《广义的社会福利理论及其对公共政策的意义》，《武汉大学学报（哲学社会科学版）》2002 年第 4 期。

时，在政策执行过程中，通过严格的过程管理，确保真正符合标准的社会群体获得财政补贴，防止“鱼目混珠”“张冠李戴”的暗箱操作问题。制定并执行财政补贴标准的过程，其实是需求界定、识别和供给的过程，也是管理需求的过程。缺乏这个过程，就难以保证公共服务供给与基本服务需求之间的严格对应关系。例如，在反思城市出租车管理体制时，对出租车的补贴政策时常会成为公共话题。其实，从本质上来说，出租车并非是公共交通，而是私人出行工具的一种。政府对出租车的补贴，其实是补贴了坐出租车的群体，而这部分群体未必是最需要获得出行补贴的社会群体。而且，由于政府的补贴，出租车价格受到抑制，也变相刺激了公众的需求，造成需求大于供给，“打车难”的问题并没有得以解决。如果正本清源来看，政府对交通方面的补贴应该主要集中于公共交通，以激励公共交通需求而控制私人交通需求。至于出租车司机群体收入低、劳动时间长等问题，并不应该通过财政补贴的方式予以解决，而必须启动出租车行业管理体系改革才能根本解决问题。

第五，在公共服务监督过程中，更加注重服务绩效评估的科学化和规范化。

首先，在政府管理中建立以“需求导向”为原则的绩效管理体系。政府绩效不是一种“自说自话”，而必须建立在真实的、基础的社会需求之上。偏离社会需求的政府绩效是没有意义的绩效。因此，需要建立科学的使命陈述和战略规划机制。各有关部门在制定部门职责、使命陈述和工作计划时，要通过问卷调查、座谈访谈、特定群体对话等方式了解服务对象的现实需求，将需求转变为部门工作的使命和责任。这也是社会需求表达与整合的过程。只有真正引入公众参与，让公众表达真实的需求，并及时获取、分析、归纳需求，才能形成“需求导向”的工作机制，并为各项工作指明正确的方向。

其次，适度提高社会评价指标在整个服务绩效评价体系中的权重。政府绩效评估中不仅包括职能性指标、效能性指标，还要有一定权重的社会评价指标。包括客观效果指标和主观效果指标。前者是政府管理带来的客观性的社会福利变化，如收入提高、环境改善、办事效率提升等；后者是社会公众对政府管理过程和服务效果的主观感受和感知，包括满意度、知晓度、认同度等。要赋予客观性和主观性社会评价指标以更大的权重，提高这类型指标在整体指标中的分量。

包括扩展公共服务社会满意调查的形式、内容和应用。绩效评议要以公民为中心，以公民满意为终极标准。引导广大社会公众以不同渠道和方式参与不同层面、不同内容的服务满意度调查，让公共服务评议真正反映社会意见和意志。在公共服务评议中，要通过问卷调查、个体访谈、相关者参与、公民投票等方式，让公众和市民对特定的公共服务进行满意度评议，并将之作为公共服务质量和绩效评议的重要组成部分。

最后，培育专业从事公共服务评议的非政府组织。在西方国家，公共服务评估的主体是研究机构和非政府性委员会，它们具有专业性、独立性、贴近基层等优势。事实上，在政府服务外包的过程中，我国一些地方已经尝试向专业性的从事评估的非政府组织购买服务，用于对购买的公共服务进行绩效评议。通过培育类似的社会组织，一方面可以承接政府外包的评议工作，提高评议活动的专业性和社会性，引导社会力量参与公共服务评议，提高公共服务监督主体的异质性；另一方面，也可以对政府的自身评议、监督工作进行“二次监督”，提高全社会进行公共服务监督的整体能力和水平，推动公共服务质量不断提升。

后　记

满足需求是公共服务的起点和归宿，只有指向实质性需求的服务才能收获较高的绩效。这个道理浅显明白，但真要做实也不太容易。首先，需求这个东西看不见摸不着，能否具体化、数字化，以及如何具体化和数字化都颇费思量。其次，社会中的需求具有很大的差异，不同人和不同人群对同样的公共服务有不同的需求，如何在巨大的差异性中供给服务、满足需求是一个难题。还有，个体和群体的需求也一直处在变化之中，在政策过程中如何关注和管理这种动态性，实现公共服务的动态调整？更为重要的是，需求和服务之间的关系充满着辩证法：公共服务要针对需求，但公共服务并非也不可能满足所有需求；表达出的需求不一定全部由政府予以满足，没有被表达的需求也并非不应得到满足。因此究竟哪些需求应该满足，如何满足，满足到什么程度？在公共服务的决策和供给中，这些问题都无可逃避，也值得认真推敲。

本书正是针对以上这些问题的一些思考和探索。主要遵循着两条思路展开：一是从理论和抽象层面讨论需求、服务需求和需求管理等概念的内涵与特性，希冀从整体上回答上述涉及的问题；另一条是从具体领域和案例切入，探讨不同类型的服务需求的表达、识别、整合、管理等问题，从微观、具体层面剖析需求和服务之间的关系。这些讨论和分析只能是宏大问题的冰山一角，但也反映着作者对这个问题近六年的努力思考，并希望给后续研究一定的启发和镜鉴。

感谢许多人的帮助和支持，得以完成这部作品。陈海松、周玉两位同志分别收集了第四和第七章的有关资料，并完成了初稿；孙爱霞同志参与了第八章资料的收集整理工作，并一道进行了讨论。常凌和李杰两位同志帮助收集了部分资料，王成程同志对全书进行了通读和校对。与他们的交流和讨论让我受益良多。还要感谢人民出版社编辑曹春同志的细心工作和精心编校。没有这些协作、支持和帮助，本书难以呈现在读者面前。当然，任何的错误和不妥都应归责于我本人，我也诚挚希望得到学界的批评和指正，以推动有关问题的研究和探讨走向更深更远之处。

容　志

2019 年 9 月新学期开学

责任编辑：曹 春

图书在版编目（CIP）数据

公共服务需求分析：理论与实践的逻辑 / 容志等 著 . — 北京：人民出版社，
2019.10

ISBN 978 – 7 – 01 – 021065 – 0

I. ①公… II. ①容… III. ①公共服务 – 服务需求 – 研究 – 中国 IV. ① D669.3

中国版本图书馆 CIP 数据核字（2019）第 148872 号

公共服务需求分析

GONGGONG FUWU XUQIU FENXI

——理论与实践的逻辑

容 志 等著

人民出版社 出版发行

（100706 北京市东城区隆福寺街 99 号）

北京盛通印刷股份有限公司印刷 新华书店经销

2019 年 10 月第 1 版 2019 年 10 月北京第 1 次印刷

开本：710 毫米 ×1000 毫米 1/16 印张：21.5

字数：295 千字

ISBN 978 – 7 – 01 – 021065 – 0 定价：88.00 元

邮购地址 100706 北京市东城区隆福寺街 99 号

人民东方图书销售中心 电话（010）65250042 65289539